suhrkamp taschenbuch 1694

Peter von Matt, geboren 1937 in Luzern, ist Ordentlicher Professor für Neuere deutsche Literatur an der Universität Zürich. Bücher über Grillparzer, E. T. A. Hoffmann, Literaturwissenschaft und Psychoanalyse sowie, 1989, über »*Liebesverrat. Die Treulosen in der Literatur*«. Herausgeber von Heine-, Chamisso-, Uhland- und Grillparzertexten, der kommentierten Anthologie *Goethe erzählt*. Zahlreiche Aufsätze über die Literatur des 19. und 20. Jahrhunderts wie auch zu literaturtheoretischen Gegenständen.

Das menschliche Gesicht widersteht der literarischen Beschreibung, obwohl es einer ihrer ältesten Gegenstände ist. Das Gesichterlesen und -deuten ist so zentral mit unserem unbewußten Sozialverhalten und unserer Identitätssuche verbunden, wie es von aller objektiven Wahrheit und Gerechtigkeit fernab liegt.

Im ausgehenden 18. Jh. artikuliert sich eine Leidenschaft zum menschlichen Gesicht als aufregende Variation der neuen bürgerlichen Welt- und Gesellschaftserfahrung. Hier wird ein Grundmuster ausgebildet, das bis heute gültig geblieben ist: Das Porträt glückt um so mehr, je distanzierter der Autor sich seinem Gegenstand gegenüber und je mehr er sich einem festgefügten Wertsystem zugehörig empfindet. Der dramatische Umbruch der Gesichtsbeschreibung geschieht dort, wo aus der unerschütterlichen Sprach- und Beschreibungssicherheit eine Sprach- und Beschreibungskrise wird, wie sie in den kurzen Porträtskizzen Kafkas aufscheint.

Peter von Matt verfolgt die entscheidenden Wandlungen der literarischen Beschreibung des menschlichen Gesichts von Goethe und Lavater über Heine bis zu Kafka, Musil, Hofmannsthal, Grass, Frisch und Handke.

»Die Lektüre des Buches ist ein Genuß: durch die originelle Idee, Anlage und Durchführung der Arbeit, die aufschlußreichen Einzelbeobachtungen, ... die Zitate, die einen vieles plötzlich neu sehen lassen, und die leitende Vorstellung vom ›Lesen als Zuhausesein‹.« *Tagesspiegel*

Peter von Matt

... fertig ist das Angesicht

Zur Literaturgeschichte des menschlichen Gesichts

Suhrkamp

suhrkamp taschenbuch 1694
Erste Auflage 1989

Lizenzausgabe mit freundlicher Genehmigung des
Carl Hanser Verlags, München Wien
Suhrkamp Taschenbuch Verlag

Satz: IBV, Berlin
Druck: Nomos Verlagsgesellschaft, Baden-Baden
Printed in Germany
Umschlag nach Entwürfen von
Willy Fleckhaus und Rolf Staudt

1 2 3 4 5 6 – 94 93 92 91 90 89

Fester als bei dieser Nase
kann man ein Gesicht nicht fassen.
Kafka über Schadows Schiller-Porträt

Inhalt

Vorwort

Das vorliegende Buch beginnt und endet mit Franz Kafka. Das hat persönliche, historische und argumentative Gründe. In Kafkas Tagebüchern ist der Verfasser erstmals auf den Gegenstand gestoßen. Die Gesichtsbeschreibungen Kafkas beschäftigten ihn als eine außerordentliche und gleichzeitig unerforschte, durchaus geheimnisvolle literarische Gegebenheit. Um dem Geheimnis auf die Spur zu kommen, bedurfte es der historischen Perspektiven, der Gegenbilder, Vorläufer und Nachfahren. Dabei zeigte es sich, daß der private Forschungsweg mit geschichtlichen Tatsachen korrespondierte. Kafkas Portraits, winzig im Umfang, versteckt, ja bis zur Unauffindbarkeit getarnt im Gestrüpp der Aufzeichnungen, stellen einen sensationellen Durchbruch in die literarische Moderne dar, auf schmaler Basis, gewiß, aber immerhin in einem Bereich, in dem auch in der Malerei das neue Arbeiten zum spezifischen Skandalon geworden ist. Denn die polemische Auseinandersetzung mit der malerischen Moderne – sei's bei Picasso und Braque, sei's beim frühen Kokoschka, sei's bei den deutschen Expressionisten – lief stets auf den Vorwurf der Schändung des Menschenbildes im Porträt hinaus, gipfelte immer wieder im Streit um das Bildnis. Die Erfahrung mit den Kafka-Texten war zuletzt eine doppelte: einerseits stellen seine Portraits eine dramatische Schaltstelle in die literarische Moderne dar, sind also, historisch gesehen, Station; andererseits sind sie singulär geblieben, nicht eingeholt und wohl auch nicht einholbar. Diese Doppelung führte zu einer zweifachen Erörterung Kafkas am Anfang und am Schluß der vorliegenden Studie. Damit war aber auch das Schema einer linearen geschichtlichen Darstellung grundsätzlich gestört. Es ließ sich nicht machen, obwohl man sich doch in diesem Schema am bequemsten bewegt; es hätte die Argumentation verzerrt. In der rein linearen Darstellung wäre Kafka zur Station reduziert und der Geschichtsverlauf als solcher ungeprüft zum sinntragenden Geschehen aufgewertet worden. Die Porträts aus dem 19. Jahrhundert sind aber nicht zuletzt deshalb so faszinierend, weil Kafka es so sehr anders gemacht hat. Der Kontrast bringt ihre Wahrheit zum Leuchten. Also mußte auf diesen Kontrast hin geschrieben werden: bald germanistisch regelrecht, bald ungeniert – und also anfechtbar – essayistisch. Nicht ganz regelrecht ist ja auch die Art, wie hier Literatur nicht vom Werk, sondern vom einzelnen Satz aus angegangen wird. Dem Satz, dem Passus wird ein Eigenleben zugestanden, das dem herkömmlichen Begriff des literarischen Werks zuwiderläuft, wonach die Teile ihren Sinn einzig im Horizont des Ganzen finden. Im Ganzen, meint man, steckt die Idee; der Teil dient dieser Idee, indem er etwas von ihr aufscheinen läßt, bescheiden, durchaus Untertan des Ganzen. Demgegenüber wird hier der Passus, der Satz, das augenblickhafte Verlauten als das literarische Elementarereignis genommen. Seine Beobachtung kann ein bewegendes Geschäft sein. Der Sprung ins Allgemeine wird schwierig. Disparates taucht auf, auch ungewohnte Melodie, und der literarische Moment entdeckt sich unverhofft als ein respektloser Gegenzug des Geistes gegen die Herrschaft der systematischen Idee.

Palo Alto/Zürich, 1980/1983

Erster Teil
Kafka der Porträtist

Kafkas Glück

Er träumt gelegentlich von Goethe. Einmal, am 10. Juli 1912, hört er ihn im Traum deklamieren. Er notiert sich den Eindruck: »mit einer unendlichen Freiheit und Willkür«. Einem landläufigen Kafka-Verständnis dürfte dies als beispielhafte Formulierung für ein Verhalten gelten, das zu Kafkas eigener Lebenserfahrung und innerer Bewegungsweise in genauem Gegensatz steht. Tatsächlich aber beschreibt er damit einen Teil seiner selbst. Nur äußerlich erscheint dieser geträumte Goethe als der ganz andere – gemäß der stereotypen, ursprünglich wohl von Schiller eingeführten Optik, wo er der Archetypus des Glücklichen, Wohlgeratenen ist, dem alles spielend gelingt, während alle andern sich mühselig abarbeiten, um bestenfalls doch nur auf die Hälfte zu kommen. In Wahrheit ist, was sich dem Träumenden körperhaft vor Augen stellt, dessen eigener Zustand beim Schreiben. Das wilde und gleichzeitig ganz klare Glück, das Kafka beim Schreiben füllt und trägt und aus aller Zeiterfahrung heraushebt, kann, nach allem was wir davon wissen, nicht genauer und knapper benannt werden als mit den Worten: »unendliche Freiheit und Willkür«. Alles was in diesem Leben zerschlagen und gequält ist, ist es aus dem Gegensatz zu jenem Glück und um dessentwillen. Daß dem Geschriebenen selber das Glück dann ganz und gar nicht innewohnt – oder doch nur in versteckter und kompliziert verrätselter Weise –, lenkt den ungewarnten Leser immer wieder von der zentralen Gegebenheit, dem eigentlichen archimedischen Punkt dieses Schriftstellerlebens ab. Er selber staunt darüber auch gelegentlich, so wenn er sagt, es sei »unleugbar ein gewisses Glück, ruhig hinschreiben zu dürfen: ›Ersticken ist unausdenkbar fürchterlich‹«. Die Tatsache, daß sich dieser einzige Zustand, der für ihn das Leben lohnt, oft genug nicht einstellen will, daß er schreibend nicht immer in die Verfassung des schreibenden Außer-sich-Seins gelangt, ist kein Gegenargument, sondern ein indirekter Beweis. Nichts wirft ihn in solche Bedrückung und läßt ihn so haltlos klagen wie das Scheitern der Versuche, den Zustand zu erreichen. Kafkas Tagesjammer ist unverkennbar den Entzugserscheinungen der Drogenesser verwandt, nur ist der Stoff zu seinen Ekstasen fern von jeder Chemie. Die Intensität seines Glücks, das er zwar oft benennt (vgl. S. 255 f.), aber selten beschreibt, ist daher zu ermessen an der komplementären Intensität seiner reichlich ausgeschilderten Qualen.

Wollte man jene eingangs erwähnte schlichte Dichter-Typologie von den Gesegneten hier, denen im rechten Augenblick das Vollkommene leichthin aus der Hand rollt, und den Beladenen dort, die ihre Arbeit wie auf der Galeere treiben – eine Typologie, die Thomas Mann in der Erzählung »Schwere Stunde« endgültig festgelegt und mit dem Goethe-Schiller-Muster verbunden hat – auf Kafka anwenden, müßte man ihn wohl zu den Mühseligen zählen; – was machte man sonst mit dem in Briefen und Tagebüchern ausgebreiteten Elend? Wenn man aber vernimmt, was er über die Entstehungsmomente seiner Dichtungen äußert, zeigt es sich, daß jenes hölzerne Schema von den zwei Dichtersorten entweder überhaupt nicht stimmt oder auf ihn in sinnvoller Weise gar nicht angewendet werden kann.

Der Begriff des Herrlichen, der Herrlichkeit, der ihm in den späteren Jahren immer wichtiger wird, ist als unmittelbare Erfahrung – was immer er an religiösem Gehalt gleichzeitig transportieren mag – aus den Stunden des vollkommenen Schreibzustandes gewonnen. Die Begriffe »Freiheit« und »Willkür« aber, die er aus solchem Erleben auf Goethe projiziert, geben einen Hinweis darauf, daß dieses nächtliche Paradies nicht eine passiv genossene Erhebung ist, sondern ein Glück, das aus der Tatsache einer ungeahnten Handlungsfähigkeit stammt. Um es unverblümt zu sagen: Was der schreibende Kafka genießt, ist höchste Gewalt, ist Machtvollkommenheit, Herrschaft ohne Schranken. Mag, was er erfunden und niedergeschrieben hat, noch so sehr das zusammenhängende Epos von Erniedrigung, Hilflosigkeit, Ausgeliefertsein ans Unbegriffene darstellen, entstanden ist es in Stunden triumphaler Erhöhung und Selbstgewißheit.

Es mag ungewöhnlich sein, den Cafard, der diesem prachtvollen Befinden vorangeht und ebenso gesetzmäßig auch folgt, mit den Entzugserscheinungen des physiologisch Süchtigen zu vergleichen. Der Vergleich soll denn auch nicht gleichsetzen. Um zu verdeutlichen, was hier geschieht, könnte man ebenso gut (und nicht minder verblüffend) an die sorgsam dokumentierten Seligkeiten der alten Beter und Mystiker erinnern, die Stunden oder Nächte dessen, was sie die »Vereinigung« zu nennen pflegten und wofür sie mit den gleichen trost- und endlosen Ausgeleertheiten zu bezahlen hatten. Wie ungenau solche Bezüge auch immer sein mögen, ganz kommt man bei Kafka von den beiden Vergleichsgrößen, dem Süchtigen und dem Ekstatiker, nie weg. Sobald die eine wirklich ganz abwegig und unsinnig erscheint, rückt die andere entsprechend näher. Der allen drei Vergleichsebenen gemeinsame Faktor – das »quartum comparationis« gewissermaßen – ist das Verhältnis zum eigenen Körper. Der Opiumesser, der Mystiker und der schreibende Kafka sind, entsprechend ihrer Annäherung an den höchsten Zustand, alle gleichermaßen auch im Begriffe, aus ihrem Körper herauszutreten, ruhig und fast sachlich, wie aus einem Schrank. Das ist dann allerdings anschließend zu entgelten. Kafkas halb ironisches, halb gläubiges Bemühen, den eigenen Körper durch diätetisch-vegetarisches Treiben immer leichter zu machen, quasi poröser oder ätherischer, stammt aus dem Gewicht, mit dem ihn dieser Leib nach den Erfahrungen der Befreiung wieder umschließt.

Der Nachweis, daß es beim Glück des vollkommenen Schreibzustandes zuletzt um Macht und Herrschaft geht, wäre literarisch zu erbringen. Das Werk Kafkas bricht nicht nur mit einer großen Zahl scheinbar unabdingbarer Gepflogenheiten der Literatur, es bricht vor allem auch mit dem obersten Gesetz alles bisherigen Erzählens: im Dienst einer irgendwo vorhandenen dies- oder jenseitigen Wirklichkeit zu stehen und von ihr, mit welchen Verfahren auch immer, zu berichten. Lesen und Verstehen hat bis dahin stets geheißen: das Geschriebene in Vergleich setzen zu dem, wovon man mit dem Autor zusammen annimmt, es sei die Wirklichkeit, jene bestimmbare Zone, auf die der Text in jedem Detail hinzittert wie die magnetische Nadel auf den Pol. Ob diese »Wirklichkeit« die rein innere, einmalige einer phantastisch bewegten Subjektivität ist oder die durch gesellschaftliche Übereinkunft abgesicherte, vielen bekannte und so als objektiv erklärte Welt, ist dabei eine Unterscheidung zweiten Ranges.

Bei Kafka nun ereignet sich im vollkommenen Schreibzustand eine Verwandlung des Autors in den sich eigenständig bewegenden Text, in einen Text, der niemandes Diener und keiner Wirklichkeit Wiedergabe ist. Wirklichkeit geht zwar in ihn ein – autobiographische in Menge und leicht auszumachen; literarische als die unverkennbaren und eingestandenen Vorlagen, deren Umrissen spielerisch nachgeschrieben wird; zeitgeschichtliche und historische, wie es sich gerade fügen will – aber dieses Wirkliche ist nur das Futter für das gefräßige Textwesen. Was zuletzt dasteht vor den übernächtigen Augen des erwachten, zerschlagenen, in seinen Körper zurückgeworfenen Autors, ist das erstarrte Zeugnis seines zeitweiligen Triumphes über die ganze Welt. Deshalb kann sich der Ablauf von Erhebung und Cafard selbst beim Wiederlesen einstellen: »Statt zu arbeiten – ich habe nur eine Seite geschrieben (Exegese der Legende) – in fertigen Kapiteln gelesen und sie zum Teil gut gefunden. Immer im Bewußtsein, daß jedes Zufriedenheits- und Glücksgefühl, wie ich es zum Beispiel besonders der Legende gegenüber habe, bezahlt werden muß, und zwar, um niemals Erholung zu gönnen, im nachhinein bezahlt werden muß.«

Da man nun aber beim besten Willen nicht anders lesen kann, als indem man das Gelesene zu einer Wirklichkeit irgendwelcher Art in Beziehung bringt, kann man Kafka nur falsch lesen. (Es sei denn, man wäre imstande, die eigene literarisch-kulturelle Sozialisation soweit rückgängig zu machen, daß man wieder liest wie ein Zehnjähriger. Doch wie sollte der Zehnjährige *dieses* Geschriebene aushalten?) Kafka aber zu lesen im klaren Bewußtsein, daß man mit Sicherheit falsch lesen wird und falsch lesen muß und also beim Lesen immerzu sich selbst zu bestreiten hat, ohne je zum Richtigen zu gelangen – das kann dann zuletzt schon wieder ein fast sausendes Spiel ergeben, ein Spiel im Widerschein jenes radikalen (der Gläubige müßte sagen: luziferischen) Triumphes über die ganze Welt, aus dem das Gelesene einst entstanden ist.

Wer die Schriften und Tagebücher Kafkas in der gewohnten und anerzogenen Weise des Einfühlens in eine fremde Seele liest, ist bald überzeugt, einem überaus traurigen, niedergeschlagenen Leben zu begegnen, das in den Stunden des nächtlichen Schreibens die einzigen spärlichen Erheiterungen gewinne. Da nun aber dieser Schreibzustand die Achse von Kafkas Existenz ist, gleichzeitig jedoch nicht ein- und nachgefühlt werden kann – so wenig er von Kafka selber adäquat beschrieben zu werden vermag –, ist gerade die allgemeinste und am wenigstens bestrittene Verständnisbasis über ihn und sein Werk verkehrt. Die Ekstase in der Nacht, wenn sie glückt, ist so außerordentlich, daß man eher von einem überaus hingerissen-beseligten Dasein reden müßte, das nur in seinen Zwischenphasen Trauer und Niedergeschlagenheit kennt. Daß diese Zwischenphasen nach der Uhrzeit länger sind, ist schon deshalb bedeutungslos, weil die Uhrzeit während des vollkommenen Schreibzustandes aufgehoben ist – wie beim Mönch von Heisterbach oder bei Rip van Winkle.

Der Begriff der Herrschaft drängt sich für diese Vorgänge deshalb auf, weil es für den in das Textwesen verwandelten Autor keinen Dienst, keine Verpflichtung, kein Gesetz mehr gibt. Sogar innerhalb eines werdenden Textes hat der vorgängige Satz keine Verfügungsgewalt über den nachfolgenden; das jetzt erzählte Geschehen ist nicht determiniert vom eben vorher erzählten; wer hier A sagt, braucht nicht B zu sagen, und wer B sagt, muß nicht zunächst A gesagt haben. Die Verweise auf eine Wirklichkeit oder eine Idee sind nur insofern nötig, als sie den Gestus der Emanzipation von solcher schriftstellerischer Verweisungspflicht ermöglichen. Der früheste erhaltene Text Kafkas, die »Beschreibung eines Kampfes«, ist bereits durchzogen von den Bildern und Chiffren der Erhebung, des herrschaftlich-herrlichen Aufsteigens, Schwebens, Reitens, Schwimmens und wiegenden Schaukelns, die als Signale und Reflexe des einzigen Glücks im späteren Werk immer wiederkehren. Der Ritt auf einem anderen Menschen, dem Bekannten, in der »Beschreibung des Kampfes« – literarisch noch nahezu konventionell in der Tradition des phantastisch assoziierenden Erzählens, und psychologisch recht unverstellt sadistisch – verbindet ausdrücklich die Kategorien von Erhebung, Macht und Glück zu einer Herrschaft nicht nur über den anderen Menschen, sondern in einer unmittelbar animistischen Art über alle Dinge der Welt. »Dabei fühlte ich, wie gesund mir dieser Abendritt in dieser guten Laune war und, um ihn noch wilder zu machen, ließ ich einen starken Gegenwind in langen Stößen in uns blasen. Jetzt übertrieb ich auch noch auf den breiten Schultern meines Bekannten die springende Bewegung des Reitens und, während ich mich mit beiden Händen fest an seinem Halse hielt, beugte ich weit meinen Kopf zurück und betrachtete die mannigfaltigen Wolken, die schwächer als ich schwerfällig mit dem Winde flogen. Ich lachte und zitterte vor Mut. Mein Rock breitete sich aus und gab mir Kraft. Dabei preßte ich meine Hände kräftig ineinander und tat, als wüßte ich nicht, daß ich dadurch meinen Bekannten würgte.«[1] – Dem ist durchaus verwandt das spätere Aufsteigen des Kübelreiters: »...unten aber steigt mein Kübel auf, prächtig, prächtig; Kamele, niedrig am Boden hingelagert, steigen, sich schüttelnd unter dem Stock des Führers, nicht schöner auf.«[2] Allen einschlägigen Stellen gemeinsam ist die graduelle Annäherung an die Aufhebung der Schwerkraft. Hierin liegt auch das Behagen des in den Käfer verwandelten Gregor: »Besonders oben an der Decke hing er gern; es war ganz anders als das Liegen auf dem Fußboden; man atmete freier; ein leichtes Schwingen ging durch den Körper;

und in der fast glücklichen Zerstreutheit, in der sich Gregor dort oben befand, konnte es geschehen, daß er zu seiner eigenen Überraschung sich losließ und auf den Boden klatschte. Aber nun hatte er natürlich seinen eigenen Körper ganz anders in der Gewalt als früher und beschädigte sich selbst bei einem so großem Falle nicht.«[3] Zu dieser Stelle in frappanter Analogie steht ein Passus im Spätwerk »Der Bau«. Auch da geht es um die Verwandlung der ganzen, vom Subjekt bewohnten Welt in eine Höhle – über Gregor: »Hatte er wirklich Lust, das warme, mit ererbten Möbeln gemütlich ausgestattete Zimmer in eine Höhle verwandeln zu lassen, in der er dann freilich nach allen Richtungen ungestört würde kriechen können, jedoch auch unter gleichzeitigem schnellen, gänzlichen Vergessen seiner menschlichen Vergangenheit?«[4] – und auch da wird der Versuch gemacht, in dieser Höhle die Gravitationskraft der Erde zu überwinden, ins schwerelose Schweben zu gelangen: »In diesem Hohlraum hatte ich mir immer, und wohl kaum mit Unrecht, den schönsten Aufenthaltsort vorgestellt, den es für mich geben konnte. Auf dieser Rundung hängen, hinauf sich ziehen, hinab zu gleiten, sich überschlagen und wieder Boden unter den Füßen haben...«[5] Beide Stellen sind wie winzige, glänzende Splitter in den jeweiligen Erzählzusammenhang eingeschlossen. Ihre Funktion aber ist umgekehrt proportional zu ihrem äußerlichen Ausmaß: sie machen es unmöglich, die Erzählungen schlichtweg als aufgeschriebene Alpträume zu lesen.

Hier drängt sich wohl der Einwand auf, daß die Aufhebung der Schwerkraft in der zur ausgeräumten Höhle verwandelten Lebenswelt als Zielzustand des Subjekts und als – wie hier behauptet wird – bildhafte Verdeutlichung der ekstatischen Erfahrung im vollkommenen Schreibzustand, weit eher an die fötale Existenz gemahne, an das fröhliche Kopfüber des Ungeborenen im Fruchtwasser, als an Herrschaft und Macht. Die Vermutung stimmt; die Folgerung jedoch ist nicht zwingend. Daß hier, psychologisch gesprochen, Regression sich ereignet, radikale Regression in vorgeburtliche Daseinsweisen, ist nicht zu bestreiten. Aber während es für den tatsächlich Ungeborenen keinen Andern, keine Gesellschaftserfahrung irgendwelcher Art geben kann – erst die Geburt bringt die Wirklichkeit des begegnenden Gesichts –, entspringt Regression (sei sie hilflos-passiv oder kontrolliert) immer aus der intensiv erlebten gesellschaftlichen Wirklichkeit, und was regredierend gewonnen wird, enthält wesentlich die Spannung zu dem

Bereich, aus dem die Bewegung sich absetzte. Die Erinnerung an das Dasein als Ungeborenes, die es als seelische Realität gibt, wenn auch wohl kaum als bewußtes Sich-Besinnen-Können, wird unter dem Leiden an den Anderen, dem gesellschaftlichen Druck, den Erfahrungen des Beherrscht- und Regiertseins aufgeladen mit einer neuen Bedeutung. Diese neue Bedeutung ist nicht einfach Geborgenheit oder Geschütztheit. Geborgenheit gibt es im Arm der Mutter oder des Vaters, also in einer bestimmten Menschenbeziehung. Die Regression in den Schoß aber bedeutet etwas ganz anderes: zeitweilig Vernichtung der Welt und aller Menschen. Darin, in diesem Zug zum praktizierten und phantasierten Weltuntergang, ist sie nur dem Selbstmord zu vergleichen. Dies ist Herrschaft, hängt zusammen mit Macht – so wie es nur aus der erfahrenen, erlittenen Macht der anderen über das empfindliche Subjekt hervorgehen kann.

Zu den wichtigsten Entdeckungen Freuds gehört die Tatsache, daß jeder einmal mühsam und mit schmerzlicher Verdutztheit lernen mußte, daß er nicht der Erschaffer der ganzen Welt ist. Die Welt, sie war schon, eh' ich sie erschuf: das ist nicht die erste aller Selbstverständlichkeiten, sondern eine umständlich und widerstrebend gewonnene Einsicht. Hinter sie gelangt wieder zurück, wer auf den Wegen der Regression die vorgeburtliche Erfahrungsbasis neu gewinnt. Diese heißt nun nicht: Ich bin geschützt vor allem und allen andern, sondern: Nichts ist, was nicht unmittelbarer Teil von mir selber ist; alles, was ist, ist Ich; die Welt ist nicht irgendwo draußen, sondern ich bin die ganze Welt und eine andere kann es nicht geben. Das ist Wahnsinn, manifester Wahnsinn in den Gottvater- und Weltraumphantasien der Schizophrenen, beherrschter, schöpferischer Wahnsinn in der souveränen Selbstverwandlung Kafkas aus einem Sozialwesen in das Schreibwesen, das gleichzeitig das Geschriebene selber ist: das Textwesen. Insofern nun aber im Akt der Regression vorhanden bleibt, *woraus* regrediert wurde, insofern steckt in der Verwandlung in das Ich als einzige Realität die Herrschaft über die ganze dergestalt ausgeschaltete Realität, steckt im Schreiben als Selbstproduktion des schrankenlosen Textwesens Triumph über alle so spielend vernichtete Realität.

Nichts ist natürlicher als die Grauenhaftigkeit der Rückkehr. Auch wenn das Geschriebene dann da ist, schwarz auf weiß vorhanden, ist der Zurückgekehrte doch nicht mehr damit identisch.

Aus dem Textwesen ist ein Text geworden – wie von der Schlange die spröde, schimmernde Haut übrigbleibt. Eines aber kommt noch hinzu: die schwerste Niedergeschlagenheit des Zurückgekehrten ist noch nahezu harmlos, verglichen mit der Angst, der Zugang könnte plötzlich verbaut, der Weg versperrt, die Verwandlung nicht mehr möglich sein. Kafkas Angst ist umgekehrt zu jener, von der so viele Märchen berichten: daß einer in der Schatzhöhle das Wort, das ihn hinausläßt, nicht mehr findet. Was ihn in Panik setzt, ist der Gedanke, nicht mehr hineinzukommen. So hat er Felice in Verdacht, ihm den Weg zu sperren, die Verwandlungskraft zu nehmen. Ihr Schoß steht ihm vor jenem andern, obwohl er ihn in den langen grauen Niedergeschlagenheiten so sehr braucht. Auch seinem Körper traut er nicht: wer weiß, eines Tages läßt dieser ihn nicht mehr frei, setzt Fett an, das nicht mehr zu durchdringen wäre, in dem man fest säße, mit Gesundheit und runden Muskeln geschlagen.

Die Texte Kafkas bilden nun nicht etwa ihrerseits diese Vorgänge ab, sie können es nicht, da sie ihrem Wesen nach überhaupt nichts abbilden, aber in ihrer Selbstbewegung, deren einziges Gesetz die »unendliche Freiheit und Willkür« jenes geträumten Goethe ist, ergeben sich Ähnlichkeiten, werden analoge Dinge zeitweilig sichtbar, ohne daß sie jedoch »der Sinn« oder »die Bedeutung« des Textes wären. Da es für das lebendige Textwesen im Vollzug der Selbsterschaffung keine Reflexion gibt, kann im Text auch keine Wiedergabe dieser Vorgänge aus bedachter Erinnerung vorkommen. Wo Analoges ins Blickfeld tritt: Verwandlungen, Höhlengänge, als langsames Sterben deklarierte Transformationen in andere Zustände, unerhörte Ziele – sei's als Raum und Ort, sei's als Begegnung mit Instanzen –, ist die Analogie nie genau auflösbar. Allerdings gibt es auch kaum einen Text, der im Bildhaft-Inhaltlichen keine Spuren solcher Analogie zur Dramatik seiner eigenen Genese besäße.

Da der vollkommene Schreibzustand nicht da ist allein dadurch, daß Kafka zur Feder greift, sondern in unberechenbarer Weise zögert, sich verweigert wie ein Gott oder eine Geliebte, dann aber wiederum stürmisch und gewissermaßen brausend hereinbricht, braucht es Exerzitien des Schreibens, die die trübe Zeit überstehen lassen und gleichzeitig eine Art Lock- und Beschwörungsmittel darstellen. Dies ist die Funktion der Briefe und der Tagebücher, der letzteren allerdings nur dort, wo sie nicht Dichtungspartikel sind, längere oder kürzere Anfänge und Wiederanfänge von poetischen Texten. Aber selbst wenn die Funktion der eigentlichen Tagebucheintragungen eine vorläufige sein sollte – von der Existenzmitte Kafkas aus gesehen –, die Leidenschaft dem Schreiben gegenüber, die gierige Kompromißlosigkeit hinsichtlich der ästhetischen Qualität des einzelnen Satzes blitzt auch in jenen Abschnitten der Tagebücher immer wieder auf, die nichts anderes tun als Wirklichkeit wiedergeben und kommentieren. Kafka pflegte die jeweils neuen Seiten den Freunden, insbesondere Max Brod, vorzulesen. Schon durch diese Tatsache rücken sie von rein privaten Gebrauchstexten ab. Andererseits aber unterliegen sie eben doch nicht jenem durchgängig totalen Vollkommenheitsanspruch, den der Autor an seine fiktionalen Texte legte. Dieser Vollkommenheitsanspruch hat ja zur Voraussetzung die aufgehobene Pflicht zur Abbildung, den aufgekündigten Dienst an aller Wirklichkeit. Im Tagebuch wird die Wirklichkeit weitgehend in ihren Rechten belassen, und das Schreiben unterwirft sich der Vermittlungsarbeit.

Erster Hinweis auf die Porträts

Ganz kann die herrische Verweigerung aller demütigen Wirklichkeits-Wiedergabe, die das radikale Schreiben Kafkas begründet, auch in den Tagebüchern nicht aufgehoben werden. Sie wacht immer wieder auf, schlägt durch im Textverlauf. Oft geschieht das nur in einzelnen, unverhofften Sätzen, die aus belanglosem Reden glänzend auftauchen. Die Tagebücher müssen deshalb, anders als die Briefe, vorsichtig von Satz zu Satz gelesen werden. Innerhalb eines einzelnen kurzen Paragraphen kann sich die Sprache, die poetische Verdichtung der Rede, mehrmals unerwartet verändern. Ein durch solche Einsicht gewarntes, wachsames Lesen führt zu seltsamen Entdeckungen. Eine dieser Entdeckungen ist hier eingehend vorzustellen und zu untersuchen: das Porträt. In Kafkas Tagebüchern gewinnt die Beschreibung von Gesichtern eine Eigenartigkeit, die völlig neu ist im Feld der ganzen Literatur, und die auch die Gesichtsbeschreibungen in seinen erzählenden Werken an unmittelbarer Originalität weit übertrifft. Das verdient eine Analyse, und es wird sich zeigen, daß der Versuch einer solchen Analyse zu weiteren grundsätzlichen Fragen und Recherchen zwingt. Wie läßt sich das menschliche Gesicht mittels der Sprache überhaupt abbilden? Wie ist es zu verschiedenen Zeiten abgebildet worden? Und zwar ist jetzt nicht das erfundene Gesicht gemeint, in der Erzählung oder im Roman, in der literarischen Fiktion also, sondern das Gesicht, das es wahr- und leibhaftig einmal gegeben hat. Was ist da der Sprache und dem Schreibenden möglich, was nicht? Was bringt das Unternehmen in jedem Fall unweigerlich mit sich? Gibt es Regeln? Sind sie unabdingbar? Was ereignet sich, wenn sie gebrochen werden?

Gewiß, das menschliche Gesicht scheint einer der ältesten literarischen Gegenstände zu sein und es mag merkwürdig anmuten, ihm gegenüber solch grundsätzliche Fragen aufzuwerfen. Aber man wird dazu gezwungen durch die Tatsache, daß Kafka in seinen Tagebüchern diesen ältestvertrauten Gegenstand in einer fast unheimlich fremdartigen Weise angeht. Das Studium seiner Porträts und die notwendige Ausweitung der Untersuchung auf die literarische Tradition, in der sie stehen, führt zur Erkenntnis, daß die Gesichtsbeschreibung ein literarisches Genre ganz eigener Natur ist.

Hier ist allerdings eine Warnung am Platz. Man erwarte nicht Paradestücke. Es gibt sie, aber sie sind nicht die Regel. Das literarische Paradestück der ausschweifenden Abschilderung eines begrenzten Gegenstandes – die alte rhetorische Ekphrasis – gehört zum Erzählsystem eines symbolisierenden Realismus. Da kann der Autor alle seine Schreibfähigkeiten und Deskriptionsvirtuositäten vorführen, und der Leser weiß dann: wenn einer so beschränkten Sache so großer Platz eingeräumt wird, muß diese Sache von höherer Bedeutung sein, vielleicht sogar von schicksalhafter Auswirkung im Ablauf der Ereignisse. Um solches geht es hier nicht. Wenige dieser Porträts sind auch nur so lang, daß es sich aufdrängte, sie in einem Kafka-Lesebuch selbständig figurieren zu lassen. Dennoch kann man den Beweis erbringen, daß Kafka in diese Gesichter einen eigenen Ehrgeiz setzte. Der Grund ist allerdings zunächst noch unklar. Er wird sich nur finden lassen über eine Klärung der Funktion, die diese Texte für Kafka über das Literarisch-Künstlerische hinaus gehabt haben müssen.

Schon die schlichte, das einfache Verstehen fördernde Erklärung der Stellen bietet oft seltsame Schwierigkeiten und Widerstände. Ein unverhofft enigmatisches Element kann in die Beschreibung geraten, das seinerseits sowohl die erwähnten Grundsatzfragen wie die Frage nach der Funktion dieser Porträts in der Lebenswelt des Autors als dringlich erscheinen läßt.

Man nehme zum Beispiel die Eintragung vom 13. Oktober 1911:

Kunstloser Übergang von der gespannten Haut der Glatze meines Chefs zu den zarten Falten seiner Stirn. Eine offenbare, sehr leicht nachzuahmende Schwäche der Natur, Banknoten dürften nicht so gemacht sein.[6]

Dieser Text ist vollständig und in sich abgeschlossen, so fertig oder unfertig, wie es die Eintragungen Lichtenbergs in seine Sudelbücher sind und wie es seit den ersten Veröffentlichungen aus Lichtenbergs Nachlaß eine sanktionierte literarische Möglichkeit geworden ist. Aber im Unterschied zu Lichtenberg wird hier mit der Erfassung des physiognomisch Auffälligen das Individuum nicht einer bestimmten Menschen- oder Charaktergruppe zugeschlagen, sondern das physiognomisch Auffällige selber wird, statt den Schlüssel zum Individuum abzugeben, zu einer eigenbedeutenden Sache, hinter der das Individuum, die Person des Chefs, sich verliert, so daß sie zuletzt nahezu absurd erscheint.

Wollte man, in einem spielerischen Versuch, den Kafka-Text quasi lichtenbergisieren, dann könnte zum Beispiel folgendes herauskommen:

Der Übergang von der gespannten Haut der Glatze zu den zarten Falten seiner Stirn glich dem Brachfeld zwischen einem gepflügten und einem gewalzten Acker.

Das wäre stimmig in der Logik des Vergleichs, und wegen der allgemeinen Bedeutung der beiden Bezugsgrößen Haupt und Erde könnte ein denkender Mensch auch noch Tiefsinn in dem Aphorismus finden. Bei Kafka aber regiert eine andere Logik. Zunächst wird durch die Erklärung, der Übergang von der Glatze zur Stirn sei »kunstlos«, unterstellt, daß Schreiber wie Leser an dieser Stelle des Kopfes selbstverständlich etwas Kunstvolles erwartet hätten, was durchaus unsinnig ist. Man würde das jedoch noch akzeptieren, wenn daraus Folgerungen der physiognomisch üblichen Art gezogen würden, also etwa: dies passe zum Charakter des Chefs, weil er z.B. zwiespältigen Wesens sei und sich bald so, bald anders gebe. Das wäre eine preziöse, aber immerhin konventionell abgesicherte Gesichtsauslegung. Indessen ist die Folgerung, die gezogen wird, auf »die Natur« bezüglich, und zwar so, daß diese hier einen

Fehler (»Schwäche«) begangen habe. Auch das ließe sich noch zur Not rationalisieren, wenn es auf die Aussage hinausliefe, es sei schade, zwischen einem so schönen Schädeldach und einer so schönen Stirn eine so unansehnliche Zwischenzone bemerken zu müssen. Aber genau diese Möglichkeit wird vom Text sofort verbaut, indem er das Kriterium der Nachahmbarkeit aufwirft. Bedauerlich sei, daß diese Stelle am Kopf sich imitieren ließe. Ein letzter, nun allerdings schon fast verzweifelter Versuch der Sinnstiftung könnte noch die Erklärung wagen wollen, daß das Haupt des Chefs in Glatze und Stirn Zeichen schöner, unvertauschbarer Individualität trage, nur in jener Zwischenzone sei es etwas schablonenhaft geraten. Aber der Verweis auf die Banknote, deren Unverwechselbarkeit und Unvertauschbarkeit eine rein technische ist und von der Einmaligkeit des menschlich Individuellen so weit absteht wie eine Nummer von einer Person, schließt auch dies sofort aus und legt den ganzen Text endgültig in der Randzone zum Absurden fest.

Umschlag und Verwandlung

Solche Vorgänge waren gemeint, wenn oben von dem unverhofft »enigmatischen« Element in vielen Gesichtsbeschreibungen Kafkas gesprochen wurde. Die Feststellung kann natürlich keine endgültige bleiben. Vielmehr ist zu fragen, welche Art von enigmatischer Tendenz, von Verrätselung, hier denn vorliege und womit sie zusammenhänge. Vorerst besagt »enigmatisch« nur so viel wie: nicht verständlich, weil auf unbekannte Kategorien, Wertmaßstäbe und Wirkkräfte verweisend. Entsprechend verhält es sich in den folgenden vier Gesichtsbeschreibungen:

Herr in der Loge öffnet beim Lachen den Mund bis zu einem rückwärtigen Goldzahn, der dann den Mund ein Weilchen so offen hält.[7]

Vor einer Heiratsvermittlerin, die heute mittag einer Schwester halber bei uns war, fühlte ich eine die Augen niederdrückende Verlegenheit aus einigen durcheinandergehenden Gründen. Die Frau hatte ein Kleid, dem Alter, Abgenutztheit und Schmutz einen hellgrauen Schimmer gaben. Wenn sie aufstand, behielt sie die Hände im Schoß. Sie schielte, was scheinbar die Schwierigkeit vermehrte, sie beiseite zu lassen, wenn ich zu meinem Vater hinsehen mußte, der mich einiges über den ausgebotenen jungen Mann fragte. Dagegen verringerte sich meine Verlegenheit wieder dadurch, weil ich mein Mittagessen vor mir hatte und auch ohne Verlegenheit mit dem Herstellen der Mischungen aus meinen drei Tellern genug beschäftigt gewesen war. Im Gesicht hatte sie, wie ich zuerst nur partienweise sah, so tiefe Falten, daß ich an das verständnislose Staunen dachte, mit welchem Tiere solche Menschengesichter anschauen müßten. Auffallend körperlich war die kleine, besonders im etwas erhobenen Abschluß kantige Nase aus dem Gesicht gestreckt.[8]

Schön war Frau Tschissik gestern. Die eigentlich normale Schönheit der kleinen Hände, der leichten Finger, der gewalzten Unterarme, die in sich so vollkommen sind, daß selbst der doch ungewohnte Anblick dieser Nacktheit nicht an den übrigen Körper denken läßt. Das in zwei Wellen geteilte, vom Gaslicht hell beleuchtete Haar. Die ein wenig unreine Haut um den rechten Mundwinkel. Wie zu kindlicher Klage öffnet sich ihr Mund, oben und unten in zart geformte Buchtungen verlaufend, man denkt, daß diese schöne Wortbildung, die das Licht der Vokale in den Worten verbreitet und mit der Zungenspitze die reine Kontur der Worte bewahrt, nur einmal gelingen kann und staunt das Immerwährende an. Niedrige weiße Stirn. Das Pudern, dessen Verwendung ich bisher gesehen habe, hasse ich, wenn aber diese weiße Farbe, dieser niedrig über der Haut schwebende Schleier von etwas getrübter Milchfarbe vom Puder herrührt, dann sollen sich alle pudern. Sie hat gern zwei Finger am rechten Mundwinkel, vielleicht hat sie auch die Fingerspitzen in den Mund gesteckt, ja vielleicht hat sie sogar einen Zahnstocher in den Mund geführt; ich habe diese Finger nicht genau angesehn, es sah aber fast so aus, als hätte sie einen Zahnstocher in einen hohlen Zahn geführt und ließe ihn dort eine Viertelstunde lang ruhen.[9]

Der Trompentenbläser, den ich für einen lustigen glücklichen Menschen gehalten hätte (denn er ist beweglich, hat scharfe Einfälle, sein Gesicht ist von blondem Bart niedrig umwachsen und endet in einem Spitzbart, er hat gerötete Wangen, blaue Augen, ist praktisch angezogen), hat mich heute im Gespräch über seine Verdauungsbeschwerden mit einem Blick angesehen, der auffallend mit gleicher Stärke aus beiden Augen kam, die Augen förmlich spannte, mich traf und schief in die Erde ging.[10]

Allen diesen Texten ist gemeinsam, daß der Vorgang der Präzisierung und Erläuterung, den jede Gesichtsbeschreibung so oder anders darstellt, die umgekehrte Wirkung hervorbringt. Die Informationen, die hier über die Gesichter gegeben werden, streben in ihrer Anordnung und Abfolge als letztes Ziel nicht ein Ganzes an, wie man es von tausend Leseerfahrungen her erwarten würde, sondern sie lassen dieses Ganze – das Gesicht als eine einheitliche

Erscheinung – entweder überhaupt beiseite, indem sie sich an einer Einzelheit festsetzen, festklammern, oder aber sie entwerfen das Ganze bloß als einen Übergang zur abschließenden Verselbständigung eines Teils. Diese Verselbständigung dann aber, auf der das größte Gewicht liegt und die von der Textrhythmik eindeutig zur Pointe des Sprachstücks gemacht wird, liefert, durchaus paradox, das Gegenteil dessen, was eine Pointe sonst zu Tage förder: Statt zu der alles erhellenden Einsicht kommt es da zu einer alle bisherigen vernünftigen Informationen relativierenden, in sich selber aber dunklen oder doch nur ansatzweise verständlichen Aussage. Eine solche Schein- oder Gegenpointe war schon jener Schlußsatz von den Banknoten im Text über das Gesicht des Chefs.

Die Grundstruktur scheint eine des Umschlags zu sein, und zwar so, daß die angefangene Bewegung, zur Überraschung des Lesers, plötzlich in der Gegenrichtung verläuft. Das erste der eben zitierten Beispiele zeigt dies frappant. Da wird der Goldzahn vom sinnvoll integrierten Teil des Gesichts zur Hauptsache, die eigenständig alles regiert. Man muß auf die Symmetrie des Satzes achten. Das Wort »Goldzahn« steht in der Mitte und markiert damit schon auf der Ebene des Druckbildes den Drehpunkt, den es im Inhaltlichen darstellt. Zweimal, je vor und nach diesem Wort, in fast meßbar gleichem Abstand und also spiegelbildlich, finden sich die Wortpaare: Öffnet/Mund, Mund/offen.

Die Bewegung, die innerhalb dieses winzigen Satzes umschlägt und in der Gegenrichtung weiterläuft, spielt gleichzeitig auf verschiedenen Ebenen. Die eine ist die der literarischen Konvention. Wir wissen, auch wenn wir nie darüber nachgedacht haben, wie Gesichtsbeschreibungen vor sich gehen und auf welches Ziel sie letztlich aus sind. Die literarische Konvention ist also im Leseakt real vorhanden als die unreflektierte Erwartung des Lesers. Diese wird im Verlauf der Lektüre gebrochen. Der Leser beginnt umzustrukturieren, sieht sich aber zuletzt nicht einem einsehbaren neuen literarischen Porträtierverfahren gegenüber, sondern einer beunruhigenden Umkehrung des gewohnten, deren Zweck verborgen bleibt.

Die zweite Ebene, auf der die Bewegung verläuft, betrifft die beschriebene Person als selbständig handelndes, menschliches Subjekt. Der Herr mit dem Goldzahn verhält sich in der ersten Satzhälfte durchaus so, wie man es erwartet und wie er seinerseits erwarten darf, daß man es von ihm erwartet: als ein sinnvoll handelndes Wesen, das seine Gebärden in Freiheit kontrolliert. In der Mitte des Satzes aber erlischt die autonome Subjektivität, sie wird vom laufenden sprachlichen Diskurs ausgelöscht, und das Wesen ist nun ein von undurchschaubaren Faktoren geleitetes Gebilde. Genau entsprechend hört im Satz das Lachen – der Ausdruck gesicherter Spontaneität – auf und geht in eine Art mechanischer Mundsperre über. Dieser Wechsel vom Belebten zum Maschinenhaften, Roboterähnlichen ergibt den grotesken Effekt des Satzes, durchaus gemäß der Bergsonschen Beschreibung des Komischen.

Damit ist gleichzeitig angedeutet, daß die Bewegung auch auf einer dritten Ebene spielt, der stilistischen. Die ästhetisch poetische Beschaffenheit der Sprache ändert sich im gleichen Vorgang und gleichenorts. Es scheint eine »Form« zu geben – das Wort sei in seiner Vieldeutigkeit genommen und belassen –, auf die der Text selber als auf sein ästhetisches Ziel zustrebt.

Diese Form scheint dadurch bestimmt zu sein, daß sie dem stilistisch-poetischen Gestus der traditionellen Gesichtsbeschreibung zuwiderläuft, genauer: sie ist dadurch bestimmt, daß sie nur über eine vor den Augen des Lesers vollzogene Umkehr der Regeln und Gebärden traditioneller Gesichtsbeschreibung erreicht werden kann.

Viel Aufwand um einen einzigen Satz! Das sei zugegeben, doch wird man auch sagen dürfen, der Rang und das Bedeutungspotential eines literarischen Textes nähmen nicht proportional zu seiner Ausdehnung, zu Länge und Zahl der Sätze, zu. Jene einzelnen Sätze, die sich in Kafkas Tagebüchern immer wieder in geisterhafter Vollkommenheit, wie ein Fremdes, aus dem Kontext lösen, haben den Anspruch und das Recht, mit der mikroskopischen Sorgfalt betrachtet zu werden, die man traditionellerweise (und dort ohne Bedenken!) Gedichten zuwendet. Es ereignet sich oft genug eine an Japanisches erinnernde Verdichtung in diesen Sätzen, bei gleichzeitiger Steigerung der sinnlichen Gegenwart und einer gläsernen Verschärfung der optischen Kontur.

Läßt sich nun, was vom Sprachstück über den Herrn mit dem Goldzahn gesagt wurde, übertragen auf die andern zitierten Texte (die ausgewählt wurden wegen ihres teilweise rätselhaften Charakters)? Sie haben nicht die schon äußerlich ganz reine, fast geläuterte Struktur jenes Satzes – mit den genauen Symmetrien und andern, hier nicht weiter zu erläuternden Korrespondenzen wie etwa der Parallele, die im Verlauf des Satzes zwischen der Gegebenheit »Herr in der Loge« und der Gegebenheit »Goldzahn im Mund« entsteht –. Aber der Vorgang des zentralen Umschlags läßt sich so oder anders bei allen nachweisen. Das Porträt der Heiratsvermittlerin, bei dem die eingeflochtene Reaktion des Autors auf die Person vorläufig unbeachtet bleiben soll, ist gekennzeichnet durch eine Summierung genau beobachteter charakteristischer Einzelheiten. Diese scheinen insofern sinnvollen Ordnungsprinzipien zu folgen, als deutlich von den nebensächlichen zu den hauptsächlichen Elementen vorangeschritten wird, vom Kleid zur Gebärde, vom festgestellten Schielen zur Aussage über das ganze Gesicht. Dann geschieht der Umschlag. Das bisher selbstverständliche Verfahren, daß das Detail aus dem überschauten Ganzen gelöst und sinnstiftend wieder in dieses eingefügt wird, bricht ab. Der Diskurs fährt an einer Einzelheit, den »tiefen Falten« auf, trennt sie von allem andern und verselbständigt sie zur Hauptsache. Das wird schon durch die Bemerkung deutlich, er habe die tiefen Falten im Gesicht »zuerst nur partienweise« gesehen. Und man erfährt denn auch nicht, wo diese Falten sind. Der Leser wird gezwungen, sich Faltungen zu denken, die nicht ins Gesichtsganze integriert sind, ortlos, ohne kommunikative Funktion oder physiognomische Aussagekraft. So verliert sich sonst nur ein Kind in einer Einzelheit eines erwachsenen Gesichts. Und nach diesem Schnitt – strukturell quer durch den bisherigen Textverlauf, inhaltlich durch das vordem lebendige Gesicht – folgt jene mysteriöse Steigerung, jene Scheinpräzisierung, jene verdunkelnde Pointe, von der schon die Rede war. »...so tiefe Falten, daß ich an das verständnislose Staunen dachte, mit welchem Tiere solche Menschengesichter anschauen müßten.« Dem ist mit keiner Logik beizukommen. Das ist wieder jene sich ganz kühl dem Irr-Sinn annähernde Argumentation, die im Sprachstück über den Chef waltete. Wenn Tiere je über Menschengesichter staunen sollten, dann, so wird man annehmen dürfen, müßte es angesichts dessen geschehen, was an einem Menschengesicht ganz und gar nicht tierisch ist und mithin einem Tier unverständlich, nicht einfühlbar. Über den lachenden Menschen, beispielsweise, könnte man sich so etwas gesagt denken, über den weinenden wohl auch und über den Blick der Menschenaugen, den ja tatsächlich das Tier nicht festhält und nicht aushält. Eine Gruppe tiefer Falten hingegen, ein von allem Psychischen freies, bloß körperhaft plastisches

Phänomen, das an Tieren selbst häufig vorkommt, wie sollte es bei ihnen »verständnisloses Staunen« erregen?

Man könnte zwar den Passus zu rationalisieren suchen und sagen, der Gedankengang sei eben der: Die Tiere sind überrascht, daß ein Mensch gewisse tierische Einzelheiten vorweist. Dem wäre dann aber zum höchsten ein Ausdruck wie »Verdutztheit« angemessen, das bedeutende Wort vom »verständnislosen Staunen« läßt sich in einen solchen gutmütigen tierpsychologischen Rettungsversuch nicht integrieren.

Der Schluß des Textes nähert sich dann wieder der Schreibweise der ersten Hälfte an – nicht vollständig allerdings. Die Tendenz, den Teil über das Ganze zu setzen, ist im letzten Satz spürbar noch vorhanden. Entscheidend aber bleibt, daß die lebendige Person im Passus über die »tiefen Falten« verschwindet, einem starren, zusammengesetzten Gebilde weicht, aus dem man Stücke herausheben und betrachten kann wie Bestandteile einer unverstandenen Maschine, und daß dieser Vorgang gerade dort gipfelt, wo er vorgeblich plausibel gemacht werden soll. Wenn irgendwo »verständnisloses Staunen« sich ereignet, geschieht es im Kopf des Lesers vor eben diesem Satz.

Das dritte und vierte Porträt folgen einem ähnlichen Aufbaumuster. Beide enden mit der Verwandlung der Rede aus dem literarisch Gewohnten in etwas Fremdartiges, das Entzifferung verlangt, ohne die Art und Weise, wie solche anzustellen wäre, mitzuteilen. Selbst der Satzbau wird da anders, gewinnt einen drängenden Zug, der nicht mehr haltmachen will und kann, bevor dieses andere Reden an sein Ende gelangt ist. In der Beschreibung der Schauspielerin Tschissik hebt das an mit der sachlichen Beobachtung einer charakteristischen Geste – »Sie hat gern zwei Finger am rechten Mundwinkel« – und man erwartet noch den einen und andern zusätzlichen Hinweis auf ihr besonderes Bühnenverhalten. Statt dessen aber setzt sich der Text an dieser harmlosen Feststellung fest, und nun ist keine andere Gegebenheit mehr da als diese zwei Finger am Mund, genauer: Der winzige Ort, wo die zwei Fingerspitzen den Mundwinkel berühren, dehnt sich zum ganzen Blickfeld und wird der Schauplatz eines irrealen Geschehens. Wenn es an sich schon sehr unwahrscheinlich ist, daß die Schauspielerin beim Singen und Rezitieren auch nur für Bruchteile einer Sekunde die Finger tatsächlich am Mundwinkel »in den Mund« führt, so ist die Aussage über den Zahnstocher im hohlen Zahn schlechthin jenseits aller vernünftigen Annahmen. Grundsätzlich ist es wohl denkbar, daß einem Porträt ein leicht unwirklicher Zug als vorgeblich Beobachtetes angefügt wird, damit sein symbolischer Gehalt auf einer zweiten, sinnbildlichen Ebene die andern Feststellungen ergänze und vertiefe. Aber eben dies ist hier nicht der Fall. Ein höherer Sinn von Zahnstocher und hohlem Zahn läßt sich ebensowenig ausmachen wie ein – sei's metaphorischer, sei's unmittelbar sachlicher – Bezug dieser zwei Dinge zum vorgängigen Porträt der Frau. Es ist nicht möglich, vom letzten Satz auf das Textganze zurückzubiegen. Vielmehr scheint es fast, die ersten drei Viertel des Textes hätten den einzigen geheimen Zweck, die Emanzipation des letzten Satzes von ihnen vorzubereiten und ausführbar zu machen.

Wenn man bedenkt, daß das Ganze mit dem Auftakt einsetzt: »Schön war Frau Tschissik gestern«, und daß es längere Zeit durchaus folgerichtig sich bemüht, diese programmatische Aussage unter Beweis zu stellen, wird der krasse Kontrast des Schlusses zum Bedeutungsfeld und zur Mitteilungsabsicht der ersten drei Viertel deutlich genug.

Dieses Geschehen, die Verwandlung des Textes in eine grundsätzlich andere Gestalt der Rede, läßt an Kafkas Aufzeichnung vom 20. Oktober 1911 denken: »Über Paris geschrieben. Schlecht geschrieben, ohne eigentlich in das Freie der eigentlichen Beschreibung zu kommen, die einem den Fuß vom Erlebnis löst.«[11] Das »Freie der eigentlichen Beschreibung« ist also ein Zielzustand des Schreibens, der, wenn er nicht von Anfang an da ist, durch das Schreiben selber erreicht werden kann. Daß in diesem Zielzustand, wo dann nicht mehr »schlecht geschrieben« wird, das Erlebnis und mithin das Beschriebene selbst bedeutungslos wird, geht aus dem Satz ebensosehr hervor wie die Tatsache, daß Kafka diese Befindlichkeit des »eigentlichen« Schreibens als eine Art Loslösung vom Boden empfindet, eine dem Schweben oder Fliegen verwandte Erfahrung. Denn die Wendung »die einem den Fuß vom Erlebnis löst« ist in klarer Analogie zu Ausdrücken wie »den Fuß vom Boden lösen« oder »sich von der Erde lösen« gebildet.

Die Feststellung, daß sich der Text von dem, was er als sein eigenes Informationsziel angekündigt hat, abwendet, gilt auch für das Porträt des Trompetenbläsers, das letzte in der Zitatenreihe. Hier verläuft die ganze Kurve innerhalb eines einzigen Satzes. Der Anfang – »Der Trompetenbläser, den ich für einen lustigen glücklichen Menschen gehalten hätte...« – verspricht, Auskunft darüber zu geben, daß und warum dieser Mann nicht lustig und glücklich sei. In Wahrheit biegt der Satz dann aber um in eine Beschreibung des Blicks, mit dem der Trompetenbläser im Gespräch dem Partner begegnet, und diese Beschreibung führt nicht etwa zur Aussage, daß der Blick traurig oder erschütternd oder von verstecktem Leiden zeugend gewesen sei, sondern sie setzt diesen Blick gewissermaßen frei von allen Gesetzmäßigkeiten und Bedeutungsmustern des Mienenspiels und vermittelt ihn als ein Geschehen, dem wohl Bedeutung eignet, das jedoch so einmalig ist, daß diese Bedeutung nicht ausgemacht werden kann. Mehr noch: angesichts des außerordentlichen Ereignisses, das dieser Blick darstellt, und seines mehrphasigen, durchaus dramatischen Verlaufs, wird es zuletzt vollständig belanglos, ob die Person dahinter, das Subjekt dieses Gesichts, glücklich oder unglücklich sei. Wollte man trotzdem von diesem Blick auf das Lebensgefühl des Menschen zurückschließen, könnte man ebensogut auf intensive Gehobenheit wie auf Bedrückung kommen.

Es wäre gleich zutreffend zu sagen, die Person des Trompetenbläsers löse sich hinter diesem einen Teil ihrer Erscheinung in nichts auf, wie, sie verwandle und verdichte sich in diesen Teil. Vom Schreiber aus gesprochen heißt das, daß er einmal mehr das Gesicht, respektive ein Element des Gesichts, von der Person lostrennt, in einen andern Raum einholt, wo er es dann – in »unendlicher Freiheit und Willkür« – fremdartig-vollendete Gestalt werden läßt. Der Schreibende löst sich in der Schlußphase auch dieses Textes »vom Erlebnis«, gewinnt im Sprung eine andere Fahrt der Sprache und einen Wirklichkeitsbereich, der den Gesetzen des vernünftigen Alltags nicht mehr untersteht. Denn »auffallend« kann der Alltagserfahrung gerade nicht das Phänomen sein, daß ein Blick »mit gleicher Stärke aus beiden Augen« kommt. »Auffallend« wäre da vielmehr das Gegenteil: ein Blick, der mit unterschiedlicher Stärke aus beiden Augen käme. Gerade dies aber wird vom Text als das Normale unterstellt.

Man kann hier nicht umhin, minutiös und fast spitzfindig zu argumentieren, denn der Bruch zum Gewohnten und insbesondere auch zur Logik, die unsern Alltag regelt, geht in diesen Texten stets parallel zum Gewinn der von Kafka erstrebten Sprache, seiner spezifischen poetischen Rede, die die Geschichte der Weltliteratur verändert hat. Deshalb sind solche Feststellungen wichtig, auch wenn sie auf haarspalterische Weise erreicht scheinen.

Die vier bisher untersuchten Porträts wurden eingeführt unter dem Gesichtspunkt ihres »enigmatischen Elements«. Das hieß zunächst nichts anderes, als daß sie teilweise unverständlich seien. Die nähere Betrachtung hat nun gezeigt, daß dieser nicht auflösbare Teil der Porträts nicht einfach als etwas Zusätzliches der Beschreibung beigefügt ist, sondern daß er aus der Dynamik der Texte selber entspringt, die im wesentlichen eine Dynamik des Umschlags, der Umkehrung ins Gegenteil ist – bei scheinbar konsequenter Weiterführung der anfänglichen Rede- und Argumentierweise.

Damit hat sich ein klarer Fragenkatalog ergeben, der bei der folgenden Arbeit die Untersuchung leiten und instrumentelle Dienste leisten kann. Er sei zunächst aber noch einmal überprüft am Text, und zwar an Kafkas erstem Tagebuchporträt, dem der Tänzerin Eduardowa. Merkwürdig ist, daß Kafka vorher von diesem Gesicht geträumt hat. Auch später bezeugt das Tagebuch übrigens wiederholt, daß er Gesichter träumt, oder – vielleicht ist nur diese Formulierung vorsichtig genug – daß er bei der Aufzeichnung von Träumen in die Beschreibung geträumter Gesichter einzubiegen pflegt. Beispiele finden sich unter dem 21. November 1913 und unter dem 29. September 1915, das aufregendste unter dem 2. Oktober 1911. Die geträumte Eduardowa nun wird so vorgestellt: »Ich bat im Traum die Tänzerin Eduardowa, sie möchte den Csárdás noch einmal tanzen. Sie hatte einen breiten Streifen Schatten oder Licht mitten im Gesicht zwischen dem untern Stirnrand und der Mitte des Kinns.«[12] Das mutet an wie eine Maske. Man wird an Stauffer-Berns berühmte Radierung von C. F. Meyer erinnert, die Kafka zu dieser Zeit schon gekannt haben dürfte. Er spricht später – 1911 – mehrmals von Stauffer-Bern. Während aber jenes Meyer-Porträt durch den Schatten des Hutes in einen oberen dunklen und einen unteren hellen Bereich geteilt wird, läuft hier die verhüllende Zone wie ein Band waagrecht durch das Gesicht und zwar genau über die physiognomisch sprechendsten Partien Augen, Nase, Mund. Daß der Streifen verhüllt, darf deshalb gesagt werden, weil im Text der Hinweis auf ihn die Beschreibung der Gesichtsteile ersetzt. Sollte er diese Funktion im Traum nicht ausgeübt haben, so übt er sie doch in der Aufzeichnung aus. Es mutet daher wie eine Korrektur an oder wie ein zweiter Versuch der Annäherung, daß in der übernächsten Tagebucheintragung genau jene vorher ausgesparte Fläche belebt, gestaltet und in einer – gelinde gesprochen – überraschenden Weise fertiggestellt wird.

Die Tänzerin Eduardowa ist im Freien nicht so hübsch wie auf der Bühne. Die bleiche Farbe, diese Wangenknochen, welche die Haut so spannen, daß im Gesicht kaum eine stärkere Bewegung ist, die große Nase, die sich wie aus einer Vertiefung erhebt, mit der man keine Späße machen kann – wie die Härte der Spitze prüfen oder sie am Nasenrücken leicht fassen und hin und herziehen, wobei man sagt: »Jetzt aber kommst du mit.«[13]

Die Ähnlichkeit des Deskriptionsverlaufs mit dem der vorherigen Texte braucht nicht weiter herausgestellt zu werden. Wichtig ist vor allem die spektakuläre Art, wie hier das, was oben als Umkehrung der Alltagslogik bezeichnet wurde, seine Verwirklichung findet. Es verläuft dies erneut nach dem Prinzip des stillschweigenden Voraussetzens einer Gegebenheit oder eines Geschehens, die schlechthin nicht stillschweigend vorausgesetzt werden können, weil sie allen Usancen widersprechen. Würde der Text auf die Bemerkung hinauslaufen, die Nase der Tänzerin sei so beschaffen, daß es einem ganz natürlich schiene, sie als einen handgriffähnlichen Gegenstand anzufassen, so wäre das, bei allem grotesken Einschlag, noch immer konform den vertrauten physiognomischen Techniken, die dem Leser ein Gesicht versinnlichen und imaginär ertastbar machen möchten. Kafka aber kehrt den Vorgang um. Die Hyperbel (etwa: »eine Nase, die man versucht sein könnte anzufassen«) wird von ihm als Norm unterstellt. Das tatsächlich unerhörteste Verhalten wird als das natürlich angemessene genommen, und das Gesicht dann in einer verrückten Pointe dadurch charakterisiert, daß es dieses Verhalten nicht zulasse. In Analogie zu konventionellen Beschreibungsmustern wie: »Seine Augen blickten so zornig, daß ihnen niemand standhalten konnte«, wird hier gesagt, die Nase sei so ausgreifend, daß keiner es wage, sie am Rücken zu fassen und hin und her zu ziehen. Formal also wird ein literarisches Schema beibehalten und zu Ende geführt, der Inhalt indessen läuft dem Muster diametral entgegen. Daraus folgt aber auch, daß die vom konventionellen Schema angestrebte erhöhte Vergegenwärtigung des Gesichts hier ebenfalls nur ein Scheinziel bildet. Stellt also, muß man sich fragen, der charakteristische Umschlag in so vielen von Kafkas Gesichtsbeschreibungen (immer außerhalb seiner fiktionalen Werke) auch eine Bewegung von der realen Person weg dar, einen Akt des entschiedenen Sich-Absetzens vom menschlichen Gegenüber bei vorgespiegelter Annäherung? Und falls es ein Absetzen ist, ist es dann bloße Distanzierung oder hat sich vorher etwas ereignet, das diesem Rückzug einen besonderen Charakter verleiht? Die Art, wie sich der Schreiber Kafka im Ablauf der Gesichtsdeskription an einem einzelnen Teil dieses Gesichts plötzlich festhalten kann, ihn absolut setzt und also loslöst, sich mit ihm gewissermaßen aus dem Staub macht und um ihn herum für kurze Zeit ein glänzendes Spiel treibt – Kunst –, das hat, der lebendigen Person gegenüber, etwas Gewalttätiges. Was hier ausgeübt wird, ist Macht, ein deutlicher Reflex jener großartigen Herrschaftlichkeit, die er, auf sein Schreiben bezogen, einmal mit der tönenden Adjektivreihe: »furchtlos, bloßgestellt, mächtig, überraschend, ergriffen«[14] umreißt und die er mit der Formel von der »unendlichen Freiheit und Willkür« auf Goethe projiziert.

Um Mißverständnisse zu vermeiden: Was hier vorliegt, ist nicht die Gewalttätigkeit eines Karikaturisten, der sein Gegenüber verzerrt, in polemischer oder höhnischer Absicht verändert, und der die frappante Lebensähnlichkeit mit einer ebenso frappanten Annäherung an ein Tier oder an einen Mißgebildeten zu verbinden versteht. So wie in der obigen Adjektivreihe über den Schreibzustand zwischen die Begriffe »furchtlos« und »mächtig« das Wort »bloßgestellt« eingefügt ist, das jenen andern Wörtern die Eindeutigkeit und unmittelbare Einfühlbarkeit raubt, so ist auch der zwischenmenschliche Vorgang, der in Kafkas Gesichtsbeschreibungen sich ereignet, mit keinem der scheinbar naheliegenden Begriffe – Groteske, Karikatur, Polemik, Verzerrung... – zu erfassen. Es braucht einen eigenen Untersuchungsgang, um hier Klarheit zu bekommen.

Gesicht und Begegnung

Was bisher nicht angemerkt wurde: Es gibt mehrere Porträts in den Tagebüchern, wo Kafka zugleich mit der Gestaltung des Bildes von seiner Beziehung zur abgebildeten Person redet. Aus diesen Stellen kann man in Umrissen entnehmen, welche Funktion die Gestaltung der literarischen Porträts für ihn gehabt hat. Das ist dann ein biographisch-psychologisches Ergebnis. Da der Vorgang aber die spezifische Form der Porträts beeinflußt und in wichtigen Aspekten bestimmt, stellt er einen gleichzeitig lebensgeschichtlichen wie literarisch-künstlerischen Faktor dar.

Besonders merkwürdig sind in diesem Zusammenhang die Aufzeichnungen vom 12. und 13. Oktober 1911. Da wird das Porträt in eine genau umrissene Begegnungssituation gerückt, ja es wird als aus dieser heraus entspringend gezeigt und anschließend, in einer rückblickenden Reflexion, zusätzlich kommentiert. Dabei tritt das literarische Bildnis in eine irritierende Beziehung zur abgebildeten Person.

12. Oktober. Gestern bei Max am Pariser Tagebuch geschrieben. Im Halbdunkel der Rittergasse die in ihrem Herbstkostüm dicke warme R., die wir nur in ihrer Sommerbluse und dem dünnen blauen Sommerjäckchen gekannt haben, in denen ein Mädchen mit nicht ganz fehlerlosem Aussehn schließlich ärger als nackt ist. Da hatte man erst recht ihre starke Nase in dem blutleeren Gesicht gesehn, in dessen Wangen man lange die Hände hätte drücken können, ehe sich eine Rötung gezeigt hätte, den starken blonden Flaum, der sich auf der Wange und der Oberlippe häufte, den Eisenbahnstaub, der sich zwischen Nase und Wange verflogen hatte, und das schwächliche Weiß im Blusenausschnitt. Heute aber liefen wir ihr respektvoll nach, und als ich mich an der Mündung eines Durchhauses vor der Ferdinandstraße verabschieden mußte wegen Unrasiertheit und sonstigen schäbigen Aussehens, fühlte ich nachher einige kleine Stöße von Zuneigung zu ihr. Und wenn ich nachdachte warum, mußte ich mir immer nur sagen: weil sie so warm angezogen war.[15]

13. Oktober (...)
Die Beschreibng der R. hielt ich nicht für gelungen, sie muß aber doch besser gewesen sein, als ich glaubte, oder mein vorgestriger Eindruck von der R. muß so unvollständig gewesen sein, daß ihm die Beschreibung entsprach oder ihn gar überholte. Denn als ich gestern abend nach Hause ging, fiel mir augenblicksweise die Beschreibung ein, ersetzte unbemerkt den ursprünglichen Eindruck, und ich glaubte, die R. erst gestern gesehen zu haben, und zwar ohne Max, so daß ich mich vorbereitete, ihm von ihr zu erzählen, gerade so wie ich sie mir hier beschrieben habe.[16]

Das eigentliche Porträt – die »Beschreibung der R.«, d.h. jener Satz, der mit »Da hatte man erst recht...« beginnt – hebt sich nicht nur durch die Sprachgestalt vom Kontext ab, sondern wird dadurch, daß von ihm anschließend als von etwas besser oder schlechter Gelungenem selber wieder die Rede ist, explizit zu einer eigenständigen literarischen Arbeit erklärt. Die Eintragung vom 13. Oktober kann deshalb auch als dokumentarisches Zeugnis dafür gelten, daß Kafka in seine Tagebuch-Bildnisse einen eigenen Ehrgeiz setzte und sie nach der Fertigstellung kritisch streng zu werten pflegte. Völlig überraschend ist nun aber, daß das Porträt nicht die Erscheinung der Frau wiedergibt, der der Schreiber vor der Niederschrift begegnet ist, sondern das Gesicht, das er von ihr damals bereits in Erinnerung hatte und das sich jetzt, zu seiner Betroffenheit, mit der konkreten Erscheinung nicht mehr decken will. Statt einer mageren und bleichsüchtigen begegnet ihm eine »dicke warme« Person, und dieser Gestaltwandel bewirkt, daß er, dem sie bisher offenbar gleichgültig, wenn nicht widerwärtig war, »einige kleine Stöße von Zuneigung zu ihr« verspürt. Er registriert diese Stöße wie ein Symptom, und als sähe er sich unverhofft erkältet, sucht er die Ursache zu ergründen. Wollte man die Stelle in einer simplen Weise psychologisch auslegen, würde man sagen, Kafka sei offenbar von schwergekleideten Frauen besonders angezogen worden (wogegen übrigens einiges spricht). Ernsthaft beschäftigen muß man sich jedoch mit der Tatsache, daß er nun gerade diese »dicke warme R.«, der er auf nächtlicher Straße folgt und die ihn jene innern »Stöße« verspüren läßt, sprachlich nicht gestaltet, sondern nur flüchtig benennt (»Herbstkostüm«, »dick«, »warm«). Vielmehr rückt er vor die Person, die ihn doch tatsächlich betroffen gemacht hat, sogleich das erinnerte Bildnis des reizlosen Wesens, das sie einst, im Sommer, angeblich gewesen sei. Während er die Frau »im Halbdunkel« gesehen hat, zeigt das literarische Bild sie überscharf beleuchtet, mit deutlich hervortretenden winzigen Einzelheiten, die zum Teil noch gerade wahrscheinlich sind (der »starke blonde Flaum«), zum Teil aber auch ganz unwahrscheinlich anmuten, nicht aus der Erinnerung geholt, sondern aus dem Gestaltungsprozeß entsprungen (»Eisenbahnstaub zwischen Nase und Wange«). Dieses künstlich-kunstvolle Gesicht, das er als bleiche Maske vor das lebendige schiebt, wird ihm nun aber, wie er berichtet, anderntags in der Erinnerung zum echten Antlitz, und zwar so sehr, daß er darüber als über eine wirkliche Begegnung zu erzählen sich vorbereitet. Seltsam ist insbesondere, daß er nicht einfach das Original vergißt und die artifizielle Gestalt (»so wie ich sie mir hier beschrieben habe«) in Erinnerung behält, sondern daß er sich einbildet, dieser letzteren leibhaftig begegnet zu sein. Das deutet auf einen tiefen Zwiespalt. Die Phantasie einer zweiten Begegnung entspringt dem Wunsch nach ihrer Nähe, den schon jene »Stöße von Zuneigung« zum Ausdruck brachten. Daß er die Frau in dieser zweiten Begegnung aber mit dem widerwärtigen Gesicht versieht, zeigt, daß er den Wunsch nicht schätzt, ihn abwehrt und an einem höchst kunstvollen Widerstand sich zerschlagen läßt.

Die Produktion des literarischen Porträts, das in die Aufzeichnung vom 12. Oktober eingefügt ist, stellt also nach dem Zeugnis des Textumfeldes ein Ritual der Verteidigung gegen die begegnende Person und die möglichen Folgen dieser Begegnung dar. Wovor er sich mit dem Bildnis schützt, das ist aber nicht etwa ein Wesen, das er haßt, sondern ein Wesen, das er zu lieben beginnt. Der Vorgang erinnert an magische Praktiken, nur läuft er umgekehrt zum Liebeszauber des Volksglaubens. Während dort das angefertigte Bild der geliebten Frau diese zur Liebe zwingen soll, hat es hier das eingeleitete Zusammenfinden zu bannen und dessen natürlichen Fortgang zu verhindern.

Selbstverständlich darf aus der Untersuchung dieses einen Textes nicht schon geschlossen werden, die erwähnte Absicht liege insgeheim allem Porträtschreiben Kafkas zugrunde. Immerhin bestätigt die Stelle, daß der literarischen Miniatur und dem Erarbeiten dieser Miniatur bestimmte zwischenmenschliche Funktionen zukommen *können*, und sie läßt den Verdacht nicht ganz abwegig erscheinen, diese Funktionen möchten sich zuletzt doch in einer einzigen zusammenfassen und begreifen lassen. Es gibt Stellen, an denen Kafka selbst in die Nähe solcher Überlegungen kommt. Zu ihnen gehört der folgende Text, der, äußerlich gesehen, weniger den Vorgang des Beschreibens als den der Betrachtung eines Gesichts erfaßt, wobei sich jedoch dieser Unterschied im Akt des Aufzeichnens sowohl der Betrachtung als auch ihres Gegenstandes wieder aufhebt:

> Als ich beim Doktor wartete, sah ich das eine Schreibmaschinenfräulein an und dachte darüber nach, wie schwer ihr Gesicht selbst während des Anblicks festzustellen sei. Besonders die Beziehung zwischen einer auseinandergezogenen, ringsherum fast in gleicher Breite über den Kopf vorragenden Frisur zu der meist zu lang erscheinenden geraden Nase verwirrte. Bei einer auffallenderen Wendung des gerade ein Aktenstück lesenden Mädchens wurde ich durch die Beobachtung fast betroffen, daß ich durch mein Nachdenken dem Mädchen fremder geblieben war, als wenn ich mit dem kleinen Finger ihren Rock gestreift hätte.[17]

Anschaulicher könnte man die Gegebenheit nicht umschreiben, daß für Kafka die Verarbeitung eines ihm konkret begegnenden Gesichts auf eine grundsätzlich paradoxe Art mit einer Beziehung zu der Person verknüpft ist. Erneut verläuft der Vorgang so, daß die Arbeit am Gesicht (die erkennende wie später die aufschreibende; zu vermuten ist, daß er »während des Anblicks« bereits formuliert) die personale Begegnung in der allerersten Phase stilllegt. Je intensiver das Gesicht erfaßt wird, um so fremder bleibt der Mensch, fremd nicht in dem Sinne, daß man ihn nicht deutlich und immer deutlicher sähe, sondern im Sinne eines Ausbleibens der durch die Situation natürlich gegebenen, vielleicht sogar geforderten seelischen Berührung. Das verbannte Gefühl schlägt um in die Betrachtung scharf konturierter Gesichtsteile, deren Anordnung, kaum sind die Elemente erkannt und benannt, schon nicht mehr die natürlich gewachsene ist, sondern das Produkt des im Betrachten schaffenden Geistes. Das wird im vorliegenden Falle sichtbar an der Geometrisierung des Gesichts. Eigenartig beklemmend ist der Schlußsatz mit der Bemerkung, er sei auf diese Weise »dem Mädchen fremder geblieben (...), als wenn (er) mit dem kleinen Finger ihren Rock gestreift hätte«. Als Alternative zur kalten Distanz wird also nicht etwa ein kleiner Wortwechsel, ein Lächeln, ein Kopfnicken, irgendeine winzige, aber freundliche Geste angeführt, sondern ein Akt, der das Mädchen als ein in der Begegnung antwortendes Wesen – wie es beim Lächeln der Fall wäre – bereits wieder ausschaltet. Wohl wäre er ihr durch jene Berührung mit dem kleinen Finger näher gekommen, auch gefühlsmäßig; die vom Text ahnungslos mitgeteilte Bedingung dafür aber wäre gewesen, daß sie vom Vorgang nichts bemerkt hätte. Auch die sexuellen Implikationen von Rock und Finger ändern an dieser entschieden einseitigen Kommunikationsstruktur nichts.

Von solchen Feststellungen aus erhalten nun selbst so winzige Gesichtsdeskriptionen wie die folgende ihren besondern Sinn:

> An Pipes bemerkte ich, weil ich mich von ihm unterdrückt fühlte, vor allem die gekerbten und dunkel punktierten Enden seiner Zähne.[18]

Unverkennbar macht ihm auch hier die belastete Beziehung maßlos scharfe Augen für Einzelheiten des Gesichts, und später leitet sie den Schreibenden vom sachlich registrierten Körperteil zum hinzugeschaffenen, aus dem Aufzeichnungsakt heraus erst entspringenden Element. Zwischen den »gekerbten« und den »dunkel punktierten« Enden der Zähne gibt es nämlich eine Differenz, eine ganz minutiöse Anhebung in die Künstlichkeit.

Wenn diese Beobachtungen zutreffen, dann ist auch ein Satz wie der folgende vom 9. Oktober 1911 anders zu verstehen, als es sich beim spontanen Lesen wohl ergibt:

Sollte ich das vierzigste Lebensjahr erreichen, so werde ich wahrscheinlich ein altes Mädchen mit vorstehenden, etwas von der Oberlippe entblößten Zähnen heiraten.[19]

Das ist, die These darf gewagt werden, nicht prophetisch, nicht eine visionäre Schau der ihm vorbestimmten Zukünftigen, sondern eine Abwehr jeder möglichen Zukünftigen im voraus. Der Gedanke an eine zu heiratende Frau produziert sogleich ein imaginäres Gesicht, aus diesem Gesicht springt die überscharf gesehene Einzelheit, und das Festfahren an dieser Einzelheit ermöglicht die Distanzierung von dieser Person. Schon das tagtraumartige Erfinden eines nicht länger »fremden« Menschen als eines Lebenspartners muß und kann mit dem Ritual der Gesichtsbeschreibung aufgehalten und niedergeschlagen werden.

So unwirklich phantastisch die für einen Moment beschworene zukünftige Gattin ist, so leibhaftig vis-à-vis dürfte die Bordelldirne aus dem Pariser Tagebuch gewesen sein:

Schwer ist es, die Mädchen dort genauer anzusehen, weil sie zu viele sind, mit den Augen blinzeln, vor allem zu nahe stehen. Man müßte die Augen aufreißen, und dazu gehört Übung. In der Erinnerung habe ich eigentlich nur die, welche gerade vor mir stand. Sie hatte lückenhafte Zähne, streckte sich in die Höhe, hielt mit der über der Scham geballten Faust ihr Kleid zusammen und öffnete und schloß gleich und schnell die großen Augen und den großen Mund. Ihr blondes Haar war zerrauft. Sie war mager. Angst davor, nicht zu vergessen, den Hut nicht abzunehmen. Man muß sich die Hand von der Krempe reißen. Einsamer, langer, sinnloser Nachhauseweg.[20]

Erneut also, ganz wie im Bericht über die »dicke warme R.«, erscheint das Porträt verwachsen mit einer Beschreibung der Beziehung des Porträtierenden zur Porträtierten. Natürlich ist das an sich nichts Überraschendes. Ungezählte von Schriftstellern literarisch festgehaltene Gesichter dürften sich mit Aussprüchen verbinden wie: »Sie war mir augenblicklich sympathisch« oder »Mir schauderte vor diesem Menschen« oder »Ich konnte den Mann nicht ausstehen...« Nicht die Verbindung von Bildnis und Beziehungsdefinition als solche macht also das Unverwechselbare vieler Kafka-Porträts aus, sondern die Funktion, die das Bildnis-Machen in dieser Beziehung gewinnt. Die Ambivalenz von Begegnungssehnsucht und Begegnungsangst wird da in einer heftig anrührenden Weise offenkundig. Und zwar muß Ambivalenz hier in jenem strengen Sinn verstanden werden, den Freud dem Wort gegeben hat: nicht als Mischung und gegenseitige Dämpfung zweier konträrer Gefühle, sondern als die unwahrscheinliche Gleichzeitigkeit zweier je voll entfalteter Empfindungen. Der Autor beschreibt sich selbst als in größter Gefahr, den Hut abzunehmen und damit das Signal zu setzen: Hier bleibe ich, um mich mit einer von Euch abzugeben. Die Konnotationen des Satzes: »Man muß sich die Hand von der Krempe reißen« liegen alle im Bereich der gewaltsamen Zertrennung, sei's des Hutes, sei's des eigenen Körpers. Die phallische Unterbedeutung von Hut wie Hand ist bekannt. Der Heftigkeit der Angst, der Brutalität, mit der diese Angst dem Wunsch den Garaus macht, entspricht dann aber auch der depressive Gegenzug: »Einsamer, langer, sinnloser Nachhauseweg.« Die Schwermut ist hier die Rache des unerfüllten Wunsches. Sie weiß nicht mehr, was mit der Versagung gewonnen wurde, was in der Erfüllung verloren gegangen wäre.

Das Porträt selber, wie immer aus der Erinnerung entstanden und also den gelebten Augenblick gleichzeitig reproduzierend und kommentierend, zeigt die bekannte Bewegung vom konventionell-realistischen Aufreihen körperlicher Merkmale zur Verwandlung in ein nicht länger personales Gebilde, eine Figur, ein Mechanoid. Die einzige Geste, »hielt mit der über der Scham geballten Faust ihr Kleid zusammen«, erinnert travestierend an die Gebärden klassischer Marmorbilder (unmittelbar nach dem Bordellbericht folgt die Beschreibung der Venus von Milo und eine hinreißende Prosaminiatur über den Borghesischen Fechter). In die unverwechselbare Prosa Kafkas aber gelangt der Satz mit seiner Schlußkadenz: »...und öffnete und schloß gleich und schnell die Augen und den großen Mund«. Das besteht, formal gesehen, aus lauter Verdoppelungen, die auf der Achse des viermal gesetzten »und« linear angeordnet werden. Die apparathaft schnappende Bewegung, auf die der Satz das Gesicht festlegt, steht in nicht aufgelöstem Gegensatz zur statuenhaften Starre der ganzen Erscheinung. Die reglose Geste der über der Scham geballten Faust und die Bewegungen des Gesichts finden sich genau dort, wo im traditionellen literarischen Porträt die symbolisch bedeutungsvolle Gebärde und die sprechende Mimik stehen. Hier aber ist beides, Mimik und Gebärde, im genauen Wortverstand sinn-los. Es wäre schlicht falsch, in jener Faust den unbewußten Ausdruck eines Rests von Scham und

Keuschheit sehen zu wollen; ebenso falsch, die mechanische Mimik als psychologisch-physiognomisches Phänomen zu nehmen, als das an Autismus und Stupor angrenzende Verhalten eines zum käuflichen Ding erniedrigten Menschen. Gut gemeintes, menschlich sympathisches Interpretieren wäre das – in einem Bereich, der sich der Grenze des Humanen entlang und über sie hinaus erstreckt.

Und noch einem weiteren Mißverständnis aus vorschneller psychologischer Einfühlung muß vorgebeugt werden. Die bisherigen Ausführungen – zur »dicken warmen R.«, zur Zukünftigen mit den vorstehenden Zähnen, zur mageren Pariser Dirne – dürften keinesfalls verstanden werden, als ob Kafka sich angesichts einer möglichen Beziehung, die ihm unheimlich ist, von dem entgegenkommenden Menschen absichtlich und quasi tückisch ein möglichst abscheuliches Bild machte, ihn ins denkbar Häßliche verzeichnete, um mittels des dergestalt beschworenen Ekels die Person vom Halse zu bekommen. Das wäre ja dann nichts weiter als der bekannte Reflex, daß einer an der schönen, aber unerreichbaren Frau nach einem Makel sucht, der sie gewöhnlich macht und ihm die Sehnsucht neutralisiert – das Syndrom vom Fuchs und von den Trauben. Viele von Kafkas Porträts scheinen nun zwar die dargestellte Person in einem landläufigen Sinn zu erniedrigen, aber dieser Eindruck beruht auf einem unspezifischen und damit falschen Lesen. Wenn den Abgebildeten Gewalt angetan wird, dann nicht dadurch, daß sie unansehnlicher erscheinen, als sie sind, sondern dadurch, daß ihre körperliche Erscheinung von der lebendigen Seele gerissen und in den ästhetischen Raum geholt wird, wo dann, wie bei einem umgekehrten Pygmalion, Transformation ins Kunstgebilde – »prächtig, prächtig« – sich ereignet.

Aber auch das ist noch zu einfach und zu eindeutig. Würde das eben Gesagte ganz und gar stimmen, dann wohnte der Autor unangefochten und sich selbst genug in dem, was man, mangels eines bessern Wortes, ästhetischen Raum nennen mag, und er ginge höchstens von Zeit zu Zeit, zielbewußt und wohltrainiert, auf Beute. Über dieses Existenzmuster, das sich ja im Umkreis des zeitgenössischen europäischen Symbolismus vielfach variiert findet, ist Kafka, wenn auch nicht vollständig, hinaus. Sein Verhältnis zum ästhetischen Raum, jener radikalen Gegenwirklichkeit der mit der bürgerlichen Welt zerfallenen Künstler des späten 19. und frühen 20. Jahrhunderts – Georges Algabal-Gärten, Hofmannsthals Bergwerk- und Brunnentiefen, die unberührten Flüsse und Seen des »Großen Baal des Asozialen« bei Bertolt Brecht, selbst Rilkes Weltinnenraum – ist dasjenige des Tiers zu seinem »Bau« in der gleichnamigen späten Kafka-Erzählung. Man kann dieses Verhältnis nicht auf eine kurze Formel bringen. Einfacher als in jener Geschichte läßt es sich nicht beschreiben, und die Geschichte ist lang. Nur Trakl ist in diesen Dingen Kafka ähnlich. Einzig bei ihm durchdringen sich die Räume der Wirklichkeit und der Gegenwirklichkeit, des »Geboren-« und »Ungeborenseins« in ähnlicher, das Subjekt langsam zermalmender Weise. Deshalb fehlt diesen beiden, im Gegensatz zu allen andern, auch gänzlich die »qualis artifex«-Gebärde, das mit Over- oder Understatement umgelegte Dante-, Prospero-, Orpheuskostüm.

Die Dramatik der Augenbegegnung. »Zerlegen«

Muß man also von den sauberen, vielleicht doch vorschnell vereinfachten Resultaten wieder wegkommen? Der wirksamste Prüfstein in solcher Situation ist der konkrete Text. Wie, zum Beispiel, läßt sich die These vom Porträt als dem Zeugnis eines Distanzierungs- und Befreiungsrituals mit dem folgenden Sprachstück vereinbaren?

Frau Tschissik (ich schreibe den Namen so gern auf) neigt bei Tisch auch während des Gansbratenessens gern den Kopf, man glaubt unter ihre Augenlider mit dem Blick zu kommen, wenn man zuerst vorsichtig die Wangen entlang schaut und dann sich kleinmachend hineinschlüpft, wobei man die Lider gar nicht erst heben muß, denn sie sind gehoben und lassen eben einen bläulichen Schein durch, der zu dem Versuch verlockt.[21]

Was ist dies anderes als die Verklärung geradezu eines Gesichts, eines offenkundig geliebten Gesichts, zum schönen Portal für den, der die Begegnung sucht und sich dahin auf den Weg macht? Kann man sich eine zartere Versinnlichung der als entgegenwehende Wirklichkeit erfahrenen Seele des Partners denken, als es das Bild vom bläulichen Schein ist, der aus der Augentiefe kommt, freigelassen wird wie ein sonst Verwahrtes? Wenn man die Stelle mit dem feinen mythischen Hauch, der darüber liegt, ins Großartig-Dramatische übersetzt, gelangt man zur Parabel »Vor dem Gesetz«: »Wohl aber erkennt er jetzt im Dunkel einen Glanz, der unverlöschlich aus der Türe des Gesetzes bricht.«[22] Während jedoch der Mann in jener Parabel vor der Tür verharrt ohne Aussicht, je in den Glanz und das Licht zu kommen, scheint die Stelle aus dem Tagebuch nichts als die Dynamik der Begegnung, des Sich-Zusammenfindens zu beschreiben. Aber tut sie das wirklich? Gewiß, der Vorgang des »Hineinschlüpfens« wird als möglich hingestellt; es wird erläutert, wie alles für einen ganz ungehinderten Verlauf dieses Geschehens spreche. (Man muß die Lider gar nicht erst heben: So öffnen sich im Märchen die Schloßtore, wenn der richtige Prinz kommt.) Aber: es wird eben doch nur die *Möglichkeit* beschrieben, und es wird nur festgehalten, daß der, der hinein möchte, *glaubt*, es möchte leicht und spielerisch gelingen. Die Stelle ist in sich abgeschlossen. Es folgt anschließend nichts, was darauf Bezug nähme, kein Hinweis auf den zu erwartenden praktischen Versuch. Da stößt man denn halt doch wieder auf die alte Paradoxie. Die literarisch unerhörte Beschreibung des Begegnungsaktes rückt lautlos an die Stelle der Begegnung selbst. Man muß, um das genau einzusehen, die zeitliche Distanz zwischen dem Beobachtungs- und dem Schreibmoment mitbedenken. Da die Aufzeichnung ja später erfolgt, müßte die Begegnung, das Hineinschlüpfen, wäre es tatsächlich geschehen, wenn nicht erwähnt werden, so doch die Beschreibung des Vorgangs gewissermaßen einfärben und dann deutlich von dem bloß Potentiellen abrücken. Man ist zwar nicht berechtigt, diesen Text als einen rituellen Akt der Begegnungsverhinderung zu deuten, wie es bei vielen andern Porträts geschehen kann und darf. Aber es ist nicht zu übersehen, daß das Sprachstück die schlichte Alltagslogik, der gemäß anschließend an die Erläuterung, wie man der geliebten Frau näherkommen könnte, auch Auskunft über den Versuch selbst gegeben werden muß, stillschweigend außer Kraft setzt. Die Mitteilung, die erfolgen müßte, erfolgt nicht, und die so erzeugte Leere wirkt auf den Text zurück als enigmatischer Zug und, in eins damit, als Steigerung der ästhetischen Qualität.

So muß man denn folgern, daß, was hier im Potentialis beschrieben wird, eben das ist, was nicht passiert und was auch die andern Gesichtsbeschreibungen als *verhindertes* Geschehen enthalten, von welchem *verhinderten* Geschehen sie ihre sprachlich-poetische Gewalt gewinnen. In der zitierten Stelle heißt es, man gelange mit dem Blick unter die Augenlider, d. h. zur vollen menschlichen Begegnung, »wenn man zuerst vorsichtig die Wangen entlang schaut«. Damit wird, durch die Möglichkeitsform ermöglicht, für einmal als transitorisches Ereignis dargestellt, was in Kafkas Porträts sonst immer das charakteristische Finale ist: daß der Blick an Teilen des Gesichts, wie etwa den Wangen, haften bleibt, sich daran muschelhaft festsaugt und von dieser Stelle aus die natürliche Ordnung des Antlitzes umstürzt, alle gewohnte Hierarchie der bedeutenden und unbedeutenden, der sprechenden und aussagearmen Partien außer Geltung setzt.

Es gibt eine Stelle, die dem geisterhaften Stück über die Augenbegegnung mit Frau Tschissik auffällig verwandt ist. Die Dramatik des Blickkontakts erscheint hier allerdings krisenhaft verschärft oder besser: das Scheitern, das dort indirekt mitgeteilt wird, steht hier im thematischen Zentrum. Wiederum aber wird das Gesicht in raum- und zeitlupenhafter Ausdehnung zum großen szenischen Ort. Graues bürgerliches Alltagsleben überschleiert sich da mit Elementen einer außerzeitlichen Hadessituation.

Meinem Chef kann ich, wenn er mit mir Bureauangelegenheiten berät (heute die Kartothek), nicht lange in die Augen schauen, ohne daß in meinen Blick gegen allen meinen Willen eine leichte Bitterkeit kommt, die entweder meinen oder seinen Blick abdrängt. Seinen Blick flüchtiger, aber öfter, da er sich des Grundes nicht bewußt ist, jedem Anreiz wegzuschauen nachgibt, gleich aber den Blick zurückkehren läßt, da er das Ganze nur für eine augenblickliche Ermattung seiner Augen hält. Ich wehre mich dagegen stärker, beschleunige daher das Zickzackartige meines Blickes, schaue noch am liebsten seine Nase entlang und in die Schatten zu den Wangen hin, halte das Gesicht in seiner Richtung oft nur mit Hilfe der Zähne und der Zunge im geschlossenen Mund – wenn es sein muß, senke ich zwar die Augen, aber niemals tiefer als bis zu seiner Krawatte, bekomme aber gleich den vollsten Blick, wenn er die Augen wegwendet und ich ihm genau und ohne Rücksicht folge.[23]

Das ist in einer schwer zu ertragenden Weise geschlagen mit hypochondrisch-paranoidem Überbewußtsein, einer das Selbst zerfetzenden Reflexion, die an Kleists Spekulationen über die psychologische, theologische und metaphysische Fatalität des Sich-Seiner-Existenz-Bewußt-Seins erinnert, die Kleistschen Veranschaulichungen aber – der Dornauszieher, die erwachenden Somnambulen – an Versinnlichung der durch das Wissen gewonnenen Trostlosigkeit weit hinter sich läßt. Die Qual des Selbstbewußtseins erreicht hier einen Grad, der es ohne weiteres verständlich macht, daß ein dergestalt Leidender alles hergibt und hinwirft, um in den Zustand reflexionsfreier absoluter

Spontaneität und großartig schwereloser Bewegung zu gelangen.

Wichtig an dieser Chef-Szene ist nicht zuletzt die annähernde Wörtlichkeit der Parallele zum Text über Frau Tschissik. Wo es dort hieß: »wenn man zuerst vorsichtig die Wangen entlang schaut«, heißt es hier: »schaue noch am liebsten seine Nase entlang und in die Schatten zu den Wangen hin«. Die feine Utopie des ersten Textes wird vom zweiten erbarmungslos kritisiert. Hier gibt es nur noch die Wahrheit des von Verstehen und Verständigung Ausgesperrten, der, wie ein Verdammter, von den Augen des andern vertrieben und ins Abseits gedrängt wird, in die Flanken, Buckel und Senkungen des Gesichts, – bis hinunter zur Krawatte, von wo er sich dann immer wieder, in immer gleicher Aussichtslosigkeit, an die Augen heranzuschieben sucht. Die Paraphrase mag sich grotesk lesen, absurd, wenn man so will, aber die Art, wie Kafka im Tagebuch auf Gesichter aus ist und wie er es mit ihnen treibt, ist nicht zu begreifen, wenn man nicht bereit ist, solchen scheinbar grotesken Auslegungen Raum zu geben. Die kuriosen Formulierungen, zu denen sich der schreibende Literaturwissenschaftler hier veranlaßt sieht, sind ja längst vorweggenommen und übertroffen in den Porträts selber, und sie finden ihre eklatante Entsprechung in vielen Äußerungen Kafkas, etwa der folgenden:

Quälendes Gespräch vorgestern abend mit Weltsch. Meine Blicke liefen aufgescheucht eine Stunde lang auf seinem Gesicht und Hals hin und her.[24]

Es dürfte denn also nicht länger überraschen, daß der von Kafka am häufigsten abgeschilderte Mensch, die Schauspielerin Tschissik, immer wieder auf einzelne Gesichtszüge, Gesten und Körperhaltungen wie festgenagelt wird. Das umfassendste Bildnis der Frau wurde oben S. 25 bereits zitiert. Die wichtigsten andern Stellen sind die folgenden:

Die jüdischen Schauspieler: Frau Tschissik hat Vorsprünge auf den Wangen in der Nähe des Mundes. Entstanden teils durch eingefallene Wangen infolge der Leiden des Hungers, des Kindbetts, der Fahrten und des Schauspielens, teils durch ruhende ungewöhnliche Muskeln, die sich für die Schauspielbewegungen ihres großen ursprünglich sicher schwerfälligen Mundes entwickeln mußten.[25]

Die auffallende Glätte der Wangen der Frau Tschissik neben ihrem muskulösen Mund.[26]

Schönes: wie (...) ihr Mund geöffnet ist wie ein blinzelndes Auge, wie überhaupt ihre Mundwinkel beim Sichöffnen an die Winkel der Augen erinnern.[27]

Begegnung des Ehepaares Tschissik auf dem Graben. Sie trug ihr Dirnenkleid aus dem »Wilden Menschen«. Wenn ich ihre Erscheinung, wie ich sie damals auf dem Graben hatte, in die Details zerlege, wird sie unwahrscheinlich. (Ich sah sie nur flüchtig, denn ich erschrak bei ihrem Anblick, grüßte nicht, wurde auch nicht gesehn und wagte nicht gleich, mich umzudrehn.) Sie war viel kleiner als sonst, hatte die linke Hüfte nicht augenblicksweise, sondern ständig vorstehn, ihr rechtes Bein war eingeknickt, die Bewegung des Halses und des Kopfes, die sie ihrem Mann näherte, war sehr eilig, mit dem zur Seite gestreckten eingebogenen rechten Arm suchte sie sich in ihren Mann einzuhängen.[28]

Erst der freigelegte hohe zarte Hals der Frau Tschissik erklärt ihre Gesichtsbildung.[29]

Eine ihrer wichtigen Bewegungen geht als Schauer von den etwas steif gehaltenen, zuckenden Hüften aus.[30]

Wir blieben ein Weilchen stehn. Ich hatte das Geländer zur Stütze der Hände und Satzbetonungen. Ihr großer Mund bewegte sich so nahe vor mir in überraschenden, aber natürlichen Formen. Das Gespräch drohte durch meine Schuld ins Trostlose auszugehn.[31]

Die merkwürdigste Bemerkung in allen diesen Abschnitten, die das früher Gesagte belegen und ergänzend abstützen sollen, steht im vierten Text. »Wenn ich ihre Erscheinung, wie ich sie damals auf dem Graben hatte, in die Details zerlege, wird sie unwahrscheinlich.« Seltsam ist, mit welcher Selbstverständlichkeit er von dem schriftstellerischen Unternehmen, anscheinend nachgerade der Aufgabe spricht, »die Erscheinung in die Details zu zerlegen«. So hat wohl noch nie ein Autor den Vorgang des sprachlichen Nachschaffens lebendiger Menschen benannt. Dennoch ist der Ausdruck durchaus gerechtfertigt. Er gibt überdies einen deutlichen Hinweis darauf, daß Kafka sich der Andersartigkeit und Außerordentlichkeit seines Porträtierverfahrens entschieden bewußt war.

Andererseits aber darf man aus dem Satz nicht etwa den Schluß ziehen, daß alle in solcher Weise Abgebildeten »unwahrscheinlich« gemacht würden, ja daß Kafka es auf solches Unwahrscheinlich-Machen in erster Linie abgesehen hätte. Das Phänomen der

Differenz des Porträts zur Wirklichkeit – dessen Unwahrscheinlichkeit eben – macht ihn nur hier betroffen, und zwar weil er Frau Tschissik liebt – auf eine schwierige, umständliche und verwikkelte Weise. Was er hier, als wäre er selber ein naiver Leser, »Unwahrscheinlichkeit« nennt, ist ja in Wahrheit der spezifische Kunstcharakter der Texte – ganz ähnlich wie in den Porträts der ersten kubistischen Phase von Braque und Picasso die Erscheinung der Porträtierten in dem Maße »unwahrscheinlich« ist, als sie eine neue Weise des Malens verkörpert. Der Vergleich ist nicht zufällig gewählt. Der Begriff des »Zerlegens« der sichtbaren Gestalt wird – genau zu jener Zeit – für die theoretischen Gedankengänge der Kubisten zentral. Es ist nicht anzunehmen, daß Kafka bei dieser Stelle die Reflexionen der zeitgenössischen Maleravantgarde in Erinnerung hatte, und schlechthin auszuschließen ist, daß er mit der regelrechten Absicht der Übertragung neuartiger malerischer Prinzipien auf das Schreiben umgegangen wäre. In den Pariser Aufzeichnungen deutet nichts auf einen Kontakt mit der Avantgarde, während der Louvre großen Raum beansprucht. Sein Geschmack scheint sich kaum über den Horizont einigermaßen aufgeschlossener Prager Maler von lokaler Bedeutung hinausbewegt zu haben. (Einer von ihnen will ihn einmal als Modell für einen Heiligen Sebastian.) Aus den Gesprächen ist die Kenntnis aktuell führender Malerei allerdings belegt.

Daß ihn hier, hinsichtlich dieser Sängerin, die Transformation in die Kunstgestalt augenblicksweise stört, obwohl er sie gleich darauf so entschieden wie nur je durchführt, hängt damit zusammen, daß die Freiheit von der Person, die ihm das Abbildungs-Ritual verschafft, hier viel weniger real befreiend ist als sonst. Nicht einfach weil er sie liebt – denn anderswo muß ja gerade die erwachende Liebe durch das Bildnis gebannt werden –, sondern weil er sich der verheirateten Frau gegenüber mehr von den ersehnten Gefühlen gestatten darf, genau um so viel mehr, als die Gefahr eines tatsächlich zu lebenden Liebesverhältnisses zwischen ihnen durch ihren Zivilstand geringer ist wie bei einem unverheirateten Mädchen. Dennoch ist es nicht so, daß er, nach dem bekannten Muster jener Leute, die sich nur in »bereits gebundene« Partner verlieben können, der Frau Tschissik gegenüber nun die früher erwähnte Ambivalenz verlöre. So heftig er auf ihr Gesicht zeitweilig bezogen ist – »ihr sich öffnendes, über die hohe Stirn bis zu den Haaren sich ausbreitendes Gesicht«, sagt er an anderer Stelle –, dieses Gesicht bleibt ihm zuletzt doch immer das verschlossene oder aber auch bei offenstehenden Flügeln unpassierbare Tor. Einen Türhüter braucht es da nicht. Sobald die Augen einander treffen, prallt er zurück. Am Abend vor ihrer Abreise sitzt er ihr in Gesellschaft gegenüber: »Statt mich nun auszuzeichnen, saß ich zusammengesunken in meinem Sessel, sah von Pipes zu Löwy hinüber, und nur hie und da traf ich die Augen der Frau Tschissik, wenn sie aber mit einem Blick mir antwortete (sie mußte mir zum Beispiel nur zulächeln, wegen der Aufgeregtheit von Pipes), sah ich weg. Sinnlos war das nicht. Zwischen uns konnte es kein Lächeln über des Pipes Aufgeregtheit geben. Dazu war ich ihrem Gesicht gegenüber zu ernst, und von diesem Ernst ganz müde.«

Es wäre falsch, in dem Begriff »Zerlegung« nun das eigentliche, das letzte Prinzip von Kafkas Porträtierverfahren gefunden zu glauben. Auch wenn es sein eigenes Wort ist, besagt es doch nicht, daß es das Entscheidende mitteilt. Das »Zerlegen« ist, grundsätzlich gesehen, ein Teilprozeß innerhalb eines größeren und komplexeren Vorgangs. Man muß allerdings zugeben, daß es Texte gibt, die ganz und gar nur über solche Zerlegung zustande zu kommen scheinen:

> Frau Klug hatte Benefiz und sang deshalb einige neue Lieder und machte ein paar neue Witze. Aber nur bei ihrem Antrittslied war ich ganz unter ihrem Eindruck, dann bin ich zu jedem Teilchen ihres Anblicks in der stärksten Beziehung, zu den beim Gesang ausgestreckten Armen und den schnippenden Fingern, zu den festgedrehten Schläfenlocken, zu dem flach und unschuldig unter die Weste gehenden dünnen Hemd, zu der Unterlippe, die sich einmal beim Genießen der Wirkung eines Witzes aufstülpt (»seht ihr, alle Sprachen kann ich, aber auf jiddisch«), zu den fetten Füßchen, die in den dicken weißen Strümpfen bis hinter die Zehen durch die Schuhe sich niederhalten lassen.[32]

Variantenspektrum

Im Grunde ist das Prinzip der »Zerlegung« nichts anderes als die Voraussetzung für jenen mehrfach beschriebenen Ablauf des Festfahrens an einem Teil, der, aus der hierarchischen Gliederung des Ganzen gelöst, zur alles dominierenden Hauptsache wird. Es begründet sich so eine neue Ordnung der körperhaften Erscheinung, von der aus kein Weg mehr zur Seele, zur Person, zum begegnenden Menschenwesen führt. Deshalb ist dieser Teil nicht jenes Körperelement, in dem sich für einen Betrachter Charakter und Eigenart des Betrachteten in vertrauter, natürlicher Symbolik verdichten. Schon mit der Selektion der Elemente wird radikal und irreversibel Ordnung zum Einsturz gebracht. Welcher Art und Beschaffenheit diese Ordnung im einzelnen wäre, das ist in späteren Kapiteln auszuführen.

Das dergestalt benannte Prinzip aber darf nun nicht vor die konkreten Texte treten, als wäre uns ein abstraktes Allgemeines von höherer Wahrheit und Wichtigkeit als das je besondere Sprachgebilde. Vielmehr hat die Einsicht ins Allgemeine – hier eines Grund-Aktes metaphysischer Subversion – das erkenntnisleitende Instrument abzugeben für die Begegnung mit weiteren Texten.

Obwohl das Gesicht in der Regel den Schreiber am meisten beschäftigt und er dann, wie in jener zitierten Stelle, »seine Augen niemals tiefer als bis zur Krawatte senkt«, gibt es gelegentlich die Verschiebung des Schwerpunktes in die äußersten Extremitäten:

Dicke große duftende Dame neben mir, die ihr Parfüm mit dem Fächer in der Luft verteilt. Ihr vieles Fleisch hält es im flachen Fuß nicht aus und steigt gleich hinter den Zehen in die Höhe. Ich fühle mich neben ihr eintrocknen.[33]

Die Flachgesichtige im eckigen Kleid, das erst tief unten in einem Saum sich zu bewegen anfängt.[34]

Wedekind und seine Frau Tilly spielen mit. Klare gestochene Stimme der Frau. Schmales mondsichelförmiges Gesicht. Der beim ruhigen Stehn sich seitlich abzweigende Unterschenkel.[35]

Oft ist es eine seltsam verselbständigte, zu keinen Gefühlen in irgendeiner Beziehung stehende Motorik des Gesichts, an die sich der Text heftet:

Die eine, Jüdin mit schmalem Gesicht, besser: das in ein schmales Kinn verläuft, aber von einer ausgedehnt welligen Frisur ins Breite geschüttelt wird.[36]

Scheinbar ein lieber Mensch, fast graues, stehendes Haar, mit Mühe glatt rasiert, spitze Nase, über die Backenknochen geht das Wangenfleisch oft wie eine Welle auf und ab.[37]

Der Regierungsvertreter, der vielleicht mit Ausnahme eines Kellners und zweier links von der Bühne stehenden Dienstmädchen einzige Christ im Saal, ist ein kläglicher Mensch, mit einem Gesichts-Tic behaftet, der besonders in der linken Gesichtshälfte, und auch in die rechte stark einreißend, das Gesicht mit der fast schonungsvollen Geschwindigkeit, ich meine Flüchtigkeit des Sekundenzeigers, aber auch seiner Regelmäßigkeit zusammenzieht und läßt. Wenn er über das linke Auge hinfährt, löscht er es fast aus. Für dieses Zusammenziehen haben sich in dem sonst ganz verfallenen Gesicht neue kleine frische Muskeln entwickelt.[38]

Gelegentlich finden sich Gruppenbilder. Das folgende ist recht konventionell, im Grunde atypisch, gewinnt aber doch eine gewisse Besonderheit durch das an Daumier gemahnende, ironisch komponierte Arrangement und die wachsfigurenhafte Bewegungslosigkeit:

Drei Geistliche in einer Loge. Der Mittlere mit rotem Käppchen hört mit Ruhe und Würde zu, unberührt und schwer, aber nicht steif; der rechts ist zusammengesunken, mit spitzigem, starrem, faltigem Gesicht; der links, dick, hat sein Gesicht schief auf die halb geöffnete Faust gesetzt.[39]

Auffälliger ist das Gruppenbild aus Leipziger Verleger- und Autorenkreisen. Einzeln reichen die drei Männerskizzen nur bedingt an die bisher zitierten Texte heran, zusammen jedoch ergibt sich ein hinterhältig lustiger Parallelismus in den Bewegungen, der an den Auftritt eines Chansonnier-Trios in einem Cabaret denken läßt oder an untereinander verbundene Marionetten:

Rowohlt. Jung, rotwangig, stillstehender Schweiß zwischen Nase und Wangen, erst von den Hüften an beweglich. Graf Bassewitz, Verfasser von »Judas«, groß, nervös, trockenes Gesicht. Spiel in der Taille, gut behandelter starker Körper. Hasenclever, viel Schatten und Helligkeit im kleinen Gesicht, auch bläuliche Farben. Alle drei schwenken Stöcke und Arme.[40]

Das Selbstporträt

Was geschieht, wenn dieser Autor sein eigenes Gesicht beschreibt? Kann er das überhaupt? Ergibt sich da eine Steigerung der bisher festgestellten Gesetzmäßigkeiten? Woran fährt er diesmal fest? Welcher Ort wird hier, bei ihm selbst, zum Fluchtpunkt einer neuen Perspektivik? – Man schaue zu:

Im Spiegel sah ich mich vorhin genau an und kam mir im Gesicht – allerdings nur bei Abendbeleuchtung und der Lichtquelle hinter mir, so daß eigentlich nur der Flaum an den Rändern der Ohren beleuchtet war – auch bei genauer Untersuchung besser vor, als ich nach eigener Kenntnis bin. Ein klares, übersichtlich gebildetes, fast schön begrenztes Gesicht. Das Schwarz der Haare, der Brauen und der Augenhöhlen dringt wie Leben aus der übrigen abwartenden Masse. Der Blick ist gar nicht verwüstet, davon ist keine Spur, er ist aber auch nicht kindlich, eher unglaublicherweise energisch, aber vielleicht war er nur beobachtend, da ich mich eben beobachtete und mir Angst machen wollte.[41]

Es ist für den größeren Zusammenhang dieser Studie von untergeordneter Bedeutung, daß Kafka hier seinem eigenen Antlitz gegenüber nicht zu einem selbstquälerisch-selbsterniedrigenden, sondern alles in allem zu einem erfreulichen Ergebnis kommt. Zu anderer Zeit hätte er wohl anderes festgestellt. Die Bemerkung, daß sein Blick »gar nicht verwüstet« sei, läßt nicht nur auf eine solche Erwartung beim Hintreten vor den Spiegel schließen, sondern auf Erinnerungen an entsprechende Eindrücke. Wobei allerdings zu sagen ist, daß der Ausdruck »verwüstet« in diesem Zusammenhang konventionell, wenn nicht trivial tönt. Daß einem nach »durchzechter« oder anderswie sündig verbrachter Nacht und einer kurzen Strecke schlechten Schlafes das eigene Gesicht »verwüstet« aus dem Spiegel entgegen starre, das ist ein Klischee, welches nicht einmal den Namen Topos verdient. Kafka touchiert dieses Klischee, aber ohne Ironie und ohne den Gestus des Zitierens. Das ist für die Aufzeichnung nicht ohne symptomatischen Wert. Sie ist ein Text, der in nahezu akademischer Weise »gut geschrieben« ist. Bei den Tagebuchschreibern des 19. Jahrhunderts, den Hebbel und Grillparzer beispielsweise, würde man ihn, fände er sich dort, als bemerkenswert zur Kenntnis nehmen. Bei Kafka aber, der mit seinen Tagebüchern in der Literaturgeschichte des menschlichen Gesichts eine neue Epoche markiert, kann man nur das Fehlen alles dessen feststellen, was seine Bildnisse sonst dem Verfahren, der Binnenspannung, dem atemverschlagenden Effekt nach bestimmt. Man meint zwar, jene unvergleichliche Dynamik setze ein, als er auf den von hinten beleuchteten Flaum an den Rändern der Ohren zu sprechen kommt, aber es geschieht nichts mit diesem Element. Es bleibt bei der hübschen Trouvaille, einem eleganten, literarischen Zug mit einem Stich ins Preziöse. Diesem Gesicht geschieht keine Gewalt, und es wird an ihm auch nicht mit niedergebundener Sehnsucht gehangen. Keine enigmatische Stelle ist darin zu finden. Nichts geht vom Lebendigen ins Mechanische über. Die Ambivalenz von Dienen und Herrschen, Werben und Abweisen, Lieben und Sichselbstgenügen (Kriechen und Reiten wär's dann in der Bildersprache der Erzählungen), die in vielen Porträts sichtbar wird als deren dialektische Struktur – indem die Gleichzeitigkeit dieser Gegensätze umgesetzt wird in einen Ablauf, der in seinem Vollzug ins Gegenteil umschlägt –, diese Ambivalenz fehlt hier durchaus. Deshalb gibt es auch keinen Konflikt zwischen der traditionellen Hierarchie der Gesichtsteile und einer radikalen Gegenordnung. Das Verhältnis der Teile zum Ganzen wird sorgsam in Balance gehalten. Moralische und ästhetische Werte verbinden sich ganz selbstverständlich mit den physiognomischen Details, ja das einzelne körperliche Merkmal wird im Moment der Beschreibung schon in einem soliden Normenraster eingefangen. So wenn gesagt wird, die dunklen Partien träten »wie Leben« hervor, und der Blick sei »energisch«. Damit sei keineswegs unterstellt, Kafka habe nicht in Tat und Wahrheit ein »klares, übersichtlich gebildetes, fast schön begrenztes Gesicht« besessen, und er versuche hier, die eigene Erscheinung aufzuschönen. Es stimmt zweifellos alles im Sinne einer allgemein geläufigen Weise der Wirklichkeitswiedergabe. Daß aber eben hier, wo er am wenigsten Rücksicht zu nehmen braucht und wo seine Tendenz, gegen die eigene Existenz in einer zerstörerischen Weise ausfällig zu werden, ungedämpft wirken könnte, nichts von der kompromißlosen Härte seiner Porträtkunst spürbar wird, bedarf doch einer Erklärung.

Diese Erklärung ist nicht nur einfach, sie hat überdies Beweischarakter für die früheren Ausführungen. Die Grundvoraussetzung der übrigen Bildnisse ist deren Funktion innerhalb der Dynamik der Begegnung. Diese Grundvoraussetzung fällt beim Selbstbildnis naturgemäß weg. Deshalb kommen hier alle die beschriebenen Abläufe nicht in Fahrt. Wenn oben einmal der Ausdruck gefallen ist, der Porträtist Kafka reiße das Gesicht von der Person los, dann kann man hier, am Selbstporträt, studieren, wie das Gegenteil aussieht. Das Gesicht ruht für einmal atmend und lebendig auf dem seelischen Grund. Es kann den Beobachter nicht gefährden, weil er es selbst ist. Der Blick, der Blickkontakt, der sonst so oft die kommunikative Krise auslöst und sie überleitet in die literarisch-poetische Steigerung des Textes, wird hier einer gelassenen Betrachtung mit allerlei bedachtsam-scharfsinnigen Gedankengängen unterzogen. Es hat etwas gleichzeitig Ergreifendes und Unheimliches, wie jetzt das eine Augenpaar wach, gegenwärtig und doch ruhevoll ins andere tauchen kann, – wenn man an die fast kreischenden Kurven denkt, in denen die gleichen Augen in jener Büroszene auf dem Gesicht des Chefs herumfahren. Der Terror der Begegnung, der die Kehrseite der luxuriösen Selbsterfüllung in den Zuständen der »unendlichen Freiheit und Willkür« ist, kann sich hier nicht entfalten, weil eben kein anderer da ist. Die jähe Angst vor dem Selbstverlust, zu der das spontane Einsinken in den Gegenblick sonst führt und die das zugewandte Gesicht vom Medium zum Gegenstand macht, regt sich nicht. Auch was ihn in Gesellschaft beim Gedanken an sein eigenes Gesicht so oft belastet – daß er, wie er glaubt, um ein volles Jahrzehnt jünger aussehe, als er sei (vgl. die Tagebuchaufzeichnung vom 7. November 1911) – scheint in diesem Augenblick, da er sich ganz allein befindet, wie nicht existent. Höchstens die Bemerkung, der Blick sei »nicht kindlich«, könnte noch mit jener hypochondrischen Vorstellung zusammenhängen.

Das war jetzt, dem Text gegenüber, leicht verharmlosend argumentiert. Es geschah, um die grundsätzliche und wichtige Differenz zu den anderen Porträts richtig herauszustellen. Ist dies einmal hinlänglich geleistet, kann man wohl auch auf die feine Linie einer kommunikativen Interaktion verweisen, die auf ihre Weise durch diesen Text läuft. Das Sprachstück besitzt, ganz analog zu andern, einen Rahmen, der in leichten Verweisen angibt, warum die Beobachtung und in der Folge die sprachlich-literarische Durchführung geschehen ist. Er will, heißt es, sich Angst machen. Zu diesem Zweck muß er finden, was ihn am meisten quälen soll, die Symptome von Schwäche und Zerfall, seine physiologische Energie als mühselig flackerndes Flämmchen in der Tiefe des Gesichts. Und so entschlossen ist er zu der Beobachtung, daß ihm diese Entschlossenheit als feste, energisch belebte Erscheinung im Spiegel entgegenfährt und jede Möglichkeit verstellt, das gesuchte Gegenteil zu sichten. Das ist, der Struktur nach, diesmal nun von authentisch lichtenbergischem Witz. Die sprachliche Durchführung hütet sich allerdings, diesen Witz im Lesevorgang unmittelbar spürbar zu machen. Mit der Entladung der komischen Stauung im Spracheffekt und dann im Lachen des Lesers käme die Zirkelbewegung zum Stillstand, die das Stück, so wie es vorliegt, bestimmt: Ist einer, der sich mutig und entschlossen seiner Schwäche stellt, nun schwach, oder ist er mutig und entschlossen? Die

Frage ist unbeantwortbar, und der Text bildet in dieser Hinsicht ein nach außen abgedichtetes Paradoxon. Man wird sich aber erinnern dürfen, daß der nicht auflösbare Bezug von scharfsinniger Entschlossenheit und einer allen Denkens überdrüssigen Müdigkeit für Kafkas fiktive Helden elementar ist. Das heißt allerdings nicht, daß man hier so etwas wie einen Beleg für den autobiographischen Charakter seiner literarischen Figuren in den Händen halte. Schon die Tatsache, daß die K.-Gestalten dem Blick der Chefs mit knabenhaftem Eifer frontal und kontaktsüchtig entgegentreten, während sich der Verfasser selbst in nervös-tangentiale Ausweichmanöver verstrickt, verbietet solch naive Gleichsetzungen. Man kann Kafkas Werk überhaupt nur mit Gleichungen, nicht mit Gleichsetzungen begegnen. »Gleichungen«, das meint zum Beispiel, daß das Verhältnis des Lesers zum Kafka-Text gleich sei dem Verhältnis der K.-Figuren zu den machthaltigen Instanzen. Oder: daß der oft erzählte Vorgang des langsamen Sterbens, des Sich-auf-den-Tod-Zubewegens in dialektischer Umkehrung dem Vorgang einer wachsenden Ekstase außer Ort und Zeit im Schreibenden selbst entspreche. Oder eben: daß die Energie, die der Hypochondrische in diesem Porträt bei der Erkundung seiner Schwäche entwickelt, dem Arbeitsaufwand entspreche, den die fiktiven Helden so lange erbringen, bis das angestrebte Ziel in der weitesten möglichen Entfernung liegt. In diesem Sinne ist das Bild, das man im Selbstporträt vor sich hat, vielleicht tatsächlich den Gesichtern der Rossmann und K. näher als dem Gesicht des historischen Franz Kafka.

Felice

Eine Studie über den Porträtisten Kafka, die gleichzeitig eine Textpräsentation und eine eingehende Textbeobachtung darstellt, kann ihre Beispielreihe nur mit *einer* Eintragung enden lassen: dem, was am 20. August 1912 unter der Überschrift »Fräulein F. B.« niedergeschrieben wird. In Kenntnis des bisher zu den Bildnissen Ausgeführten wird man sagen dürfen, daß hier, in diesem fragmentarischen Text, eine der dramatischsten Passagen des ganzen Tagebuchs vorliege. Das gilt für die Stelle selbst, ihre Schichtung, ihr Gespanntsein zwischen mehreren Polen, ihren gebrochenen, zuletzt abgebrochenen Lauf, es gilt aber auch darüber hinaus für den Prozeß von Kafkas Porträtproduktion überhaupt. Denn im Überblick ist es unverkennbar, daß sein Porträtschreiben von diesem Tag an signifikant abnimmt, ja nahezu aufhört. Das hat einerseits äußere Gründe: Der Briefwechsel mit Felice absorbiert viel von der Zeit und Energie, die vorher den Tagebüchern zugutekamen. Andererseits scheint die Gier nach Gesichtern, und vor allem nach der schriftstellerischen Arbeit an diesen Gesichtern – »gierigstes Anschauen«, so eine Eintragung unter dem 15. Oktober 1913 – tatsächlich fast erloschen. Beispiele, an denen man die komplizierte Dynamik seines Porträtierens aufzeigen könnte, finden sich nur noch ganz selten. Der Beginn der Beziehung zu Felice Bauer und die dadurch ausgelöste, von ihm selbst als sensationell erfahrene Entstehung der Erzählung »Das Urteil« haben offenbar einige Determinanten seiner sozialen und kreativen Existenz verlagert. Eine Folge davon ist das Zurückgehen und Verschwinden der Porträts.

Daß sich übrigens diese spezifischen Sprachstücke in den Briefen nicht finden und daß sie auch in den fiktionalen Werken nicht vorkommen, hängt mit der Zwischenposition zusammen, die die Tagebücher einnehmen. Die erzählenden Arbeiten entstehen aus einer wesentlich und radikal außergesellschaftlichen Situation. Sie sind mit dem Rücken zur Gesellschaft und zu jedem einzelnen Gesellschaftsglied geschrieben. Die Briefe wiederum sind eine Form unmittelbar gesellschaftlichen Verhaltens. Sie zielen ebensosehr mit jedem Wort auf Verständigung, Verstandenwerden, wie die erzählenden Werke sich mit jedem Wort den Regeln der literarischen Verständigung entziehen. Die Tagebuchtexte aber bewegen sich in einem nach beiden Seiten hin unscharf abgegrenzten Zwischenbereich. Je nach Art der Eintragung nähern sie sich mehr dieser oder mehr jener Möglichkeit. Die Reflexionen auf das eigene Seelenleben, auf dessen Schwankungen, Einbrüche und unerwartete Aufschwünge, können ebensosehr dem Versuch dienen, die eigene Person gesellschaftlich genauer zu lokalisieren, das Verhältnis zu den anderen zu klären und den Umgang mit ihnen leichter zu machen, wie sie – durch das Insistieren auf dem Anderssein, Andersreagieren – jene Absetzbewegung fördern können, die der Schreibzustand immer neu verlangt. Was die Gesichter im besonderen angeht, so könnte man schematisierend sagen, die Grenze verlaufe genau durch sie hindurch. Die Dramatik der Bildnisse entspringt der Tatsache, daß sie auf der genauen Scheidelinie von sozialem und asozialem Schreiben angesiedelt sind. Sie kippen deshalb auch nicht einfach mechanisch immer gleich von der einen auf die andere Seite. Das geht oft hin und zurück, und manchmal ist es nur ein merkwürdiges Zittern und Rucken, was dem Text die Eigenart gibt. Handelte es sich bei Kafkas Porträts um ein überlegt geregeltes Schreibverfahren, das er sich zu Kunst und Vergnügen erarbeitet hätte, dann müßte er sich früher oder später gedrängt fühlen, es in den Briefen, gerade in den sehr langen Briefen an Felice, ebenfalls zur Anwendung zu bringen oder aber es in den erzählenden Werken als eine Produktionsweise eigener Art fruchtbar zu machen. Das Äußerste indessen, was sich nach dieser Richtung in den Briefen findet, ist die folgende Stelle vom 15. November 1912:

Der zweite Bote ist der Chef des Expedits Wottawa, ein alter, kleiner Junggeselle mit einem faltigen, von verschiedenartigst nuancierten Farbflecken bedeckten, von Bartstoppeln starrenden Gesicht, und immer schmatzt er mit nassen Lippen an einer Virginia herum, aber überirdisch schön ist er, wenn er aus seiner Brusttasche, zwischen der Türe stehend, Deinen Brief zieht und mir übergibt...[42]

Das ist reizvoll, aber problemlos. Nur die »verschiedenartigst nuancierten Farbflecken« erinnern an jenes Herausholen und Absolutsetzen der Teile in den Tagebuchporträts. Und durchaus zweckgebunden ist das Gesicht in den Textzusammenhang eingefügt: der kurios-unansehnliche Junggeselle erscheint dem verliebten Briefempfänger schön, wenn er Post von der Freundin bringt. Um dieses Schönwerden zur Wirkung zu bringen, muß er ihn vorher leicht widerwärtig darstellen, auf den Wesenszug »abstoßend« hin stilisieren.

Ganz ähnlich verhält es sich in den erzählenden Werken. Wo man Paradestücke der Porträtarbeit erwarten würde, etwa in der Gucklochszene im dritten Kapitel des Schloßromans, findet sich eine Gesichtsbeschreibung, die kaum von irgendwelchen entsprechenden Stellen bei den realistischen Erzählern des 19. Jahrhunderts abweicht:

...Herr Klamm. Ein mittelgroßer dicker schwerfälliger Herr. Das Gesicht war noch glatt, aber die Wangen senkten sich doch schon mit dem Gewicht des Alters ein wenig hinab. Der schwarze Schnurrbart war lang ausgezogen. Ein schief aufgesetzter, spiegelnder Zwicker verdeckte die Augen.[43]

Der Verfasser scheint sich geradezu zu hüten, die Beschreibung als solche außerordentlich oder auch nur eigenartig werden zu lassen, ihr, und wär's nur spurenweise, den Charakter eines literarischen Kunststücks zu verleihen. Das Niedagewesene und Unvergleichbare der Erzählwerke Kafkas bekommt man denn auch nie über die einzelne Passage, den »besonders typischen Abschnitt« in Griff. So sehr der ganze Vorgang um die Begegnung Joseph K.s mit Klamm im Schloßroman die Qualitäten des »Niedagewesenen« und »Unvergleichbaren« besitzt – es dürfte keinen Leser geben, der sich nicht sogleich an die Stelle erinnerte –, so wenig ist solches am Detail des Klamm-Porträts zu erkennen. Es ist ganz Funktion im poetischen Gebilde und geht so unaufdringlich in der Szene auf wie die Szene selbst in der größeren Bewegung dieses dritten Kapitels.

Demgegenüber macht es nun der Tagebuchtext vom 20. August 1912, der sich auf die erste Begegnung mit Felice Bauer bezieht, deutlich, daß hier ein kompromißloses Kafka-Porträt hätte entstehen sollen:

Fräulein F. B. Als ich am 13. August zu Brod kam, saß sie bei Tisch und kam mir doch wie ein Dienstmädchen vor. Ich war auch gar nicht neugierig darauf, wer sie war, sondern fand mich sofort mit ihr ab. Knochiges leeres Gesicht, das seine Leere offen trug. Freier Hals. Überworfene Bluse. Sah ganz häuslich angezogen aus, trotzdem sie es, wie sich später zeigte, gar nicht war. (Ich entfremde ihr ein wenig dadurch, daß ich ihr so nahe an den Leib gehe. Allerdings in was für einem Zustand bin ich jetzt, allem Guten in der Gesamtheit entfremdet, und glaube es überdies noch nicht. Wenn mich heute bei Max die literarischen Nachrichten nicht zu sehr zerstreuen, werde ich noch die Geschichte von dem Blenkelt zu schreiben versuchen. Sie muß nicht lang sein, aber treffen muß sie mich.) Fast zerbrochene Nase, blondes, etwas steifes, reizloses Haar, starkes Kinn. Während ich mich setzte, sah ich sie zum erstenmal genauer an, als ich saß, hatte ich schon ein unerschütterliches Urteil. Wie sich... [bricht ab][44]

Das ist genau eine Woche nach der Begegnung geschrieben und auf den Tag einen Monat vor dem ersten Brief an Felice, jenem ersten Brief, dem man entnehmen kann, daß Kafka sich zu einem lang dauernden Briefwechsel mit der Frau entschlossen hat und daß er merkwürdigerweise plant, dieses Briefschreiben auf der Maschine im Büro durchzuführen – in der Mitte also, fast szenisch in der Mitte zwischen seiner öffentlichen Beamtenexistenz und seinem nächtlichen Autorenleben. (Schon der nächste Brief ist allerdings handschriftlich, und bald schreibt er zu Hause, lange in die Nacht hinein.) Zwei Tage nach dem ersten Brief entsteht, man müßte eigentlich sagen: geschieht ihm »Das Urteil«, die von der Felice-Begegnung bis in den Kern stigmatisierte Geschichte, an der er noch lange mit einer Verzückung hängt, wie an kaum einer andern Arbeit, und die, wie eine Ouvertüre, den ganzen qualvoll süchtigen und in einer würgenden Weise komischen Verlauf der Beziehung präludiert.

Aus dem Brief vom 20. September und vor allem aus dem langen Schreiben vom 27. Oktober wissen wir minuziös Bescheid über die Geschehnisse jenes ersten Abends. Felice und Kafka haben dort, überrascht von der Verwandtschaft ihrer Interessen, die Abmachung einer gemeinsamen Palästinareise getroffen. Daß es dann mehr als einen Monat dauert bis zum ersten Brief, muß stutzig machen. Es ist durchaus denkbar, daß Kafka ein Vorwissen vom Drama gehabt hat, das er hier zu inszenieren beginnt und in welchem er ja auch immerzu Regisseur und tragikomischer Protagonist zugleich geblieben ist. Mag sein, daß dieses Vorwissen ihn noch zögern läßt. Jedenfalls ist der erste Brief dann so etwas wie die entscheidende, die auslösende Tat, das primum movens einer irreversiblen Bewegung. Den Beweis dafür gibt die Tatsache ab, daß dieser sein Brief unmittelbar auch den kreativen Schub des »Urteils« auslöst und nicht etwa die erste Begegnung oder die erste Antwort von Felice. Vom 13. August bis zum 20. September verläuft demnach eine Art Inkubationszeit, während welcher sich Kafka mit der *Möglichkeit* beschäftigt, seiner gesellschaftlichen und erotischen Existenz eine grundlegend neue Richtung zu geben.

In diese Inkubationszeit fällt der Versuch zu einem Felice-Porträt. Schon daß der Text mit einem eigentlichen Titel anfängt, »Fräulein F. B.«, und aus der Distanz von sieben Tagen geschrieben wird, macht deutlich, daß es hier nicht um das Festhalten flüchtiger Eindrücke ging, sondern um ein Sprachstück, das sich nach Rang und Funktion auszeichnen sollte. Wenn man den Text studiert, stellt man rasch fest, daß er zweimal zu einem eigentlichen Bildnis ansetzt und beidemale wieder abbricht – zuletzt mitten im Satz. Dabei ist die Art des Abbrechens so aufschlußreich wie das Faktum selbst. Noch bevor das Porträt seine charakteristische Steigerung gewinnt, springt der Autor aus dem Text in die Reflexion über den Text. Sobald jener Vorgang sich ankündigt, der die Person hinter dem Gesicht bedeutungslos zu machen pflegt, wird er als eine Gefahr für die Beziehung erkannt und benannt:

»Ich entfremde ihr ein wenig dadurch, daß ich ihr so nahe an den Leib gehe.« Nicht einfach weil er sie beschreibt, sieht er sich in Distanz geraten, sondern weil er sie *so* beschreibt, wegen seines Porträtierverfahrens. Oft genug hat er ja von andern auf diese Weise Abstand genommen, hat er ihnen Gewalt angetan um seiner Freiheit willen, als daß er nicht wüßte, was da geschieht. Das Bildnismachen als schamanenhaftes Ritual ist ihm vertraut genug. Er wittert die Gefahr sehr wohl, in die Felice damit gerät. Er bricht ab, um es nicht so weit kommen zu lassen, und entschuldigt sich sogar für das Geschehene mit dem Hinweis auf den allgemeinen Zustand der Entfremdung, in dem er sich gegenwärtig befinde.

Kaum aber ist dies gesagt, wird auch schon deutlich, warum er zum Ritual überhaupt ansetzte: »die Geschichte von dem Blenkelt« ist es, Schreiben also, sein Schreiben und sein Schreibzustand. Einen Erzähltext hat er in Griffnähe, reif, am Aufbrechen gewissermaßen, und mit ihm das Schweben, die Schwerelosigkeit, die »unendliche Freiheit und Willkür«. Das aber gerät in Gefahr durch die neue erotisch-gesellschaftliche Wirklichkeit Felice.

Kaum hat er das Porträt aus Angst um die Frau abgebrochen, bringt ihn die Reflexion darüber dem geheimen Antrieb seiner Distanzierungsaktion wieder so nahe, daß er erneut mit der Porträtierarbeit beginnt. Wieder geschieht es mit der unerbittlichen Härte, die das Antlitz sogleich um jede Atmosphäre, um jede Aura bringt. »Knochiges leeres Gesicht« hieß es beim ersten Ansetzen; »fast zerbrochene Nase« heißt es jetzt. Vom Skelett her wird das Gesicht erfaßt, angefaßt geradezu. Und wie der Erscheinung die Aura genommen wird, entschlägt sich der Betrachter auch alles dessen, was in seinem Innern der Aura entsprechen würde, des Gefühls, der lebendigmachenden Versenkung ins Gegenüber. »Reizloses Haar, starkes Kinn...«, das ist nicht aus Boshaftigkeit gesprochen, sondern gefühlsfrei um der Kunst willen, von keiner Menschlichkeit aufgeweicht, in der Absicht auf das im weiteren Vollzug zu gewinnende ästhetisch Großartige. Der letzte vollständige Satz: »Während ich mich setzte, sah ich sie zum erstenmal genauer an, als ich saß, hatte ich schon ein unerschütterliches Urteil« hätte die Plattform abgeben sollen für eine Klimax der Deskription, in der – so darf man vermuten – ein Teil des Gesichts dieser Frau zum Fixpunkt eigengesetzlicher sprachlicher Entfaltung geworden wäre. Die Behauptung, er habe innerhalb von Sekunden »ein unerschütterliches Urteil« gewonnen, ist in ihrer Selbstsicherheit bereits von der sich öffnenden Distanz bestimmt. Das erneut aufbrechende Bewußtsein aber, welcher Verlust ihm hier und jetzt drohe und welche Freuden, welche Besänftigungen ihm die lebendige Gegenwart dieser Frau und die sich entfaltenden Gefühle seines eigenen Innern bringen könnten, läßt ihn aus dem Akt der Niederschrift heraus plötzlich und endgültig aufhören.

Die krisenhafte Unentschiedenheit, die sich in diesem Text inhaltlich und strukturell dokumentiert, ist damit allerdings nicht bewältigt. Noch dauert es einen vollen Monat bis zum ersten Brief. Dann setzt die immense Korrespondenz ein, jenes in mehrfacher Hinsicht monumentale Geschehen. Es wird einen großen Teil von Kafkas Spannung zu der Menschenwelt, die sich um ihn herum bewegt, absorbieren. Den raschen, aber heftigen und funkelnden Ausschlägen dieser Spannung im Porträtschreiben wird damit die Voraussetzung entzogen. Wo es etwa noch geschieht, ist die Intensität der Entladung verringert. Es gibt vereinzelt Stellen, die unmittelbar dokumentarisch bezeugen, daß die jähe Dramatisierung der Gesellschafts- und Wirklichkeitserfahrung in der Konfrontation mit einem Gesicht und ihre Umsetzung in das perfekte Sprachstück sich vom größeren Kraftfeld der Felice-Beziehung nicht mehr zu lösen vermag und schon deshalb den alten Verdichtungsgrad, die Nähe zur radikalen Poesie Mallarmés und Trakls, nicht mehr gewinnen kann:

Das Mädchen im Kaffeehaus. Der schmale Rock, die weiße, lose, fellbesetzte Seidenbluse, der freie Hals, der knapp sitzende, graue Hut aus gleichem Stoff. Ihr volles, lachendes, ewig atmendes Gesicht, freundliche Augen, allerdings ein wenig geziert. Das Heißwerden meines Gesichts in Gedanken an F.[45]

Exkurs I
Der Gattungscharakter des literarischen Porträts

Wo steht die Untersuchung? Wo ist sie hingelangt? Ist da nicht alles immer mehr ins Psychologische, Biographische, ins Private also geraten? Hat sich zuletzt nicht das ursprüngliche Verhältnis von Gegenstand und Hintergrund umgedreht? Unmerklich, scheint es, ist man von den psychologischen Gegebenheiten als *einer* Dimension des literarischen Textes hinübergeglitten zum literarischen Text als einem Beweisstück für ein bestimmtes seelisch-gesellschaftliches Verhalten. Wäre Kafka nicht ein großer Autor, was würden uns seine komplizierten Liebschaften interessieren? Also muß es doch wohl unsinnig sein, die Texte in den Dienst des Studiums dieser Liebschaften zu stellen.

Es wäre unsinnig und in einem einfachen Sinne falsch, wenn es tatsächlich so geschähe. Die Annäherung an die psychologischen und biographischen Dinge, die sich im Verlauf dieser Untersuchung verstärkt hat, ist nicht durch ein wachsendes Interesse an Kafkas Privatleben bewirkt worden, sondern durch eine konstituierende Eigenschaft der Texte selbst. Nicht nur wird im Kontext dieser literarischen Porträts immer wieder auch vom Verhältnis des Porträtisten zur abgebildeten Person gehandelt, sondern – und vor allem – es zeigt sich immer wieder und unübersehbar, daß die Struktur, die künstlerisch-literarische Machart der Sprachstücke, von deren Funktion im kommunikativen Verhalten des Autors mitbedingt wird. Damit mußte die Texterkundung sich einer Exkursion ins Lebensgeschichtliche unterziehen. Die Aufgabe des ganzen hier unternommenen Versuchs zur Literaturgeschichte des menschlichen Gesichts hat sich damit nicht vereinfacht. Vielmehr ist eine Fragestellung hinzugekommen, die auf den ersten Blick mit dem Gegenstand nicht verbunden scheint. Ist es denkbar, daß die nichtfiktionale Gesichtsbeschreibung immer, bei scheinbar rein sachlichem Informieren über einen bestimmten Menschen, sowohl die nähere Bestimmung der Beziehung zwischen Schreiber und Beschriebenem enthält als auch – und das wäre noch um einiges gewichtiger – eine grundsätzliche Aussage über die Beziehung des Autors zur gesellschaftlichen Wirklichkeit überhaupt? Wenn dem so wäre, wie könnte man es analysierend in den Griff bekommen? Die Aufgabe steht an.

Ein zweiter Einwand, der dem bisherigen Gang der Studie gegenüber erhoben werden könnte, betrifft ihre grundsätzliche Berechtigung. Es sind gelegentlich die Begriffe »Gattung«, »kleine literarische Gattung«, »künstlerisches Genre« u.ä. gefallen. Kann man aber von einer literarischen Gattung resp. der Kleinform einer literarischen Gattung sprechen, wenn der Autor selber weder dieses Wort gebraucht noch seine Texte nachweisbar in solcher Perspektive begriffen hat? Erschafft hier nicht der Literaturwissenschaftler eigenmächtig etwas, was es gar nicht gibt? Die Frage ist schon deshalb spannend, weil das Gattungsverständnis sowohl im Produktions- wie im Rezeptionsprozeß von Literatur eine außerordentliche Rolle spielt. Kein Text, das wissen wir spätestens seit Hans Robert Jauss, kann gelesen werden ohne die vorgängige Konstruktion einer Erwartung durch den Leser, auf die dieser Text dann bestätigende oder widerlaufende Antwort gibt. Der Erwartungsaufbau als spezifische Größe im Rezeptionsprozeß, als die erste Lese-Arbeit, hat nun aber immer einen wesentlichen Bezug zur Gattungsdimension des literarischen Werks. Einen Text, den ich nicht kenne, kann ich nicht als eine Einmaligkeit erwarten, sondern nur als einer größeren Gruppe von Texten zugehörigen. Selbst wenn das Ergebnis der Lektüre dann die unbedingte Singularität des Textes sein sollte, kommt das nur dadurch zustande, daß die Erwartung, der Text werde dieser oder jener Gruppe zuzuschlagen sein, konsequent widerlegt worden ist. Noch im literarischen Unikat, falls es dies gibt, im oft und meist voreilig diagnostizierten »erratischen Block«, ist also die Gattungsdimension ex negatione enthalten.

Man kann nun sagen, der in jeder Lesererwartung notwendigerweise eingeschlossene Gattungscharakter des jeweiligen Textes sei ein bloßes Phantasma, das sich in der Realität des Werks, d.h. an dessen tatsächlicher Gattungszugehörigkeit oder Nichtzugehörigkeit zu bewähren habe. Wenn dem so wäre, dann müßte die »tatsächliche Gattungszugehörigkeit« in der Übereinstimmung des Textes mit dem Gattungsbegriff des Autors liegen. Weil der Schriftsteller sein Werk einer bestimmten literarischen Gruppe zuschlagen wollte oder nach der Entstehung zuschlug, oder aber weil er sein Werk als demonstrative Durchbrechung der Regeln einer bestimmten literarischen Sorte konzipierte, gehörte es zwingend in die betreffende Reihe oder die Reihe ihrer Gegenprodukte. Dieser

Rückgriff auf das Gattungsbewußtsein des Autors beruht aber auf einer gefährlichen Überschätzung der Bedeutung dessen, was sich die Schriftsteller beim Schreiben denken. Die Intention eines Autors ist ein interessantes Element in der Vorgeschichte eines literarischen Werks, nicht mehr. Unter keinen Umständen ist sie die Wahrheit über dieses Werk. Der Glaube, man müsse nur herausfinden, was der Autor »gewollt« habe, um zu verstehen, was ein Werk bedeute, hemmt und blockiert immer neu die produktive Auseinandersetzung mit Literatur. Im Zusammenhang mit dem Gattungscharakter literarischer Texte kann man das vielleicht am deutlichsten illustrieren. Keine neue Gattung kann aufgrund der Intention des Autors, eine solche Gattung zu begründen, zustande gekommen sein. Es war, beispielsweise, nicht so, daß sich eines Tages bei gewissen namhaften Autoren des deutschen 18. Jahrhunderts die Absicht herausbildete, die Gattung des »Entwicklungsromans« zu initiieren. Wenn es hinter den Ursprüngen der großartigen Reihe, die wir als den deutschen Entwicklungsroman bezeichnen, *eine* bewußte Absicht, *eine* entschieden konturierte Intention gab, dann war es die, auf dem Gebiet des Romans die Engländer einzuholen. Der Entwicklungsroman als Gattung und literarisches Muster ist zunächst ein Ergebnis der Rezeption, eine Begriffsbildung der Leser, – wie rasch sie auch immer von den Autoren selbst wieder übernommen worden sein mag. Die Gattungsvorstellung des Autors bei der Arbeit am Werk ist gewiß eines seiner unabdingbaren Produktionsmittel. Es ist wichtig und aufschlußreich, sie zu kennen. Sie muß aber für den späteren Leser keineswegs identisch sein mit der Gattung, zu der das Werk für ihn, den Leser, seiner eigenen Erfahrung und Überzeugung nach schließlich gehört. Die Gattungsvorstellung als ein Produktionsmittel des Autors und die Gattungsvorstellung als Rezeptionsmittel des Lesers können in der Tat hinsichtlich des gleichen literarischen Werks völlig verschieden sein. Um es einfach zu sagen und gleichzeitig vom belasteten Wort »Gattung« etwas abzurücken: Man kann nicht schreiben, ohne das Geschriebene vorgängig schon innerhalb einer Reihe verwandter Arbeiten zu sehen, denen es sich in charakteristischer Weise annähert oder von denen es sich in charakteristischer Weise absetzt, und man kann nicht lesen, ohne das Gelesene vorgängig wie nachträglich innerhalb bestimmter literarischer Reihen zu lokalisieren. Das Verschieben von einer Reihe zur andern stellt dabei nicht nur eine fundamentale Dynamik im

Leseprozeß dar, sondern dürfte auch eine unreflektierte, aber wichtige Quelle des Lesevergnügens bilden. Die Erkenntnis, daß ein Text der vermuteten Reihe nicht zugehört, bewirkt Irritation, Unsicherheit und also Unlust; die daraufhin gewonnene Einsicht, in welche Reihe er sich tatsächlich fügt, bringt, durchaus entsprechend, Behagen hervor, das Vergnügen des Wiederfindens, eine formale Anagnorisis also, die nicht selten der inhaltlichen Anagnorisis im Finale des jeweiligen Werks parallel läuft. (»Du bist mein verschollener Bruder.« – »Das ist also doch eine Komödie.«)

Es gibt literarische Reihen, selbst Gattungen im strengeren Sinne, deren wesentliche Zeugen lange vor dem entsprechenden Begriff entstanden sind. Dennoch bestimmt dieser Begriff heute den privaten Lesevorgang wie die auf Öffentlichkeit zielende Forschung. Bis ins einzelne nachweisen ließe sich das zum Beispiel anhand der phantastischen Literatur. Weder für Hoffmann noch für Arnim noch für Tieck existierte diese heute international gängige große Ordnungseinheit, obwohl es eben diese große Ordnungseinheit »phantastische Literatur« ohne die Hoffmann und Arnim und Tieck bis auf den heutigen Tag nicht gäbe.

Ähnliches ließe sich am Aphorismus zeigen.

Die literarische Gattung/Gruppe/Reihe, der ein bestimmter Text auf die Dauer zugehört, ist also als Ordnungseinheit überwiegend ein Ergebnis des Rezeptionsverlaufs. Damit hängt es zusammen, daß es immer wieder Spitzenwerke gibt, die erst mit der Verspätung mehrerer Generationen in ihrem Rang erkannt und anerkannt werden. Sie waren zunächst für die Rezeption wie tot, weil die Reihe nicht sichtbar oder noch von niemandem benannt war, innerhalb derer sie begreifbar wurden. Solange beispielsweise das sozialkritische Drama des 18. Jahrhunderts vorwiegend in seiner Vor- und Nebenläuferschaft zu »Faust I« und den »Räubern« gesehen wurde, war ein Stück wie »Woyzeck« neutralisiert. Als die ersten naturalistischen Stücke erschienen, schlugen sie einen natürlichen Kontakt zurück zu den Lenz und Klinger, eine autonome Reihe zeichnete sich ab, auch wenn sie keinen programmatischen Namen erhielt, und in ihr strahlte nun unversehens und – man darf es sagen – gewaltig das Werk »Woyzeck« auf.

Daß der Gattungs- oder Reihenbegriff, den ein Autor von seinem entstehenden Werk hat, und der Gattungs- oder Reihenbegriff, mit dem die späteren Lesergenerationen dieses Werk erfassen, genau und randscharf zusammenfallen, ist also nicht die

Regel. Die Häufigkeit dieses Zusammentreffens nimmt vermutlich sogar ab mit der Zunahme des literarischen Rangs. Das bedeutet nun aber nichts anderes, als daß man in der Bestimmung literarischer Reihen weder an die Meinung des Autors noch an den bisherigen Leserkonsens gebunden ist. In Wahrheit ist die Hervorbringung des Reihenbegriffs, mit dessen Hilfe dann das Werk erkannt wird und über den es oft erst nach Jahrhunderten freigibt, was in ihm steckt, eine der großen kreativen Leistungen der kollektiven Lesearbeit. Wo das nicht geschieht, kann es für Autoren und Werke fatal werden. Ein Beispiel ist Robert Walsers späte Lyrik: sozusagen ›art brut‹, unheimlich, bis heute mit kaum verhehltem Unbehagen registriert. Weil sie ohne Nachahmer und Umgestalter blieb, ergab sich keine Reihenbildung durch Genealogie, wie dies etwa bei Trakl der Fall war. Aber sie blieb natürlich u. a. auch deshalb ohne Nachfolger, weil niemand für sie den Begriff bildete und man sie nur vom Unterschied zu Walsers früheren Gedichten her, tolerant, aber bedauernd, ungefähr erfaßte.

In der Kafka-Rezeption finden sich verwandte Vorgänge. Das Korpus seiner »Sämtlichen Erzählungen« ist mit der Abfolge der Ausgaben immer etwa wieder erweitert worden. Dies nicht deshalb, weil unbekannte Werke aufgetaucht wären, sondern weil man einzelne Texte zunächst als unfertig oder allzu fragmentarisch in den Tagebüchern und Oktavheften beließ. Später erklärte man sie dann doch als selbständig und ließ ihnen gewissermaßen die Taufe eines »Werks« zukommen. Das gewichtigste Beispiel ist »Blumfeld, ein älterer Junggeselle«, eine Arbeit von hinreißender Leichtigkeit und erzählerischer Vollendung, die durch solche Verzögerung bis heute nicht den Platz im breiten Leserbewußtsein gefunden hat, den sie verdient. Dieser Vorgang ist nur das Symptom für ein tieferes Problem. Noch immer stehen in den Tagebüchern viele Texte, die eigentlich in die »Sämtlichen Erzählungen« gehörten und als gleichberechtigt mit dem gelesen werden müßten, was dort bereits versammelt ist. So etwa die unter dem Reisetagebuch vom 11. September 1911 erscheinende Automobilgeschichte oder die »Erinnerung an die Kaldabahn« aus dem Jahre 1914. Das erwähnte »tiefere Problem« liegt darin, daß man auf Kafkas Arbeiten die Kategorie des »vollendeten Werks« als ausschlaggebenden Maßstab anwendet, eine Norm also, von der man doch weiß, daß sie, im Bereich des Romans wie der Erzählung, u. a. durch Kafka selbst weltliterarisch außer Kraft gesetzt worden ist. In Paul Raabes zweiseitigem Nachwort zu seiner Ausgabe der Sämtlichen Erzählungen[46] fällt fünfmal der Begriff »vollendet«, und er will explizit zwischen »Keimendem« und »Vollendetem« unterschieden haben. Die Begründung dafür gewinnt er, in der Nachfolge Max Brods, über die »mutmaßlichen Intentionen« des Autors, über die Spekulation auf das, was Kafkas »Billigung finden« würde. Die so getroffene Aufteilung der erzählerischen Arbeiten in »Werke« und »Keimendes« resp. bloße Materialien aus dem »Steinbruch der Oktav- und Quarthefte«[47] beruht also auf einem doppelten Vorentscheid. Erstens werden Intention und Werkdefinition des Autors als verbindliche Aussage über die objektive Beschaffenheit und die Qualität des Werks genommen, und zweitens wird ein klassizistisches Verständnis vom »fertigen Werk« zum selbstverständlichen Selektionsprinzip gemacht. Da nun aber das Schreiben Kafkas ein Ereignis ist, das wesentlich über ein Außerkraftsetzen aller literarischen Regeln und Kulturkonventionen zustande kommt, dürfen diese nicht im Nachhinein wieder die erkenntnisleitenden Perspektiven auf das Werk abgeben. Was in konventioneller Sicht als vorzeitiges Abbrechen eines Erzähltextes erscheint, ist in Wahrheit das in jedem Fall reguläre Ende dieser Art von Dichtung. Allerdings hätte Kafka selbst das seiner Zeit, ja sich selbst, seinem eigenen literarischen Bewußtsein gegenüber nicht rechtfertigen können. Die Untersuchung, wo und wann ein Text abbricht, ist bei ihm mindestens so spannend wie die Untersuchung des Erzählfinales bei den traditionellen Autoren. Und wie sehr gerade die Pointen, mit denen die demonstrativ geschlossenen Texte Kafkas enden, Scheinpointen sind, offene Fallen für die Sinn- und Bedeutungssucher, delikate Gebilde formaler Ironie, das hat die Auseinandersetzung mit dem Werk inzwischen wohl deutlich genug erbracht.

Um ein Beispiel zu geben: die folgende dreizehnzeilige Eintragung vom 4. Januar 1914 in den Tagebüchern gehört mit dem gleichen Recht, ja mit der gleichen Pflicht in die »Sämtlichen Erzählungen« Kafkas wie »Blumfeld«, »Der Dorfschullehrer« oder »Beim Bau der Chinesischen Mauer«.

Wir hatten eine Mulde im Sand ausgegraben, in der wir uns ganz wohl befanden. In der Nacht rollten wir uns im Innern der Mulde zusammen, der Vater deckte sie mit Baumstämmen und darüber geworfenem Strauchwerk zu, und wir waren vor Stürmen und Tieren möglichst gesichert. »Vater«, riefen wir oft ängstlich, wenn es unter den Hölzern schon ganz dunkel war und der Vater noch immer nicht erschien. Aber dann sahen wir schon durch eine Spalte seine Füße, er glitt zu uns herein, beklopfte jeden ein wenig, denn es beruhigte uns, wenn wir seine Hand fühlten, und dann schliefen wir alle förmlich gemeinsam ein. Wir waren außer den Eltern fünf Jungen und drei Mädchen, es war zu eng für uns in der Mulde, aber wir hätten Angst gehabt, wenn wir in der Nacht nicht so nahe an- und aufeinander gewesen wären.[48]

Und was von diesem Text gilt, gilt noch von sehr vielen andern sogenannten Tagebuchtexten. Kafka hat immer definitiv geschrieben. Er hat nur bald früher, bald später aufgehört, und er hat gelegentlich, wenn auch eher selten, am ungefähr gleichen Ort nochmals angesetzt.

Diese Ausführungen wollten veranschaulichen, wie der Gattungs- und Reihenbegriff als Produktionsmittel des Lesers (auch des kollektiven Lesers ganzer Jahrzehnte) die »objektive« Beschaffenheit der Literatur, jedes einzelnen Werks bedingt. Je nachdem wie das Genre »Erzählung« von der Rezeptionsinstanz gefaßt wird, besitzen wir also tatsächlich eine bedeutende Zahl von Kafka-Werken mehr oder weniger. Nimmt man »Erzählung« im Sinne der Realisten des 19. Jahrhunderts – weder Novalis noch der Goethe der »Wanderjahre« wären da als Zeugen geeignet –, dann können wir klar unterscheiden zwischen vollendeten Werken, nur knapp nicht vollendeten Werken, bedeutenden Fragmenten, weniger bedeutenden Fragmenten und unbedeutenden Fragmenten. Präzisiert man aber den Reihenbegriff ohne Rücksicht auf die Muster der realistischen Erzähler und ganz auf diesen Autor hin zum Genre »Kafka-Erzähltext«, dann wird die obige Hierarchie belanglos, das Fragmentarische wird von einer negativen zu einer neutralen Kategorie und die kleinen Stücke im angeblichen »Steinbruch« der Oktav- und Quarthefte gewinnen endlich ihren Rang.

Man muß aber einsehen: Es gibt hier keine letzten und zwingenden Entscheide, kein schlechthin abgesichertes Richtig oder Falsch. Sowenig man jemandem verbieten kann, als Erzählung nur gelten zu lassen, was eine Handlung vor Augen führt, die von einem anfänglichen Ruhezustand über vielerlei Bewegung zu einem abschließenden Ruhezustand leitet, so wenig kann man einen auf diese Optik verpflichten. Die Gegensätze mögen sich eines Tages im Konsensus einer lesenden Generation, vielleicht sogar eines lesenden Jahrhunderts beruhigen; eine endgültige Wahrheit über die von dem Entscheid betroffenen Autoren und

Werke ist damit nicht gefunden.

Der in dieser Gedanken- und Beispielfolge umrissene Begriff der literarischen Reihe bestimmt nun auch den ganzen hier unternommenen Versuch im Bereich der Literaturgeschichte des menschlichen Gesichts. Aus der Kenntnis vieler Zeugnisse heraus wird die Behauptung gewagt, die Gesichtsbeschreibungen zögen sich dergestalt durch die Gesamtproduktion der deutschen Literatur, daß sie als eine Reihe betrachtet und wie eine Reihe untersucht werden können. Am heftigsten betroffen von diesem literarischen Phänomen und am dringlichsten konfrontiert mit der Vielschichtigkeit der Probleme, die es birgt, wird man beim Lesen von Kafkas Tagebüchern. Das hat es nötig gemacht, diese zum breiten Auftakt zu machen. Der nächste Schritt muß nun literarhistorisch weiter zurück führen. Wenn man berechtigt sein soll, von einer literarischen Reihe zu sprechen, dann muß diese eine Geschichte haben. Das heißt: es muß innerhalb der größeren Einheit Unterschiede geben, die für den jeweiligen Autor und seine Epoche charakteristisch sind, und es muß sich zeigen lassen, wie ein bedeutender Schriftsteller die Geschichte dieser Reihe verändert. Bei der Untersuchung der Kafka-Porträts wurde hier nicht selten in etwas fahrlässiger Weise vom »traditionellen« Bildnis, von der »konventionellen« Gesichtsbeschreibung geredet, ohne daß Auskunft gegeben worden wäre, worin genau denn solche Tradition und Konvention bestehe.

Deshalb werden nun als nächstes die Gesichtsbeschreibungen in Goethes »Dichtung und Wahrheit« untersucht, – nicht etwa in der Annahme, hier das spezifisch Konventionelle und Traditionelle zu finden, sondern aus der Vermutung heraus, hier auf Differenzen zu stoßen, welche, in der Zusammenschau mit den Kafka-Texten, die Gesetze und die geschichtlichen Verschiebungen des Genres und also die Reihe als Ganzes deutlicher sichtbar zu machen vermögen.

Zweiter Teil
Das literarische Bildnis in »Dichtung und Wahrheit«

Anmerkung zu Goethes Schreibverfahren

Das Buch, Goethes Autobiographie, gibt sich überlegter, als es ist. Als Ganzes wohlgeplant – die Schemata bezeugen es, wie auch der erste Entwurf einer Vorrede zum dritten Teil –, liegt über ihm doch durchaus etwas von jener Ziellosigkeit, die es inhaltlich so oft als wiederkehrenden schmerzhaften Lebenszustand seines Verfassers bezeugt. Abschweifungen nahezu Sterneschen Charakters sind da gestattet, obwohl die Diktion in ihrer Gemessenheit dergleichen von sich zu weisen scheint. Angekündigtes und Vorbereitetes bleibt aus; unerwartet fallen Bemerkungen, die den Rahmen aufreißen. Umständlichkeit der Sprache, eine zu Zeiten enervierende Allgemeinheit der Begriffe kann zusammengehen mit jäher Aufladung einzelner Wörter – Aufladung mit Sinn, den diese noch nie hatten, den sie nie wieder haben werden und der deshalb die Stelle endlos auslegbar macht. Begonnen in der Haltung einer würdevollen Konzilianz und der zögernden Neugier einer ehrfurchtsvollen Öffentlichkeit mit besonnenem Verständnis entgegenkommend, verschließt sich das Buch immer neu mit und in dem Akt des Bekennens selbst. »Ungern spreche ich dies im allgemeinen aus«, kann es da heißen, oder: »Nun aber wird der einsichtige Leser, welcher fähig ist, zwischen diese Zeilen hinein zu lesen, was nicht geschrieben steht, aber angedeutet ist, sich eine Ahnung gewinnen…« Solch Unberechenbares ist nicht einfach eine stilistische Eigenheit, etwa des vielgenannten »Altersstils« mit seiner angeblichen Annäherung an die Kanzleiprosa. Vielmehr hängt es zusammen mit einer Gegebenheit in allem Schreiben Goethes: wie schön auch der Plan sein mag, nur was im Moment des Schreibens oder Diktierens überzeugt, findet Eingang in den Text, und dieser Moment ist meist rücksichtslos gegenüber der ausgewogenen Architektur des Plans. Der große Theoretiker der täglichen Pflicht, der entsagungsvollen Durchführung dessen, was zu tun je ansteht, bricht unbekümmert ab, sobald sein Unbehagen dem Schreiben gegenüber eine bestimmte Schwelle überschreitet. Der Mann, der in seinem ästhetischen Denken das Abgebrochene, das an zufälliger Stelle aus Überdruß nicht Weitergeführte niemals hätte gelten lassen, ist in der ästhetischen Praxis der weltliterarisch erste, der das Fragmentarische zum tatsächlichen Formelement macht. Der Leidenschaft innerlichen Ausarbeitens entspricht bei ihm stets der Zweifel, ob die Beschaffenheit der Welt im allgemeinen und seiner

Zeit im besondern die äußere Durchführung überhaupt lohne. Vieles an seinem Schreiben und Nichtschreiben geschieht mit der Zufälligkeit, mit der in der freien Natur an Sommernachmittagen Schatten und Sonnenschein einander folgen.

Scheinbare Klarheit und tatsächliche Unberechenbarkeit herrschen aber auch in den Kategorien, die an Dinge und Menschen angelegt werden. Wofür die Mit- und Nachwelt nie einen hinreichenden Begriff finden konnte – die Polemiker um Börne nannten es den Goetheschen »Egoismus«; die Devotion versuchte es mit »Erhabenheit« zu fassen; die Ambivalenten wie Heine bemühten sich um Doppeltermini aller Art –: die Tatsache, daß dieser Mensch seine Mitmenschen so entschieden weniger nötig zu haben schien als es sonst eben Menschennatur ist, sie erscheint in der Autobiographie als im Text gespeicherte, am Text unmittelbar zu spürende Gewalt über den andern. Das hat nichts zu tun mit der tranceartigen Weltherrschaft des schreibenden Kafka. Diese entfaltet sich zu nächtlichen Stunden im abgeschlossenen Raum. Goethes Gewalt, als Eigenschaft des Textes wie als dokumentiertes Moment der realen Begegnung – man denke an den peinvoll in Tränen ausbrechenden Grillparzer –, ist anderer Natur. Sie stellt eine wirkliche und jederzeit wirkende Überlegenheit der Gegenwart dar, gegen die es wohl verschiedene Manöver des Ausweichens, aber keine eigentliche Gegenwehr gibt. So ganz und gar nicht als ein Bruder kann Goethe erfahren werden, daß jede zweite Generation ihn gereizt und hilflos abzulehnen pflegt (und sich an die ausgeprägten Bruderfiguren Kleist und Büchner und Kafka hält), während die unweigerlich mit Gesten der Unterwerfung verbundene Identifikation mit ihm in der Regel versucht, etwas von jener im Werk gelagerten Gewalt für die eigene Herrschaft über die Zeitgenossen abzuzweigen.

Ausbleibende Synthese

Das Unberechenbare, nicht Vorauszusagende, das gleichzeitig Geregelte und Anomische begegnet einem nun auch in den Porträts aus »Dichtung und Wahrheit«. Bei hinlänglich geschickter Auswahl ließe sich zwar sehr wohl ein charakteristisches, ja fast gesetzmäßiges Bildnisverfahren ausmachen und vorstellen, nur setzte das voraus, daß andere Textstellen stillschweigend aus der

Untersuchung ausgespart blieben. Ähnlich verhält es sich mit der Qualität. Außerordentlichen Porträts stehen solche gegenüber, die aus Nachlässigkeit, alter Rankùne oder unbequemen Assoziationen in unverkennbarer Halbfertigkeit verblieben sind, in einer Vor-Gestalt mit bleichen Konturen, die so, wie sie belassen wurde, unnötig erscheint, weil aus dem dermaßen Allgemeinen keiner auf das Besondere zurückschließen kann, um das es eigentlich ginge. So etwa über Lotte:

Sie gehörte zu denen, die, wenn sie nicht heftige Leidenschaften einflößen, doch ein allgemeines Gefallen zu erregen geschaffen sind. Eine leicht aufgebaute, nett gebildete Gestalt, eine reine gesunde Natur und die daraus entspringende frohe Lebenstätigkeit, eine unbefangene Behandlung des täglich Notwendigen, das alles war ihr zusammen gegeben.[49]

Was immer der Grund gewesen sein mag: das Urbild zu der Frau, um derentwillen Werther sich erschießt, die Frau, um derentwillen der Verfasser des »Werther« selbst sich einst hätte erschießen können, darf nur schattenhaft vor den Leser treten. Sie bleibt wie hinter Milchglas gesperrt. Viele Worte, alle wohlwollend und anerkennend, keines aber, das auch nur einen Hauch von individueller Gegenwart vermittelte. Der Text kann als die einfärbige Folie genommen werden, von der sich die andern Bildnisse auf unterschiedliche Weise abheben, in einem Kontrast, der die Regeln von Goethes Porträtierverfahren sichtbar macht, ohne daß allerdings zuletzt von einer einzigen durchgängigen Arbeitsweise geredet werden könnte.

Eine methodische Zwischenbemerkung ist vor der anschließenden Beispielreihe noch anzubringen. Man darf nie außer acht lassen, daß bei autobiographisch-berichtenden Texten, im Gegensatz zu erzählenden (fiktionalen, erfundenen) Texten aller Art, der Autor grundsätzlich unter der Wahrheitsverpflichtung steht. Ein fiktionales Gesicht hat, je nach der Stelle im jeweiligen Erzählwerk, viele und oft heikle Funktionen, – eine hat es jedoch nie: unter Wahrheitsverpflichtung zu sagen, wie ein bestimmter Mensch, ein historisch bezeugtes Wesen tatsächlich ausgesehen hat. Die nichtfiktionale, nicht episch erzählende Gesichtsbeschreibung (ein »pragmatischer« Text also; der Begriff hat sich als Gegensatz zum »fiktionalen« Text eingebürgert), steht unter dem sprachlogischen Imperativ, Wirklichkeit abzubilden, und zwar nicht mögliche Wirklichkeit, sondern historisch-faktische Wirklichkeit, und keine Realismusdiskussion und kein wie auch immer enger oder aufgeweichter Realismusbegriff schafft diesen Imperativ aus der Welt. Der pragmatische Text beruht auf dem unausgesprochenen Abkommen zwischen Autor und Leser, daß der eine die Wahrheit sagt und der andere ihm zu glauben bereit ist. So wenig im fiktionalen Text (und auch in der fiktionalen Gesichtsbeschreibung) gelogen werden kann, so sehr wohnt der pragmatische Text (und die pragmatische Gesichtsbeschreibung) immerzu am Rand der Lüge. Das Porträt lebendiger Menschen ist deshalb in einem präzisen Sinne auch eine moralische Angelegenheit. Der Leser kann angelogen werden und der Beschriebene in seiner Menschenwürde beleidigt, während in der fiktionalen Gesichtsbeschreibung der Leser nur gelangweilt oder in Faszination versetzt werden kann. Dies ist auch bei der folgenden Bildnisgruppe aus »Dichtung und Wahrheit« immer mitzubedenken.

Der Rektor Albrecht war eine der originalsten Figuren von der Welt, klein, nicht dick aber breit, unförmlich ohne verwachsen zu sein, kurz ein Äsop mit Chorrock und Perücke. Sein über siebenzigjähriges Gesicht war durchaus zu einem sarkastischen Lächeln verzogen, wobei seine Augen immer groß blieben und, obgleich rot, doch immer leuchtend und geistreich waren.[50]

Hofrat Hüsgen (...) war wohl schon sechzig Jahre alt, als ich mit seinem Sohne Schreibstunde hatte und dadurch ins Haus kam. Seine Gestalt war groß, lang ohne hager, breit ohne beleibt zu sein. Sein Gesicht, nicht allein von den Blattern entstellt, sondern auch des einen Auges beraubt, sah man die erste Zeit nur mit Apprehension. Er trug auf einem kahlen Haupte immer eine ganz weiße Glockenmütze, oben mit einem Bande gebunden. Seine Schlafröcke von Kalmank oder Damast waren durchaus sehr sauber. Er bewohnte eine gar heitre Zimmerflucht auf gleicher Erde an der Allee, und die Reinlichkeit seiner Umgebung entsprach dieser Heiterkeit.[51]

Die Verehrung und Liebe, welche Gellert von allen jungen Leuten genoß, war außerordentlich. Ich hatte ihn schon besucht und war freundlich von ihm aufgenommen worden. Nicht groß von Gestalt, zierlich, aber nicht hager, sanfte, eher traurige Augen, eine sehr schöne Stirn, eine nicht übertriebene Habichtsnase, ein feiner Mund, ein gefälliges Oval des Gesichts: alles machte seine Gegenwart angenehm und wünschenswert.[52]

Dorthin eilte ich, um Schlossern aufzusuchen, als er mir seine Ankunft melden ließ. Ich erinnerte mich kaum, ihn früher gesehen zu haben, und fand einen jungen wohlgebauten Mann, mit einem runden zusammengefaßten Gesicht, ohne daß die Züge deshalb stumpf gewesen wären. Die Form seiner gerundeten Stirn, zwischen schwarzen Augenbrauen und Locken, deutete auf Ernst, Strenge und vielleicht Eigensinn. Er war gewissermaßen das Gegenteil von mir, und eben dies begründete wohl unsere dauerhafte Freundschaft.[53]

Von diesen letztern ist mir am gegenwärtigsten einer, genannt Meyer, von Lindau gebürtig. Man hätte ihn, seiner Gestalt und seinem Gesicht nach, für den schönsten Menschen halten können, wenn er nicht zugleich etwas Schlottriges in seinem ganzen Wesen gehabt hätte. Ebenso wurden seine herrlichen Naturgaben durch einen unglaublichen Leichtsinn und sein köstliches Gemüt durch eine unbändige Liederlichkeit verunstaltet. Er hatte ein mehr rundes als ovales, offnes, frohes Gesicht; die Werkzeuge der Sinne, Augen, Nase, Mund, Ohren, konnte man reich nennen, sie zeugten von einer entschiedenen Fülle, ohne übertrieben groß zu sein. Der Mund besonders war allerliebst durch übergeschlagene Lippen, und seiner ganzen Physiognomie gab es einen eigenen Ausdruck, daß er ein Rätzel war, das heißt, daß seine Augenbrauen über der Nase zusammenstießen, welches bei einem schönen Gesichte immer einen angenehmen Ausdruck von Sinnlichkeit hervorbringt.[54]

Die fünf Porträts sind einander nicht nur dem Umfang, sondern auch der Art der Anfertigung nach verwandt. Den Abgebildeten wiederum ist gemeinsam, daß keiner von ihnen im Lebensgang des Autors eine eigentliche Sensation gemacht hat. Alle scheinen sie jedoch so oder anders eine Zeitspanne markiert zu haben. Die Dynamik der Texte ist in allen fünf Fällen ähnlich. Zwar glaubt man beim flüchtigen Überblicken, es würden da nur ganz einfach Eigenschaften und Merkmale aufgereiht und zu einer Summe gefügt. Tatsächlich aber verläuft die Deskription in einer besonderen und merkwürdigen Pendelbewegung: Es geht hin und her zwischen gegensätzlichen Begriffen, die einander im Widerspiel relativieren, ohne daß sie doch zuletzt aufgefangen würden von einem vermittelnden und abschließenden Ausdruck: »nicht dick aber breit« – »unförmlich ohne verwachsen zu sein« – »lang ohne hager, breit ohne beleibt zu sein« – »zierlich, aber nicht hager« – »eine nicht übertriebene Habichtsnase« – »mit einem runden, zusammengefaßten Gesicht, ohne daß die Züge deshalb stumpf gewesen wären« – »von einer entschiedenen Fülle, ohne übertrieben groß zu sein«. Die Beispiele ließen sich vermehren. Dieser zunächst an der Begriffskoppelung feststellbaren Struktur entspricht meist auch der größere Grundriß des Bildnisses. So ganz deutlich in dem schönen Prosastück über Hofrat Hüsgen. Da wird zuerst die Körpergestalt mit kontrastiven Doppelbegriffen umrissen. Darauf entwikkelt sich wie auf einer gesicherten Basis eine faszinierende Polarität zwischen dem zerstörten Gesicht, das den Betrachter erschreckt, beklommen macht, zu Reaktionen der Abwehr verleiten möchte, und eigentlichen Insignien des Reinen, Lichten, Wohlgeordneten. Mit einem an Stifter gemahnenden Flair für die Stofflichkeit werden da die fleckenlosen Gewebe als eine Art vollkommener Materie der zerfressenen Haut entgegengehalten. Dies steigert sich schließlich in der Ausweitung auf die »Heiterkeit« der Räumlichkeiten. Es ist aber auch hier nicht so, daß von den zwei Antithesen aus zuletzt eine Synthese gewonnen würde, die der Schlüssel schlechthin wäre für die Person. So sehr im Hüsgen-Bildnis die »Heiterkeit« – im ursprünglichen Sinne des dem Licht gegenüber Offenen und vom Licht Ausgefüllten – zuletzt dominiert, die Vernarbung des Gesichts und das ausgeschlagene Auge sind darin nicht in einem Hegelschen Sinne »aufgehoben«. Die Realität der körperlichen Beschädigung bleibt. Ihre Spannung zu der geläuterten Kultur, die sie umgibt, wird vom Leser als dissonant aufgenommen. Während in einer schlichten Dialektik der vermittelnde Begriff die Härte, die Schmerzhaftigkeit des Gegensatzes verdeckt und übertüncht, wird hier solche Vermittlung letztlich in die Texterfahrung des Lesers delegiert. Das barbarisch schreckende Gesicht und die »ganz weiße Glockenmütze« sind in ihrem Kontrast vom Leseakt selber zu verarbeiten. Das Kostüm – Schlafrock und weiße Glockenmütze –, oft genug die fatale Tracht des deutschen Philisters, des vorzeitig beruhigten Bürgers, der sich den Bauch und die Ohren warmzuhalten sucht, nimmt sich hier in der Verbindung zu dem, was das geschlagene Antlitz ausspricht, als ein mühsam erreichter Kulturgewinn aus. Dieses Verhindern der definitiven Synthese, in der das Bildnis und mit ihm die Person erstarren könnte, ist in Goethes Porträts überall zu finden.

Im ersten Satz über den »Rektor Albrecht« scheint der Sprachbau ganz auf einen solchen Schlußstein hin konstruiert zu sein: »nicht dick aber breit unförmlich, ohne verwachsen zu sein, kurz...« Nach den Doppelbegriffen kommt jenes »kurz«, das üblicherweise die Bilanz einer »langen Rede« ankündigt. Diese Bilanz wird hier gezogen, ist jedoch überraschenderweise ihrerseits wieder deutlich polar strukturiert: »...kurz ein Äsop mit Chorrock und Perücke«. Äsop, das Urbild des geistvollen Menschen in einem knolligen Körper, wird mit abschließend definierender Gebärde beschworen. Im Verweis auf die Amts- und Gesellschaftstracht (»Chorrock und Perücke«) blitzt aber zugleich auch die Differenz auf zwischen der Antike und dem eigenen Jahrhundert, das große, ungelöste Sehnsuchtsverhältnis der Zeit. Ähnlich wird anschließend auch das »sarkastische Lächeln« des Mannes, das dessen ganzes Gesicht organisiert, von den »immer großbleibenden« (also nicht mitlächelnden) Augen in Frage gestellt, und man erfährt nicht, was zuletzt Geltung hat. Diese Augen selber, lapidar als »rot« bezeichnet, scheinen der Ort zu sein, wo Krankheit und Gefährdung der Leiblichkeit in das sonst so belebte Ganze einbrechen. Der Verdacht will entstehen, jenes Großbleiben beim Lächeln könnte auf einem mechanischen Schaden beruhen. Aber ohne daß dieser Verdacht ausgeräumt würde, tritt eine Mitteilung hinzu, die durch das Gewicht der Worte den Charakter einer eigentlichen Gegeninformation gewinnt: »doch immer leuchtend und geistreich«. Nicht minder deutlich findet sich das Verfahren der offengehaltenen Polarität auch im Porträt des von Lindau gebürtigen Meyer. Hier geschieht allerdings das Merkwürdige, daß das Gesicht selber als in sich einheitliche Erscheinung dargestellt wird, die in einem Spannungsverhältnis steht zu der moralischen Beschaffenheit des Mannes. Diese ist ihrerseits so kraß zweigeteilt, wie das Gesicht homogen ist: »herrliche Naturgaben – unglaublicher Leichtsinn«, »köstliches Gemüt – unbändige Liederlichkeit«. Es nimmt sich aus, als ob in diesem Porträt zu einem antiphysiognomischen, antilavaterischen Akt angesetzt werden solle: So eindeutig das Gesicht und so doppeldeutig die Person! Aber es bleibt zuletzt bei einer Andeutung. Der dritte Schritt geschieht nicht, obwohl man nach dem gespaltenen Charakter und dem so in sich fertigen, sinnlich-schönen Gesicht eine Reflexion über diese Differenz erwarten würde. Das einzige, was als übergreifende Aussage im Textganzen auszumachen ist, ist jene merkwürdige Wendung, Meyer habe etwas Schlottriges in seinem ganzen Wesen gehabt. Diese Bestimmung läßt sich aber bei genauem Zusehen weder auf die Charakter- noch auf die Gesichtsdeskription schlüssig beziehen. Sie steht zu beiden in Opposition.

Daß Goethe hier der physiognomischen Gretchenfrage – »Kann man vom Gesicht auf das Wesen schließen?« – ausweicht, ist nicht ohne Bedeutung. Der Gedanke an den großen Streit hat ihn möglicherweise gestreift, denn das Problem wird vom Text ohne Zweifel implizit aufgeworfen. Auch findet sich der Leser fast demonstrativ mit der Frage allein gelassen, ob nun jenes Phänomen des »Rätzel«-Gesichts, der zusammengewachsenen Augenbrauen, mit dem Charakter des Mannes etwas zu tun habe. Daß Goethe nicht Stellung nimmt, auch nicht mit einer winzigen Andeutung, hat unter anderem praktische Zwecke: Er will sich der physiognomischen Axiome bedienen können, wo und wann sie ihm zupaß kommen; wo sie ihm nicht dienlich sind, will er auch nicht darauf verpflichtet sein. Das nimmt sich eher seltsam aus einer denn doch leidenschaftlich diskutierten Theorie gegenüber, aber ein anderer Schluß ist nicht möglich. Denn mit der gleichen Selbstverständlichkeit, mit der er im Meyer-Bildnis die Divergenz zwischen Gesicht und Charakter offenstehen läßt als etwas weiter nicht Überraschendes, schließt er bei der Beschreibung Schlossers in geradezu orthodox lavaterischer Manier von den Elementen des Antlitzes auf die Elemente der Seele: »Die Form seiner gerundeten Stirn zwischen schwarzen Augenbrauen und Locken deutete auf Ernst, Strenge und vielleicht Eigensinn.«

Zwischenbemerkung zu Goethe und Lavater

Diese Beobachtung zu Goethes physiognomischer Praxis, die für eine Untersuchung im Bereich der Literaturgeschichte des menschlichen Gesichts von mehrfacher Bedeutung ist und auf die in anderem Zusammenhang noch zurückzukommen sein wird, hat ihre Entsprechung in Goethes expliziter Auseinandersetzung mit Lavaters Thesen. Am gerafftesten ist sie im 19. Buch von »Dichtung und Wahrheit« dokumentiert, wobei die Art dieser Auseinandersetzung, die Methode streng genommen, fast aufschlußreicher ist als das Ergebnis. Man würde nämlich erwarten, daß hier zur Frage, ob man vom Gesicht auf das Wesen schließen könne, eine Antwort in der Richtung eines mehr oder minder deutlichen Ja oder aber Nein fiele. Goethe verschiebt jedoch das Problem vom Theoretischen ins Individuell-Praktische. Wenn er Lavaters praktiziertes Gesichterlesen im unmittelbaren Umgang mit andern Leuten beschreibt, attestiert er ihm vorbehaltlos die Fähigkeit, zu richtigen Erkenntnissen zu gelangen. Anders kann der folgende Satz nicht verstanden werden: »Hiernach will ich denn nicht leugnen, daß es in Lavaters Nähe gewissermaßen bänglich war: denn indem er sich auf physiognomischem Wege unserer Eigenschaften bemächtigte, so war er in der Unterredung Herr unserer Gedanken.«[55] Auf der andern Seite lehnt er, mindestens im Rückblick, solche Menschenforschung ab: »...eigentlich war die Art, womit Lavater die Physiognomien zergliederte, nicht in meinem Wesen...«[56] und: »...mir kam es immer als eine Tücke, als ein Spionieren vor, wenn ich einen gegenwärtigen Menschen in seine Elemente zerlegen und seinen sittlichen Eigenschaften dadurch auf die Spur kommen wollte.«[57] Die Ablehnung ist zur Hauptsache moralisch begründet. Dennoch schwingt auch ein theoretischer Zweifel mit, indem Goethe sich hütet zu sagen, er selbst sei den »sittlichen Eigenschaften« auf solche Weise je tatsächlich auf die Spur gekommen. Das Faszinierende an dem ganzen Vorgang ist die Entschiedenheit, mit der hier das Urteil über eine Wissenschaft von der Prüfung der Theorie in die Prüfung des Wissenschaftlers selber, als eines Individuums, verlegt wird. An Lavater anerkennt Goethe mit Respekt eine Tätigkeit, die selbst auszuüben er sich aus Widerwillen und ernsten moralischen Bedenken weigert. Dabei wird die scheinbar einzig wichtige Frage, die nach der Wahrheit der Theorie und der Zuverlässigkeit des Verfahrens, nebensächlich. Das gipfelt in dem großartigen auf Lavater gemünzten Satz: »Wer eine Synthese recht prägnant in sich fühlt, der hat eigentlich das Recht zu analysieren, weil er am äußeren Einzelnen ein inneres Ganzes prüft und legitimiert.«[58]

Auf knapperem Raum könnte die Reverenz vor Lavater nicht mit der Ablehnung seines wichtigsten Glaubenssatzes verbunden werden. Während Lavater selbst in seiner unsäglich naiven Theorie – seine Praxis muß ihre faszinierenden Seiten gehabt haben – die »Synthese«, d.h. den zu ergründenden Charakter, als das strenge, im Idealfall mit mathematischer Präzision gewonnene Ergebnis der »Analyse«, der Aufarbeitung von Kurven, Winkeln und Relationen im menschlichen Gesicht begriffen haben will, setzt Goethe jene Synthese als in der ersten Begegnung spontan und wortlos bereits gewonnene Erkenntnis an den Anfang der physiognomischen Praxis. Analysiert wird, ihm gemäß, vom Physiognomiker dann gar nicht das entgegenstehende Gesicht, sondern das intuitiv gewonnene Gefühl für das begegnende Individuum. Der Satz ist bei aller Einfachheit von einer mephistophelischen Schärfe. Er verleiht Lavater feierlich »das Recht zu analysieren« und entzieht ihm gleichzeitig die erkenntnistheoretische Voraussetzung, auf der er doch aufbaut.

Für Goethes eigene Gesichtsbeschreibungen aber, die hier ja als literarische Ereignisse zur Diskussion stehen und nicht als Dokumente im Streit um die theoretische Physiognomik, ergibt sich von diesem Satz aus eine Querverbindung zu der Beobachtung, daß er sich schreibend nach Belieben gemäß oder entgegen den physiognomischen Axiomata verhält. Die Art und Weise, wie der zitierte Satz die Begriffe Synthese und Analyse versteht, stellt die beiden Größen zueinander in einen Bezug von unausweichlicher Dialektik, nicht von mechanisch-additivem Nacheinander. Die bloß »prägnant gefühlte« Synthese ist gestaltlos, wie nicht vorhanden. Sie wird zur begrifflichen, sprachlichen, mitteilbaren – also gesellschaftlichen – Wirklichkeit erst über den Vorgang, der hier »Analysieren« genannt wird. Dazu bedarf es aber der Einzelheit des Gesichts. Erst über diese kann das Individuum, das den Betrachter gewissermaßen schockartig getroffen hat und dem gegenüber er wehrlos ist, solange die Erfahrung nur »Gefühl« bleibt, zu etwas gleichzeitig Erkanntem und Benanntem werden. In der sprachlichen Erfassung des »äußeren Einzelnen« verwandelt sich das Vis-à-vis vom nur bedrängend Anwesenden zu einer Person, der gegenüber man frei ist und die selbst eine entsprechende partnerschaftliche Freiheit gewinnt. Es ist dabei denkbar, daß solche Analyse nicht ganz durchführbar ist, daß ein Teil eigenen unbewältigt-unbegriffenen Gefühls einem Teil bezugsloser Körperlichkeit gegenüber stehenbleibt. Dann wird auch die Gesichtsbeschreibung davon entsprechend betroffen.

Vom »An-sich« zum »Für-mich«

Die Untersuchung der zitierten Porträtreihe hat erst ein Grundcharakteristikum festgehalten: die Polarisierung und das Zögern vor synthetischen, harmonisierenden, die Spannung der Gegensätze beseitigenden Begriffen. Ein zweites Merkmal ist der Sprung vom »An-sich« der Person resp. des Gesichts zum »Für-mich« des Betrachters resp. Beschreibers. Das überrascht nach den Ausführungen zur Begegnung mit Lavater wohl nicht mehr. Es ist aber wichtig, den Ablauf zu sehen. Er gehört wesentlich zu Goethes Gesichtsbeschreibungen, insofern diese einen Typus repräsentieren, dem der einzelne Text sich jeweils mehr oder weniger vollständig annähert. Am deutlichsten zeigen läßt sich dies in der Beispielreihe am Gellert-Bildnis. Da wird die anmutige Litanei von Merkmalen und Gesichtselementen genau dort, wo man konventionellerweise das Resümee über den äußeren wie inneren Menschen erwarten würde, umgelenkt in eine Definition der Wirkung auf den Betrachter: »...: alles machte seine Gegenwart angenehm und wünschenswert.« Der Begriff »angenehm« ist in solchen Fällen immer wieder Goethes Schlüsselwort; er findet sich noch und noch in ausgeführten oder auch nur skizzenhaften Bildnissen. Wie Goethe in der Auseinandersetzung mit der Physiognomik das Problem von der theoretischen Frage nach der Möglichkeit wahrer Erkenntnis verschiebt in den Bereich der Frage nach der individuellen Beschaffenheit des Deuters selbst und nach der Beschaffenheit des je einzelnen konkreten Deutungsaktes, wird an diesen Stellen der Gesichtsbeschreibungen die Frage nach dem Wesen der Person umgebogen in die Frage nach der Beziehung zwischen Betrachter und Betrachtetem. Und mit einer denn doch immer wieder frappanten Nonchalance pflegt der Text der Beziehungsdefinition den Charakter eines Resultats, eines objektiven Abschlusses des Porträts zu verleihen. »So war er« und »so war er für mich« gleiten da unbekümmert ineinander.

Das Schlosser-Porträt läuft, wenn auch unaufdringlich, in dieser Richtung aus, und das Irritierende am Bildnis Meyers von Lindau ließe sich vielleicht von der Kenntnis dieser Geste her auflösen: Es widerstrebt dem Autor ganz einfach, das, was ihm nun einmal »angenehm« ist an diesem Gesicht, durch die Suche nach Spuren der moralischen Zwiespältigkeit, nach physiognomischen Belegen der »Liederlichkeit«, zu beeinträchtigen. Das »Angenehme« der Erscheinung, des begegnenden Gesichts, ist in Goethes Bildnissen nicht etwa eine Größe, die dem Autor auffällt und die er dann überprüft oder die er, wie es naheliegend wäre, als gefährliche Quelle von Illusionen und späteren Enttäuschungen hinstellt. Es wird vielmehr erfahren und im Text wiedergegeben als eine naturwüchsige Eigenschaft der beschriebenen Person, – als ob das nicht zunächst einmal abhängig wäre von den Vorlieben und Idiosynkrasien des Beobachters. Die Haltung, die dahinter steht, die Gleichsetzung des »Für-mich« mit dem »An-sich«, berührt sich einerseits mit dem erwähnten Goetheschen »Egoismus«, für den die Nachwelt nie das richtige Wort hat finden können. Sie hat aber auch etwas Altertümliches, erinnert an die Art, wie Angenehmsein und Wohlgefallen in der Bibel als gnadenhafte Eigenschaften einzelner erscheinen können. Lessing spielt noch darauf an in seiner Ringparabel: »... vor Gott und Menschen angenehm zu machen.«

Das hartnäckige Konkretum

Das dritte Merkmal von Goethes Porträtierverfahren ist die in den Texten immer wieder sichtbare, die Texte entscheidend mitorganisierende Opposition zwischen dem Allgemeinen und dem Konkreten. Diese Prosastücke bemühen sich ebenso dringlich um das hartumrissene, greifbare Konkretum wie um eine Begriffsbildung allgemeiner und allgemeinster Art. Es will gelegentlich anmuten, als sollte die Erscheinung mit *einem* Pflock am Irdischen festgemacht werden, damit sie sich nicht in höheren Regionen verflüchtige. So steht in dem sonst wie mit dem Silberstift gezeichneten Gellert-Porträt das Wort »Habichtsnase« allen andern Wortverbindungen (»schöne Stirn«, »feiner Mund«, »gefälliges Oval«) gleichsam als ein Kollege aus derberen Kreisen gegenüber. Den gleichen energischen Akzent bringt der Terminus »Rätzel« beim Meyer von Lindau schon linguistisch in die Wörterversammlung, als ein quasi plebejischer Ausdruck, und das deckt sich des weiteren auch mit der Sache, wenn man die Art bedenkt, wie die »zusammengewachsenen Augenbrauen« im Gesichtsganzen stehen.

Es ist sehr oft so, daß dieses Konkretum als Ingrediens der Goetheschen Gesichtsbeschreibung physiognomisch oder symbolisch nicht aufzulösen ist. Ein Zug von materialistischer Widerborstigkeit ist damit verbunden, ein verstecktes Bekenntnis Goethes zum »Phänomen« als dem Ersten und Vorrangigen in jedem Erkenntnisakt, das in der Reflexion nie ohne einen – ärgerlichen oder fröhlichen – Rest aufgeht. In den »Maximen und Reflexionen« finden sich dazu die kräftigsten Sätze: »Theorie und Erfahrung/Phänomen stehen gegeneinander in beständigem Konflikt. Alle Vereinigung in der Reflexion ist eine Täuschung; nur durch Handeln können Sie vereinigt werden.«[59] Oder: »Wer ein Phänomen vor Augen hat, denkt schon oft drüber hinaus; wer nur davon erzählen hört, denkt gar nichts.«[60]

Sehr schön durchgeführt findet sich diese Dramatik des konkreten Phänomens in Goethes Herder-Porträt, das in die Beschreibung der ersten Begegnung der beiden in Straßburg eingebaut ist. Es ist einer jener Texte, die dem Leser in der Erinnerung viel länger, viel ausführlicher vorkommen, als sie tatsächlich sind. Solches geschieht einem ja mit Goethes Prosa verschiedentlich und insbesondere dort, wo besonders wichtige oder – in den erzählenden Werken – folgenreiche Dinge abgehandelt werden. Es ist dies ein sehr merkwürdiges Ereignis der konkreten Literaturrezeption. Offenbar hat man als Leser die naive Vorstellung, daß inhaltliche und künstlerische Steigerung notwendigerweise mit einer umfangmäßigen Ausdehnung verbunden sein müsse. Es dürfte Autoren geben, bei denen das zutrifft; der Autor, bei dem es am wenigsten der Fall ist, ist Goethe. Bei ihm läßt sich sogar gelegentlich bei steigender Bedeutung der Aussage eine äußere Verkürzung, eine Art Verengung des Raums, der der Ausführung gewährt ist, feststellen. Das hat dann unter anderem die früher schon einmal erwähnte semantische Aufladung einzelner Wörter zur Folge und also eine entsprechend höhere Forderung an den Leser. Diesem verwandelt sich die Mehrarbeit, die er bei der Lektüre leistet, in der Erinnerung zu der Vorstellung von einem erweiterten Umfang der betreffenden Stelle.

Herder wird so vorgestellt:

> Er hatte etwas Weiches in seinem Betragen, das sehr schicklich und anständig war, ohne daß es eigentlich adrett gewesen wäre. Ein rundes Gesicht, eine bedeutende Stirn, eine etwas stumpfe Nase, einen etwas aufgeworfenen, aber höchst individuell angenehmen, liebenswürdigen Mund. Unter schwarzen Augenbrauen ein paar kohlschwarze Augen, die ihre Wirkung nicht verfehlten, obgleich das eine rot und entzündet zu sein pflegte.[61]

Etwas später wird Herders Krankheit, die zu der dauernden Reizung des einen Auges geführt hat, ausführlich erläutert. Hier aber, im Porträt selber, fällt noch kein Verweis auf die Ursache. Das rote Auge wird dadurch zu jenem unmittelbar konkreten, einmaligen Element im Gesicht, das zu den mehr oder minder allgemeinen Begriffen (mehr: »rundes Gesicht«, »bedeutende Stirn«; minder: »etwas aufgeworfener Mund«) ins Gegenspiel tritt. Es ist ein Wirkliches, das unerläutert und physiognomisch nicht auflösbar da ist, mit der Gewalt eben des »Phänomens«. Die sanfte Sprache der vorgängigen Beschreibung und die von ihr evozierte Vorstellung eines sanften, ausgewogenen Gesichts wird durch dieses lapidare Faktum, das eine rote Auge, zwar nicht widerrufen, aber schroff in Frage gestellt. Einerseits bricht es die Symmetrie des Gesichts, andererseits wird es vom Text her deutlich in Kontrast gerückt zum tragenden Element des Schwarzen: »Unter schwarzen

Augenbrauen ein Paar kohlschwarze Augen…«, so fängt der Satz ja an. Der Gegensatz schwarz-rot, die düster-bedrohliche Farbverbindung, bedrohlicher noch dadurch, daß das Rot nur einen begrenzten Ort im größeren Schwarz einnimmt, schiebt sich wie eine zweite Ebene über die vorhergehende Zeichnung. Bestätigt und verstärkt wird diese Feststellung durch jenen Passus, wo, kurz vor dem zitierten Porträt, das erste Zusammentreffen mit Herder im Stiegenhaus beschrieben wird. Schon dort fällt, als einzige Farbangabe, zweimal das Wort »schwarz«. Die Vorstellung dieser Farbe verbindet sich so für den Leser generell mit der Person Herders. Zunächst ist das weiter nicht auffällig, weil Herder ja Geistlicher ist. Die zweimalige Wiederholung des Wortes aber am Schluß der Gesichtsbeschreibung macht das Schwarze zur eigentlichen Dominante, und dahinein kommt – oder daraus heraus bricht – das Rot.

Daß hier eine zusätzliche Zeichenhaftigkeit waltet, ist unverkennbar. Herder, der Verfasser des mächtigen »Journals« von 1769, der große Ästhetiker des Dunklen, Düstern, Barbarischen, der eine Generation neu sehen lehrte, ihr die poetischen Maßstäbe durcheinander warf und anders wieder aufbaute, – daß dieses Mannes Bild in einer fast abstrakten Weise in Schwarz und Rot gefaßt erscheint, kann nicht anders denn als lapidare Reverenz aus tiefem Erkennen heraus begriffen werden.

Dennoch hebt dieser symbolische Bezug die fast krude Faktizität des einen roten Auges nicht auf. Gerade was ein gutmütig-naives Gesichtsdeuten hier zu betreiben versucht sein könnte, einen »Sinn« zu finden nämlich in diesem entzündeten Organ und einen direkten seelischen Bezug zu schlagen zu Herders grollender Ästhetik, darauf läßt sich der Text entschieden nicht ein, und er legt dem Leser solches auch nicht nahe.

Das Problem der blassen Texte

Man kann ohne weiteres sagen, daß die Porträts in »Dichtung und Wahrheit« in dem Maße glücken, als sie zu offenen Polaritäten und zu sperriger Verbindung allgemeiner Begrifflichkeit mit einem unmittelbar Konkreten gelangen. Es mag merkwürdig anmuten, daß hier so ohne weiteres von geglückten und weniger geglückten Abschnitten geredet wird. Dies läßt sich aber begründen. Wenn ein Autor in einem nicht-fiktionalen Text zur Beschreibung des

Gesichts, der Gestalt eines Menschen ansetzt, erklärt er damit zu seinem Ziel die Information des Lesers über die sichtbare Individualität einer historischen Person. Es wird eine unverwechselbare optisch-sinnliche Vorstellung versprochen. Deshalb darf der Leser dann auch, mit welchem Respekt er sonst immer dem Autor begegnen mag, enttäuscht sein, wenn diese Vorstellung nicht vermittelt wird. Solches geschieht beispielsweise in der Beschreibung Klingers, die, und das wirkt besonders irritierend, mit der Bemerkung eingeleitet wird, daß dem Verfasser die Darstellung der äußeren Erscheinung stets besonders am Herzen liege:

Klingers Äußeres – denn von diesem beginne ich immer am liebsten – war sehr vorteilhaft. Die Natur hatte ihm eine große, schlanke, wohlgebaute Gestalt und eine regelmäßige Gesichtsbildung gegeben; er hielt auf seine Person, trug sich nett, und man konnte ihn für das hübscheste Mitglied der ganzen kleinen Gesellschaft ansprechen. Sein Betragen war weder zuvorkommend noch abstoßend, und, wenn es nicht innerlich stürmte, gemäßigt.[62]

Da bleibt, ähnlich wie in dem früher zitierten Bildnis Lottes, alles im Vagen, ohne daß aber das Vage als solches etwa den Charakter der Person ausmachte. Der Schlußsatz scheint zwar fast in eine solche Richtung zu deuten, doch wird der Respekt vor Klinger im Kontext zu deutlich, als daß hier die Blässe der Deskription als Zeichen für den Charakter selber genommen werden dürfte. Bei Bildnissen dieser Art geht nicht selten mit der fehlenden Prägnanz der Abbildung ein besonders deutlicher Verweis auf die Kategorie des Angenehm- resp. Zuwiderseins der betreffenden Person zusammen. Das läßt den Schluß zu, daß dieses Kriterium (»mir angenehm«) für Goethe von einer so selbstverständlich hohen Bedeutung und Aussagekraft war, daß er die Hilflosigkeit, die der Leser dabei verspüren muß, nicht empfand oder für minder wichtig hielt. So etwa in dem einen Satz über Schöpflin:

Die freigebige Natur hatte Schöpflinen ein vorteilhaftes Äußere verliehen, schlanke Gestalt, freundliche Augen, redseligen Mund, eine durchaus angenehme Gegenwart.[63]

Man könnte sehr wohl zur Spekulation verführt werden, diese tendenzielle Verschiebung vom »An-sich« des Gegenstands zum »Für-mich«, die an den Porträts sichtbar wird und die wirkliche Erscheinung dem Leser in manchen Fällen schlankweg verschlossen hält, sei in bestimmten Dingen auch auf das ganze Buch zu übertragen. Tatsächlich gibt es verschiedene Abschnitte, in denen die Art der Mitteilung das Verstehen dessen, was mitgeteilt wird, verhindert und wo der Autor in gelassener Paradoxie Auskunft gibt, daß hierüber keine Auskunft gegeben werden könne. Beim ersten Erscheinen des Buches, als es noch lange keine Goethe-Philologie, keine akribischen Lebensrekonstruktionen und keine Anmerkungen im Anhang gab, muß dieses Phänomen den Gesamteindruck noch viel stärker mitbestimmt haben.

Anderseits finden sich in »Dichtung und Wahrheit« durchaus auch Porträts, in denen die Unschärfe der sprachlichen Kontur auf das Wesen der Person verweist. Ein gutes Beispiel ist das Bildnis des Werther-Vorbilds Jerusalem:

Es war Jerusalem, der Sohn des frei und zart denkenden Gottesgelehrten. Auch er war bei einer Gesandtschaft angestellt: seine Gestalt gefällig, mittlerer Größe, wohlgebaut; ein mehr rundes als längliches Gesicht; weiche ruhige Züge und was sonst noch einem hübschen blonden Jüngling zukommen mag; blaue Augen sodann, mehr anziehend als sprechend zu nennen. Seine Kleidung war die unter den Niederdeutschen, in Nachahmung der Engländer, hergebrachte: blauer Frack, ledergelbe Weste und Unterkleider, und Stiefeln mit braunen Stolpen. Der Verfasser hat ihn nie besucht, auch nicht bei sich gesehen; manchmal traf er ihn bei Freunden.[64]

»Und was sonst noch einem hübschen blonden Jüngling zukommen mag« – deutlicher kann einer die Aufgabe nicht von sich weisen, zu jenen Elementen im Gesicht vorzustoßen, sie erinnernd, imaginierend, schreibend zu fassen, die dieses Gesicht für immer unverkennbar machen würden. Goethe hat einmal im Zusammenhang mit dem menschlichen Gesicht von »dem Besonderen, wodurch der einzelne zur Person wird«[65], gesprochen. Das ist einer jener orphisch verdichteten Sätze, in denen das einzelne Wort, hier: »Person«, anmuten kann, als würde es zum ersten Mal gebraucht. Eben dieses Besondere, wodurch einer zur Person wird, wird nun in dem Text dem armen Jerusalem vorenthalten, eigentlich verweigert. Das historische Vorbild zum ersten radikal modernen Individuum in der deutschen Literatur, Werther, erreicht in seiner Abbildung so etwa den Individualitätsgrad der Maquette eines Modejournals. Selbst die berühmte Werther-Tracht in Blau und Gelb wird hier ausdrücklich als das Gegenteil eines konventionenbrechenden, narzißtisch-gesellschaftstrotzigen Verhaltens hingestellt: Sie ist »unter den Niederdeutschen hergebracht« und nicht einmal dort original, sondern »in Nachahmung der Engländer« gebräuchlich geworden. Wohl wird dem Jüngling mittels der Begriffe »gefällig« und »anziehend« das Angenehmsein in geringer Dosis zugesprochen, aber weiter geht der Autor nicht.

Der geheime Zweck des Porträts und seines Verfahrens ist leicht einzusehen. Es arbeitet auf den schärfsten denkbaren Kontrast zwischen dem jungen Jerusalem und dem jungen Werther hin, verliert darüber allerdings kein Wort, weil ja wohl feststeht, daß kein Leser an dem Abschnitt vorbeikommt, ohne diesen Gegensatz zu bedenken. Wie weit dem jungen Jerusalem dabei Unrecht geschieht, ist nicht auszumachen. Es ist ohnehin so, daß sich durch das vielfache und unverstellte Einschwenken in die Perspektive des »Für-mich« in der Porträtarbeit von »Dichtung und Wahrheit« der dokumentarische Wert der Texte deutlich verändert. Der Leser wird immer neu mit feinen Zeichen unterrichtet, daß hier ein Zeuge spricht, der weiß, wie sehr jede Wahrheit durch das Auge gebrochen wird, das beobachtet und erkennt. Hinsichtlich der Porträts hat dies für den Leser unter anderem zur Folge, daß er, sobald er Ungerechtigkeiten zu spüren glaubt und um des Gekränkten willen reklamieren möchte, auch schon selber in Gefahr kommt, ungerecht zu werden. Er vergißt dann leicht, daß die gesteigerte Authentizität, die dadurch zustande kommt, daß einer seine erfahrende Person zum Medium des Erkennens macht, erkauft werden muß mit Verzerrungen vielleicht krasser Art. Die andere Folge ist, daß man aus dem gleichen Grund die Darstellung von Goethes Zeitgenossen in diesem Buch nie ungeprüft als dokumentarische Wahrheit nehmen darf. Hier hat die Germanistik viele und folgenreiche Fehler gemacht.

Lenz und Gottsched

Damit sind die Voraussetzungen abgesteckt, unter denen man zwei der faszinierendsten Bildnisse in »Dichtung und Wahrheit« zu betrachten hat: die Porträts von Lenz und von Gottsched. Beide Männer sind Dichter und Literaten. Der eine ist zur Zeit der Begegnung ein Freund und Konkurrent, der andere eine große Autorität im Ruhestand. Das Lenz-Porträt bebt von unverarbeiteten Spannungen. Gottsched dagegen wird Anlaß zu einem glanzvollen Prosastück, dessen Diktion in dem Maße entspannt und der subtilsten, beziehungsreichsten Komik gegenüber offen ist, in dem die

Diktion des Lenz-Porträts sich nervös und erfolglos um Souveränität bemüht. Gottsched erscheint ganz und gar in einen dramatischen Auftritt integriert. Obwohl ein szenischer Rahmen für viele Porträts aus »Dichtung und Wahrheit« wichtig wird, gibt es doch keinen zweiten Fall, wo die Person so völlig in einer Szene aufgeht. Das ist ästhetisch kalkuliert. Gottsched, der literarische Repräsentant des vorgoetheschen 18. Jahrhunderts, wird sichtbar in einem vollkommenen Komödienaugenblick, einer Erinnerung an jene Gattung also, die für die literarischen Bemühungen seiner Epoche so charakteristisch gewesen ist.

Wir ließen uns melden. Der Bediente führte uns in ein großes Zimmer, indem er sagte, der Herr werde gleich kommen. Ob wir nun eine Gebärde, die er machte, nicht recht verstanden, wüßte ich nicht zu sagen; genug, wir glaubten, er habe uns in das anstoßende Zimmer gewiesen. Wir traten hinein zu einer sonderbaren Szene: denn in dem Augenblick trat Gottsched, der große, breite, riesenhafte Mann, in einem gründamastnen, mit rotem Taft gefütterten Schlafrock zur entgegengesetzten Tür herein; aber sein ungeheures Haupt war kahl und ohne Bedeckung. Dafür sollte jedoch sogleich gesorgt sein: denn der Bediente sprang mit einer großen Allongeperücke auf der Hand (die Locken fielen bis an den Ellenbogen) zu einer Seitentüre herein und reichte den Hauptschmuck seinem Herrn mit erschrockner Gebärde. Gottsched, ohne den mindesten Verdruß zu äußern, hob mit der linken Hand die Perücke von dem Arme des Dieners, und indem er sie sehr geschickt auf den Kopf schwang, gab er mit seiner rechten Tatze dem armen Menschen eine Ohrfeige, so daß dieser, wie es im Lustspiel zu geschehen pflegt, sich zur Tür hinaus wirbelte, worauf der ansehnliche Altvater uns ganz gravitätisch zu sitzen nötigte und einen ziemlich langen Diskurs mit gutem Anstand durchführte.[66]

Obwohl dieses Bildnis, in dem alles Handlung ist, als hätte Lessings »Laokoon« zum Rezept gedient, nahezu singulär dasteht, berührt es sich mit den bisher im einzelnen dargestellten Textstrukturen in der Kategorie des herausgehobenen Konkretums. Das »ungeheure Haupt«, die sinnenhafte Gegenwart des nackten Schädels, dominiert das Prosastück durchaus. Während das übrige Arrangement der Szene – Schlafrock, Perücke, Herr und Diener – sich präzise in das Muster der Rokoko-Komödie fügt, ist dieser riesenhafte kahle Kopf darin nicht zu integrieren. Er ist als »Phänomen« da, ohne unmittelbar einsichtigen Symbolbezug zur Zeit und zum Werk des Dargestellten. Auch die Kunst-Autorität, die Gottsched einst war und die er herrenhaft ausübte, kann man darin nicht irgendwie gespiegelt sehen. Erst als der »ansehnliche

Altvater« endlich sitzt und redet, hat er das Maß, das ihm poetisch und historisch zukommt. Der Leser wird einmal mehr mit einer nichtharmonisierten Gegensätzlichkeit entlassen, gleichsam mit den Worten: »Schau zu, wie du damit fertig wirst.«

Die großartige Komik der Szene verdient eine zusätzliche Analyse. Ihre Sicherheit und verblüffende Balance gewinnt sie aus der Überlagerung zweier urbildlicher psychischer Abläufe. Der eine ist die Entthronung des Mächtigen, der patricide Gestus, der hier, wie so oft, zur Anschauung gelangt, indem der Große öffentlich eines Insignums von Macht und Männlichkeit beraubt wird. Diese aggressive Dimension wird nun aber aufgefangen und ausgeglichen von einer fast graziösen Gegenbewegung. Der Mächtige ist hier ausgestattet mit einer traumähnlichen Fähigkeit der Restitution, und der äußere Textablauf zeigt überwiegend eben diesen Restitutionsvorgang. Das Vergnügen des Lesers nährt sich denn auch ebensosehr aus dem Geschehen der Wiederherstellung, wie es sich, eine Sekunde früher, aus dem Geschehen der Beraubung genährt hat. Deshalb ist da nichts von der mit dem Triumph über den Mächtigen so oft verbundenen Schuld und nichts von dem mit der Unterwerfung verbundenen Zähneknirschen. Solche spielerische Sublimierung sonst gefährlich ätzender seelischer Abläufe ist möglich, weil der Herrscher eben einer im Ruhestand ist. Er will nicht mehr regieren; er ist nur einer, der regiert *hat*. Ihm gegenüber ist jene heitere Zuneigung möglich, wie sie etwa die Großväter so oft genießen oder eben, mit den Worten des Textes, die »ansehnlichen Altväter«.

Das Gottsched-Porträt ist vollendet auch im etymologischen Sinn des Wortes. So wie es formal gerundet, geschlossen, fertig erscheint, so ist mit ihm im Buche auch das Thema Gottsched endgültig behandelt. Nichts, was den Autor weiter beschäftigte; nichts, was er nicht mit diesem Text, mit der einen, ungebrochenen Bewegung dieses Textes, ausgesprochen glauben dürfte.

Im genauen Gegensinn dazu un-vollkommen nimmt sich nun das Lenz-Porträt aus. Es ist, neben dem der Schwester, das einzige, zu dem Goethe in seiner Autobiographie später ein weiteres Mal ansetzt, wobei das Bildnis dann zwar reicher und gerechter, keineswegs aber »fertiger« wird. Der erste Versuch liefert ein Porträt im engeren Sinn, die Schilderung von Gesicht und Gestalt:

Wir sahen uns selten; seine Gesellschaft war nicht die meine, aber wir suchten doch Gelegenheit uns zu treffen, und teilten uns einander gern mit, weil wir, als gleichzeitige Jünglinge, ähnliche Gesinnungen hegten. Klein, aber nett von Gestalt, ein allerliebstes Köpfchen, dessen zierlicher Form niedliche etwas abgestumpfte Züge vollkommen entsprachen; blaue Augen, blonde Haare, kurz, ein Persönchen, wie mir unter nordischen Jünglingen von Zeit zu Zeit eins begegnet ist; einen sanften, gleichsam vorsichtigen Schritt, eine angenehme, nicht ganz fließende Sprache, und ein Betragen, das, zwischen Zurückhaltung und Schüchternheit sich bewegend, einem jungen Manne gar wohl anstand. Kleinere Gedichte, besonders seine eignen, las er sehr gut vor, und schrieb eine fließende Hand. Für seine Sinnesart wüßte ich nur das englische Wort whimsical, welches, wie das Wörterbuch ausweist, gar manche Seltsamkeiten in *einem* Begriff zusammenfaßt. Niemand war vielleicht eben deswegen fähiger als er, die Ausschweifungen und Auswüchse des Shakespeareschen Genies zu empfinden und nachzubilden.[67]

Wohl finden sich hier die bekannten kontrastierenden Doppelbegriffe (»klein, aber nett«, »niedlich, etwas abgestumpft« etc.), aber sie eröffnen diesmal nicht ein Spannungsfeld, in dem das Individuelle gleichzeitig eingegrenzt und doch unbenennbar erscheint, sondern sie tendieren unruhig, fast in einer drängelnden Weise auf ein baldiges definitives Festmachen der Person an *einer* Beschaffenheit, zuletzt sogar an *einem* Wort. Dieses Bildnis ist tendenziös, das einzige im ganzen Werk, das in so unverstellter Manier tendenziös ist. Lenz wird unentwegt verkleinert und effeminiert. Er verringert sich förmlich vor den Augen des Lesers.

Die rhetorische Strategie, die solches bewirkt, ist leicht auszumachen. Das erste Wort des eigentlichen Porträts lautet: »klein«. Das könnte noch eine Nebeninformation sein, gleich einmal festgehalten, so daß davon nicht weiter zu reden wäre. Der Begriff wird aber im Gegenteil zum Ausgangspunkt eines Prozesses, der alle Möglichkeiten, die die deutsche Sprache zur Diminuierung besitzt, ausprobiert. Lenz bleibt nicht einfach »klein«, sondern erscheint zuletzt zu einem lebenden Püppchen verkürzt. Es fallen die Diminutive »Köpfchen« und »Persönchen«, – fast diabolisch in ihrer Boshaftigkeit, wenn man bedenkt, daß »Kopf« und »Person« in der grammatikalischen Grundform sowohl die körperliche als auch die moralisch-geistige Statur eines Menschen bezeichnen. »Allerliebste Köpfchen« finden sich nach dem deutschen Sprachgebrauch sonst nur bei Kindern oder jungen Mädchen. Die Doppelbegriffe, äußerlich ein Gestus der Präzisierung, des Bemühens um größere Gerechtigkeit, wollen hier fast durchwegs abwerten, als käme Lenz mit dem einen Wort noch zu gut weg: »niedliche etwas abgestumpfte Züge«, »eine angenehme, nicht ganz fließende Sprache«. Selbst der Hinweis auf eine besondere Fähigkeit wird in diese abfallende Bewegung verwandelt: »Kleinere Gedichte, besonders seine eignen, las er sehr gut vor und schrieb eine fließende Hand«. Das besagt, daß er kaum imstande gewesen sei, fremde Texte zu rezitieren, und selbst bei größeren eigenen sei es ihm nur mit Mühe gelungen. Die »fließende Hand« verweist nochmals zurück auf die »nicht ganz fließende Sprache«, – das Persönchen hat gestottert. Und ähnlich wie beim jungen Jerusalem wird, was als das Unverwechselbare genommen werden könnte, durch den Verweis auf ein regional häufiges Vorkommen ausdrücklich stereotypisiert: »...kurz, ein Persönchen, wie mir unter nordischen Jünglingen von Zeit zu Zeit eins begegnet ist.« Das geht völlig stimmig zusammen mit der Tatsache, daß hier auch jenes Konkretum fehlt, das sonst so oft den einzelnen zu einem Einzigen macht und das jeweils mit keinem Oberbegriff wieder aufgefangen werden kann. Statt dessen wird nun tatsächlich einmal ein alles zusammenfassendes Wort gesucht und gefunden: »whimsical«. Um Lenz zu kennen, braucht man – der Text scheut sich nicht, das vorzuschlagen – nur in einem Wörterbuch nachzuschauen.

Es geht hier nicht darum, die Rankünе Goethes gegen Lenz im Detail zu analysieren. Sie hatte ihre Gründe. Lenz hat vielfach und in verquälter Manier gegen Goethe intrigiert. Dennoch ist die mitleidlose Scheingerechtigkeit des Porträts unheimlich. Sowohl die poetische Leistung von Lenz wie die Last des Wahnsinns, die sich zuletzt auf sein armes Leben legte, hätten eine höhere Einfühlungsmühe gerechtfertigt. Es ist wohl wiederum das entschlossene »So war er mir«, was ein ungestörtes Verstehen ausschließt, – die Ahnung vielleicht auch, daß die subjektive Verzerrung ihrerseits wieder ihren Objektivitätscharakter haben kann. Der Leser muß dann allerdings danach sein.

Die Tatsache, daß Goethe im 14. Buch erneut auf Lenz zu reden kommt, und zwar über Seiten hinweg, spricht deutlich genug für ein nicht bereinigtes, auch von Goethe aus nie ganz abgeschlossenes Verhältnis zwischen den einstigen »gleichzeitigen Jünglingen«. Selbst in diesen zweiten, nun wirklich breiten Ausführungen findet sich noch die Bemerkung: »Vielleicht wird es dereinst möglich, nach diesen Prämissen seinen Lebensgang bis zu der Zeit, da er sich in Wahnsinn verlor, auf irgendeine Weise anschaulich zu machen...«[68] Das heißt: so bedrängend war noch immer die Existenz des angeblichen »Persönchens«, daß sie, zur Bewältigung, die künstlerische Gestaltung forderte. Auch dazu gibt es die Parallele einzig im Porträt der Schwester.

Die Wahrheit ist: Lenz hat Goethe, wie in einer Phantasmagorie, eine gefürchtete und in wiederkehrender Angst verabscheute Möglichkeit der eigenen Existenz vorgespielt. Diese Möglichkeit wird beschrieben in dem Satz: »...ihm konnte nicht wohl werden, als wenn er sich grenzenlos im einzelnen verfloß und sich an einem unendlichen Faden ohne Absicht hinspann«.[69] So betrachtet, darf das Lenz-Porträt zuletzt als magischer Bannspruch Goethes gegen sich selbst gelesen werden.

Die Physiognomie des Physiognomikers

Auch auf Lavater kommt Goethe mehrfach zurück, aber nicht deshalb, weil sich ihm mit diesem Mann – wie bei Lenz und dann bei der Schwester – etwas Unverarbeitetes, gewissermaßen Schwärendes verbunden hätte, sondern, im Gegenteil, aus einem offenkundigen Vergnügen an der Erinnerung. Bei keiner andern Gestalt von »Dichtung und Wahrheit« verbindet die Darstellung Zuneigung, Respekt und Ironie in so kostbarer Mischung. Das eigentliche Porträt wird in drei durch mancherlei Berichte getrennten Phasen vorgebracht. Den dritten dieser Schritte, wahrhaftig ein Paradestück, bildet das Doppelbildnis Lavater-Basedow.

Der erste Text beschränkt sich auf die allgemeinsten nur möglichen Aussagen. Darin steckt Noblesse. Lavater ist auf Gesichter, aufs Gesichtersammeln und Gesichterlesen so versessen, daß jede Begegnung mit ihm sofort in ein Gespräch über diese Dinge münden muß. Es möchte sich deshalb als ein prächtig-listiger Effekt aufdrängen, in die Beschreibung dieses Moments auch gleich Lavaters eigene Physiognomie einzubeziehen. Das würde aber, bei Goethes Vorbehalten der problematischen Wissenschaft gegenüber, die Persönlichkeit des berühmten Pfarrers in einer Weise einschränken, wie er sie nicht, oder doch nicht gleich von Beginn weg, eingeschränkt sehen will. Deshalb wird zunächst, in auffälliger Dialektik, das Individuelle nicht in seiner Erscheinung beschrieben, sondern generalisierend benannt. Die Ironie aber, die denn doch nicht fehlen darf, kann vom Gesicht Lavaters wegverschoben werden auf dessen Reaktion auf das Antlitz des Besuchers:

Unser erstes Begegnen war herzlich; wir umarmten uns aufs freundlichste, und ich fand ihn gleich wie mir ihn so manche Bilder schon überliefert hatten. Ein Individuum, einzig, ausgezeichnet wie man es nicht gesehn hat und nicht wieder sehn wird, sah ich lebendig und wirksam vor mir. Er hingegen verriet im ersten Augenblick durch einige sonderbare Ausrufungen, daß er mich anders erwartet habe. Ich versicherte ihm dagegen, nach meinem angeborenen und angebildeten Realismus, daß, da es Gott und der Natur nun einmal gefallen habe, mich so zu machen, wir es auch dabei wollten bewenden lassen.[70]

Eine halbe Seite später baut sich dann die körperliche Gegenwärtigkeit Lavaters in einem einzigen, schönen, ausgeformten Satz vor dem Leser auf:

Die tiefe Sanftmut seines Blicks, die bestimmte Lieblichkeit seiner Lippen, selbst der durch sein Hochdeutsch durchtönende treuherzige Schweizerdialekt, und wie manches andere was ihn auszeichnete, gab allen, zu denen er sprach, die angenehmste Sinnesberuhigung; ja seine, bei flacher Brust, etwas vorgebogene Körperhaltung, trug nicht wenig dazu bei, die Übergewalt seiner Gegenwart mit der übrigen Gesellschaft auszugleichen.[71]

Da ist unaufdringlich alles versammelt, was Goethes Porträtkunst ausmacht: die Polarität (»Sanftmut« und »Lieblichkeit« vs. »Übergewalt der Gegenwart«); die Relativierung der Beschaffenheit »an sich« durch die Kategorie des »Angenehmseins« (»gab allen die angenehmste Sinnesberuhigung«); das nicht ausdeutbare Konkretum (»seine bei flacher Brust etwas vorgebeugte Körperhaltung«), welches den allgemeineren Begriffen energisch entgegensteht, hier insbesondere der pietistisch überhauchten »Lieblichkeit der Lippen« und »Sanftmut des Blicks«. Daran fügt sich dann, einige Seiten später, der dritte und letzte Schritt der literarischen Porträtierung Lavaters. Als ob die nazarenischen Farben des zweiten Textes doch noch einen rauheren Pinsel verlangten und die Christusimitationen Lavaters den Wunsch nach einem Teufel geweckt hätten, nützt der Autor das Auftauchen Basedows zu dem famosen Doppelporträt:

Einen entschiedneren Kontrast konnte man nicht sehen als diese beiden Männer. Schon der Anblick Basedows deutete auf das Gegenteil. Wenn Lavaters Gesichtszüge sich dem Beschauenden frei hergaben, so waren die Basedowischen zusammengepackt und wie nach innen gezogen. Lavaters Auge klar und fromm, unter sehr breiten Augenlidern, Basedows aber tief im Kopfe, klein, schwarz, scharf, unter struppigen Augenbrauen hervorblinkend, dahingegen Lavaters Stirnknochen von den sanftesten braunen Haarbogen eingefaßt erschien. Basedows heftige rauhe Stimme, seine schnellen und scharfen Äußerungen, ein gewisses höhnisches Lachen, ein schnelles Herumwerfen des Gesprächs, und was ihn sonst noch bezeichnen mochte, alles war den Eigenschaften und dem Betragen entgegengesetzt, durch die uns Lavater verwöhnt hatte.[72]

Das hat, was die Kunst deutscher Prosa angeht, den Vollkommenheitsgrad der Gottsched-Szene. Es ist aufregend in der kontrastierenden Rhythmik und könnte in seiner künstlerischen Eigenart nur mit musikalischen Begriffen und Vergleichen gültig erfaßt werden. Die Leichtigkeit des »Ballens« liquider Materie scheint es geformt zu haben, die Goethe jenen Menschen gegenüber gewann, von denen er sich nach ertragreichem Umgang ohne trüben Rest und ohne zerrissene Fasern wieder freimachen konnte.

Die Schwester

Ganz anders war das zwischen Bruder und Schwester.

So völlig verschieden von allen übrigen Porträts ist das Bildnis der Schwester beschaffen, daß man es, unter dem Aspekt solcher Singularität, durchaus mit der Art vergleichen kann, in der das Felice-Bildnis in der Reihe der Kafka-Porträts steht. Dem entspricht ja auch die singuläre Stellung dieser Frauen im Leben der beiden Dichter. Man soll, was Goethe und Cornelia angeht, nicht von »Geheimnis« reden. Wär's ein Geheimnis, wäre das Problem geringer. Was einen angreift, ist vielmehr die Offenheit, die schonungslose Art der Mitteilung. Wohl dämpft die Kultur der Distanz, von der die späte Prosa bestimmt ist, die härtesten Lichter, aber verstellen und verbergen will sie hier nichts. Sehr dringlich sogar wird zu verstehen gegeben, daß sich der »einsichtige Leser« nicht mit Geheimnissen konfrontiert glauben solle, sondern versuchen möge, aus dem Gesagten auch das nicht Gesagte zu erschließen: »...der einsichtige Leser, welcher fähig ist, zwischen diese Zeilen hineinzulesen, was nicht geschrieben steht, aber angedeutet ist...«[73] Dieser Hinweis fällt im 18. Buch, anläßlich des letzten Berichts über die Schwester. Schon im 6. Buch, als der Autor erstmals zu einem Bildnis ansetzt, findet sich die seltsame Wendung: »Ungern spreche ich dies im allgemeinen aus...«[74] Damit ist an der Stelle zunächst gemeint, daß er alle die Details der heiklen Geschwisterbeziehung, die seinem erotischen und dichterischen Schicksal die Richtung gegeben hat, einst literarisch habe darstellen wollen, in der Form eines großen psychologischen Romans, es aber nicht zustande gebracht habe. Gleichzeitig deutet der Satz jedoch auch auf einen Mitteilungsdrang in dieser Sache hin, der sich nicht ohne weiteres begreifen läßt. Schon an der betreffenden Stelle selber wird, genau betrachtet, »dies« ganz und gar nicht »im allgemeinen« ausgesprochen. Es geht dort nämlich um den Bericht über die notvollen, heftigen und schließlich scheiternden gemeinsamen Sexualforschungen der heranwachsenden Kinder:

Jenes Interesse der Jugend, jenes Erstaunen beim Erwachen sinnlicher Triebe, die sich in geistige Formen, geistiger Bedürfnisse, die sich in sinnliche Gestalten einkleiden, alle Betrachtungen darüber, die uns eher verdüstern als aufklären, wie ein Nebel das Tal, woraus er sich emporheben will, zudeckt und nicht erhellt, manche Irrungen und Verirrungen, die daraus entspringen, teilten und bestanden die Geschwister Hand in Hand, und wurden über ihre Zustände um desto weniger aufgeklärt, als die heilige Scheu der nahen Verwandtschaft sie, indem sie sich einander mehr nähern, ins Klare treten wollten, nur immer gewaltiger auseinanderhielt.[75]

Das ist doch wohl deutlich genug. Die quälende Informationsverweigerung im Bereich einer Sexualität, von der im bürgerlichen Haus die Rede abgezogen worden ist, und die Erfahrung des Inzestverbots als einer harten Barriere für die bewegte Individualität werden hier mit dem Scharfblick dessen, der wahrhaftig gelitten hat, erfaßt und zur Sprache gebracht. Ausgesprochen, gesagt soll es werden, und deutlich ist der Wunsch, es noch unverstellter zu sagen. Im »Sagen« dessen, was er »leidet«, findet Goethe, wie sein Tasso, die Möglichkeit, dieses Leiden mindestens zu überleben. Was ungesagt bleibt, macht ihn krank und kann ihn zu töten drohen. Schon aus diesen Gründen wäre es falsch, das deutlich Ausgesprochene mit Allerweltsbegriffen wie »Geheimnis« wieder verwischen zu wollen, und es sich als Diskretion anzurechnen. Denn wenn einer »sagen« will, will er auch vernommen und verstanden sein. Goethes Aufforderung an den »einsichtigen Leser«, er möge doch den Leerraum zwischen den Zeilen von den gegebenen Andeutungen her ausfüllen, bittet also nicht um Diskretion, sondern im Gegenteil um das genauest mögliche Lesen, das konkretest mögliche Verstehen. Daß das zusammen geht mit der Klage über das Nichtzustandekommen des Romans von der Schwester, ist nur folgerichtig. Wäre die Schwester, wäre das Verhältnis der Geschwister mit den Mitteln der Dichtung einmal ganz ausgeformt, »gesagt« worden, hätte sich der Schmerz verloren, von dem man annehmen muß, daß er gestaut blieb bis zur Autobiographie. Zwar hat einiges davon poetische Gestalt gewonnen. Die große Phantasie von der Befreiung der unberührten Schwester aus einer wilden Fremde steht als lebensgeschichtlicher Impuls hinter dem Iphigenie-Stück. Das geht aus verschiedenen Stellen von »Dichtung und Wahrheit« klar genug hervor: »Aufrichtig habe ich zu gestehen, daß ich mir, wenn ich manchmal über ihr Schicksal phantasierte, sie nicht gern als Hausfrau, wohl aber als Äbtissin, als Vorsteherin einer edlen Gemeinde gar gern denken mochte.«[76] Und: »... meine Schwester mußte ihm folgen (...) an einen Ort, der ihr eine Einsamkeit, eine Einöde scheinen mußte; in eine Wohnung, zwar geräumig, amtsherrlich, stattlich, aber aller Geselligkeit entbehrend.«[77]

Was nun aber in einem dichterischen Unterfangen wie dem Iphigenie-Stück nicht verarbeitet und bewältigt werden konnte, das war – schroff gesagt – Cornelias Häßlichkeit. Der Ausdruck (»manchmal wirklich häßlich«) fällt im Buch ganz unverstellt.[78] Man kann daraus nicht unbedingt auf das tatsächliche Aussehen der Frau schließen; sicher ist nur, daß der Bruder die Schwester als »häßlich« ansah und als »häßlich« erinnerte. Aber weder der »junge Engländer«, der zu Cornelia eine »Neigung bis zur Leidenschaft« nährte[79], noch Schlosser, der spätere Gatte, der ihr ebenfalls »seine Neigung, mit der er sonst sehr kargte, leidenschaftlich zugewendet hatte«[80], dürften das Urteil des Bruders ohne weiteres geteilt haben. Es wäre gerade im Zusammenhang mit der im Buch selber berichteten heftigen Verliebtheit verschiedener junger Männer in Cornelia Goethe für den Autor leicht möglich gewesen, die »Schönheit« dieser Frau als eine relative Größe hinzustellen, ihre Erscheinung als etwas zu charakterisieren, was bei den einen Abkehr und Widerwillen, bei andern aber desto ausgeprägtere Zuneigung hervorzurufen pflegte. Denn die Art, wie ein Mensch »für den ersten Augenblick« wirkt, kann ja wohl schwerlich als das grundsätzlich Ausschlaggebende betrachtet werden. Das 18. und 19. Jahrhundert hatte im übrigen für solche Variationen weiblicher Erscheinung einen eigenen Begriff. Man pflegte zu unterscheiden zwischen der »schönen« und der »interessanten« Frau. Der Rückgriff auf diese geläufige Terminologie hätte ohne weiteres eine konventionell-gesellschaftliche Lösung der Schwierigkeiten ermöglicht. Argumente für eine Pointierung des Cornelia-Porträts in dieser Richtung sind im größeren Kontext der Ausführungen über die Schwester genügend vorhanden. Dennoch bewegt sich die Schilderung nicht einen Moment auf diese Lösung hin.

Daß Goethe einen Menschen, der zu den wichtigsten in seinem Leben zählt, nicht kurzerhand einem gesellschaftstypologischen Raster in der Art etwa des Handbuchs des Freiherrn von Knigge unterwirft, ist nicht überraschend. Seltsamer hingegen will es anmuten, daß er jenes Verfahren der literarisch-sprachlichen Gesichtserfassung, das er selber in seinen Porträts entwickelt hat, auf die Schwester nicht in der gewohnten und erprobten Weise anwendet. Die Balance zwischen den allgemein benannten Wesenszügen des Gesichts und einem je einmaligen, nicht weiter rückführbaren, auf kein Allgemeines zu beziehenden Konkretum, die auch hier, nach allen vorhandenen Angaben, spielen könnte, wird als Strategie poetischer Vergegenwärtigung gar nicht angestrebt. Ein Konkretum in diesem Sinne wäre die außerordentliche Stirn. In der Art, wie er auf diesen Teil des Schwestergesichts immer neu zurückkommt, zeigt sich, daß die Sehweise im großen Ganzen die gewohnte ist. Aber er gelangt nicht dazu, dieser Stirn nun den Charakter dessen zu geben, was er mit steigender Leidenschaftlichkeit »Phänomen« zu nennen pflegt: das reine, noch nicht gedeutete, von keiner Deutung, keinem Begriffsnetz je ganz eingefangene, von keiner Spekulation um seine Wirklichkeit zu bringende unmittelbar anwesende Naturding.

Auch jene dritte von ihm selbst in vielfacher Praxis erprobte Möglichkeit, eine Erscheinung unbekümmert um alle geläufigen Kategorien zu werten, das Abschwenken auf die Kategorie »Für-mich«, kommt hier nicht in der gewohnten Weise zum Zug. Seine Liebe und Wertschätzung ist rückhaltlos. Die überlegene Geste der Verwandlung des persönlichen Empfindens in einen objektiven Wert (die Relativierung des »An-sich« durch das »Für-mich«) bleibt jedoch aus, – ja gerade auf diesem Unterschied wird mit quälerischem Nachdruck beharrt.

Daß das Buch nicht so streng komponiert und nicht so architekturbewußt geschrieben ist, wie einzelne Schemata dies nahelegen und ein allzu klassizistisches Goethe-Verständnis es haben möchte, wurde schon betont. Dennoch ist das zweimalige Ansetzen zum Cornelia-Porträt überraschend. Es muß hier eine eigentliche Fehlleistung vorliegen. Bei der Abfassung des 18. Buches hat

Goethe offensichtlich vergessen, daß er das Äußere der Schwester bereits dargestellt hat, und zwar in der gleichen Ausführlichkeit, in der er es nun nochmals tut. Das ist etwas entschieden anderes als jenes Zurückkommen auf Lenz. Wenn er zum zweiten Mal über Lenz anhebt, geschieht es in genauer Abgrenzung zum bereits Mitgeteilten: »Das Äußerliche dieses merkwürdigen Menschen ist schon umrissen (...); nun will ich von seinem Charakter (...) sprechen.«[81]

Bei Cornelia hingegen setzt er beide Male mit der gleichen Gebärde einer ersten und grundsätzlichen Nachricht ein. Im 6. Buch lauten der präludierende Satz und der Porträtbeginn so: »...und nun bleibt mir nichts übrig, als den Schatten jenes seligen Geistes nur, wie durch Hülfe eines magischen Spiegels, auf einen Augenblick heranzurufen. – Sie war groß, wohl und zart gebaut...«[82] Im 18. Buch beginnt er erneut ganz allgemein: »Sie war ein eigenes Wesen, von dem schwer zu sprechen ist; wir wollen suchen, das Mitteilbare hier zusammenzufassen. – Ein schöner Körperbau begünstigte sie...«

Man könnte sich zurechtlegen, das in seinen Augen »Häßliche« von Cornelias Gesicht, die Belastung, die es für ihn darstellte, habe bewirkt, daß er die bereits einmal vorgenommene Porträtierung aus der Erinnerung verbannte. Das ist jedoch unwahrscheinlich. Sehr viel mehr spricht für die Vermutung, es sei ihm am Akt des Abbildens dieses Menschen so sehr gelegen gewesen, daß er das bereits Vollbrachte wieder vergaß, nur um es nochmals vollbringen zu können. Das hängt mit der früher berührten Lebensnotwendigkeit des »Sagens« akuter Leiden zusammen. Wenn dem so ist, geht daraus auch hervor, daß in diesem Fall die poetische Arbeit ihre befreiende Wirkung nicht erbringt. Mit der gleichen fast hypochondrischen Skrupulosität redet er auch das zweite Mal umständlich von der Stirn der Schwester, diesmal sogar mit seltsamen Spekulationen, wie es wohl gewesen wäre, wenn sie in einer Zeit mit anderer Haarmode gelebt hätte.

Überdies ist es nun noch so, daß die gleiche Härte, mit der er – bei höchstem Mitgefühl – über das Gesicht der Schwester urteilt (im zweiten Porträt kommt er sogar darauf zu sprechen, »daß ihre Haut selten rein war«), auch in den Versuchen über ihr inneres Wesen wirksam ist. Es wäre zu prüfen, ob es in Goethes sämtlichen Schriften eine schauerlichere Äußerung über irgendeinen Menschen gibt, als jenen Satz über die Schwester in den Paralipomena zu »Dichtung und Wahrheit«: »Man hätte von ihr sagen können, sie sei ohne Glaube, Liebe und Hoffnung.«[84] So endgültig dieses Urteil dasteht, widerhallend weither wie aus dem Jüngsten Gericht, so sehr steht es im Widerspruch, in einem bestimmten Widerspruch, zu andern Äußerungen. »...ihre Neigung wendete sich desto kräftiger zu mir...«[85]; »...die Sehnsucht, mit der sie mich in die Ferne begleitete...«[86]; »Da nun aber meine Schwester so liebebedürftig war als irgendein menschliches Wesen, so wendete sie nun ihre Neigung ganz auf mich.«[87]; »...als seit meiner Rückkehr von Straßburg unser Verhältnis noch viel inniger geworden war«.[88] Die Stellen könnten vermehrt werden. Das gnadenlose Verdikt, sie sei ohne Glaube, Liebe und Hoffnung, gilt also für die Beziehung der Schwester zu allen Menschen – außer einem. Nur dem Bruder gegenüber, will der Bruder sagen, besaß sie jene drei höchsten Gaben. Und wenn es in einer Äußerung von ähnlicher Ausschließlichkeit heißt: »In ihrem Wesen lag nicht die mindeste Sinnlichkeit. Sie war neben mir heraufgewachsen und wünschte ihr Leben in dieser geschwisterlichen Harmonie fortzusetzen und zuzubringen«[89], so besagt dies eben auch: Nur dem Bruder gegenüber wäre sie ein sinnliches Wesen gewesen. Die Stelle muß deshalb im Bezug gesehen werden zu dem früher wiedergegebenen Abschnitt über die sexuellen Erkundungen der heranwachsenden Geschwister.

Damit aber gewinnt die Eigenschaft des »Häßlichen«, um die sich die beiden Cornelia-Bildnisse drehen wie der Zirkel um seine Nadel, eine zusätzliche und einmalige Bedeutung. Die Häßlichkeit ist das körperhaft erscheinende Signum für die Tatsache, daß diese Frau *für keinen andern war*. Goethe sagt nicht: »Mir erschien sie schön.« Das würde bereits die Wahrscheinlichkeit nahelegen, daß es auch andern so gehen könnte. Das Bedauern, das in allen Äußerungen über das Unschöne im Gesicht der Schwester kummervoll enthalten ist, stammt aus der Trauer über ihr Lebensunglück. Es ermöglicht die vordergründige Konstruktion, wonach dieses Unglück bei ausgeprägteren Reizen des Gesichts nicht eingetreten wäre. Dabei teilt der Autor im Verlauf der Äußerungen Tatsachen genug mit, die jene Annahme widerlegen.

Indem »unschön« und »häßlich« dergestalt eine zusätzlich andere, private Bedeutung gewinnen, die zuletzt in die Zusammenhänge einer alten, unerlösten Tragik verweisen (was soll man sich hier vor dem großen Wort scheuen?), legt sich über das ganze Porträt etwas flimmernd Zweideutiges. Der Text verbindet ein allzu schlichtes Psychogramm – die Probleme eines Mädchens, das sich vor dem Spiegel nicht so schön findet, wie es sein möchte – mit der Nachricht über eine seelische Beschaffenheit, für die es keine angemessenen Begriffe gibt und deren gefährliche Verflochtenheit sich doch im Ausdruck der Augen, im dramatischen Wechsel des Blicks immer neu vergegenwärtigt. Die beiden Dimensionen sind im Text nicht als strukturierende Polarität, sondern als Widerspruch enthalten.

Sie war groß, wohl und zart gebaut und hatte etwas Natürlich-Würdiges in ihrem Betragen, das in eine angenehme Weichheit verschmolz. Die Züge ihres Gesichts, weder bedeutend noch schön, sprachen von einem Wesen, das weder mit sich einig war, noch werden konnte. Ihre Augen waren nicht die schönsten, die ich jemals sah, aber die tiefsten, hinter denen man am meisten erwartete, und, wenn sie irgendeine Neigung, eine Liebe ausdrückten, einen Glanz hatten ohnegleichen; und doch war dieser Ausdruck eigentlich nicht zärtlich, wie der, der aus dem Herzen kommt und zugleich etwas Sehnsüchtiges und Verlangendes mit sich führt; dieser Ausdruck kam aus der Seele, er war voll und reich, er schien nur geben zu wollen, nicht des Empfangens zu bedürfen.

Was ihr Gesicht aber ganz eigentlich entstellte, so daß sie manchmal wirklich häßlich aussehen konnte, war die Mode jener Zeit, welche nicht allein die Stirn entblößte, sondern auch alles tat, um sie scheinbar oder wirklich, zufällig oder vorsätzlich zu vergrößern. Da sie nun die weiblichste reingewölbteste Stirn hatte und dabei ein Paar starke schwarze Augenbrauen und vorliegende Augen, so entstand aus diesen Verhältnissen ein Kontrast, der einen jeden Fremden für den ersten Augenblick, wo nicht abstieß, doch wenigstens nicht anzog. Sie empfand es früh, und dies Gefühl ward immer peinlicher, je mehr sie in die Jahre trat, wo beide Geschlechter eine unschuldige Freude empfinden, sich wechselseitig angenehm zu werden.[90]

Ganz analog dazu verläuft der zweite Text, im 18. Buch. Wieder wird fast beschwörend unterstellt, von der Beschaffenheit der Stirn sei das ganze Lebensunglück der Frau ausgegangen, und wieder werden ihr gleichzeitig Eigenschaften zugesprochen, die eine solche Äußerlichkeit auf die Dauer belanglos machen müssen, so daß der entscheidende Grund des Lebensunglücks als das große Verschwiegene, im Verschweigen Aufgewiesene dem Text innewohnt.

Ein schöner Körperbau begünstigte sie, nicht so die Gesichtszüge, welche, obgleich Güte, Verstand, Teilnahme deutlich genug ausdrückend, doch einer gewissen Regelmäßigkeit und Anmut ermangelten.

Dazu kam noch, daß eine hohe stark gewölbte Stirne, durch die leidige Mode die Haare aus dem Gesicht zu streichen und zu zwängen, einen gewissen unangenehmen Eindruck machte, wenn sie gleich für die sittlichen und geistigen Eigenschaften das beste Zeugnis gab. Ich kann mir denken, daß wenn sie, wie es die neuere Zeit eingeführt hat, den oberen Teil ihres Gesichtes mit Locken umwölken, ihre Schläfe und Wangen mit gleichen Ringeln hätte bekleiden können, sie vor dem Spiegel sich angenehmer würde gefunden haben, ohne Besorgnis, andern zu mißfallen wie sich selbst. Rechne man hiezu noch das Unheil, daß ihre Haut selten rein war, ein Übel, das sich, durch ein dämonisches Mißgeschick, schon von Jugend auf gewöhnlich an Festtagen einzufinden pflegte, an Tagen von Konzerten, Bällen und sonstigen Einladungen.

Diese Zustände hatte sie nach und nach durchgekämpft, indes ihre übrigen herrlichen Eigenschaften sich immer mehr und mehr ausbildeten.

Ein fester nicht leicht bezwinglicher Charakter, eine teilnehmende, Teilnahme bedürfende Seele, vorzügliche Geistesbildung, schöne Kenntnisse, sowie Talente, einige Sprachen, eine gewandte Feder, so daß, wäre sie von außen begünstigt worden, sie unter den gesuchtesten Frauen ihrer Zeit würde gegolten haben.[91]

Um dieses Bild der Schwester, das zweimal angefertigte Cornelia-Porträt, ganz zu begreifen, braucht es den Vergleich mit der Art, wie die Geliebte der Straßburger Zeit, Friederike, literarisch vergegenwärtigt wird. Erst von der biedermeierlich gepflegten Malkultur des Friederike-Bildnisses, wo alles so sauber ist, so rein in Farben, Umrissen und Kompositionen, so wohlgefertigt und ausgewogen und reizvoll fast nach Ateliervorschriften, hebt sich die Verspanntheit der Cornelia-Stellen deutlich genug ab. Das steht gegeneinander wie ein Porträt von Waldmüller und eines von Goya. Hübsch ist das Friederike-Bild bis an die Grenze der Belanglosigkeit, ja die Grenze würde wohl überschritten, wenn nicht ein einziger, fremdartig anklingender Satz den Leser aufmerken ließe. So wie Goethe, nach der Aussage der Autobiographie, die Sesenheimer Familie und Friederike selbst zunächst ganz literarisch erlebt hat, als verblüffende Verlebendigung der Figurenwelt von Goldsmiths Roman »The Vicar of Wakefield«, so erscheint das Mädchen auch in der Beschreibung als Person und Kunstgestalt zugleich. Und wie jener Roman, in den Augen Goethes, in einer modernen bürgerlichen Familie das zeitlose Urbild einer naturnahen Menschengemeinschaft vorführt, so scheint auch die Friederike dieses Bildnisses gleichzeitig sie selbst und die Sophie des Romans und der stilisierte Typus des liebenswürdigen Mädchens im schwebenden Gleichgewicht zwischen Zivilisation und Natur, Gegenwart und alten Zeiten, Stadt und Land zu sein. Es haftet etwas Museales an der Zeichnung, und man muß schon genau zusehen, wenn man den Punkt finden will, wo es sich von jenen klischeehaften Frauenbildnissen unterscheidet, die das bürgerliche Jahrhundert, nicht zuletzt im Gefolge solcher Muster, in Massen hervorbringen sollte.

Wollte man einmal die Elemente solcher für das ganze Jahrhundert typischen Beschreibungs-Stereotypie zusammenstellen, so fände man, daß hier die definitorische Verbindung des Weiblichen mit dem Diminutiv in der Regel das im kleinen ist, was die Bestimmung der Frau als »Stufe« im Werdegang des Mannes im großen darstellt. Oft genug geht da Rühmen und Preisen mit faktischer Degradation sehr nahe zusammen. Am deutlichsten faßbar ist das stets an der Art, wie die Kategorie der Schönheit in solchen Frauenporträts fungiert. Da zeigt es sich nämlich noch und noch, daß, wenn man vom Text abzieht, was auf die Schönheit gemünzt ist, von der Person nichts mehr übrigbleibt. Wo immer deshalb die Beschreibung des Frauengesichts ganz und gar nur die Schilderung ihrer Schönheit, deren Nuancen und Abschattierungen ist, stellt sie auch schon eine Art lautlos-vorzeitigen Todesurteils dar. Im biologischen Alterungsprozeß wird sich die Schönheit ja verflüchtigen, und wenn ein Porträt auf nichts außerhalb dieser Reize verweist, überantwortet es die Person auf einen frühen Zeitpunkt hin der sozialen Vernichtung. Das ist auch dann der Fall, wenn ein Text nichts anderes beabsichtigt, als die Frau in ihrer Bedeutung für einen kurzen Abschnitt im Leben eines Mannes festzuhalten. Die Reduktion auf die Schönheit wird dann erst recht identisch mit der erwähnten Funktionalisierung der Frau zu einem bloßen Faktor im Reifungsprozeß eines Mannes.

Es lohnt sich, das Friederike-Bildnis unter diesen Gesichtspunkten zu betrachten. Nach dem Kalkül des Kontexts muß sie vieles in einem sein: ein überzeitlicher anthropologischer Typus; eine zum Leben erwachte Romanfigur; die Geliebte eines deutschen Intellektuellen, der eben den grundstürzend neuen literarischen Möglichkeiten der Epoche begegnet ist, daraus eine neue Optik auf die Welt gewonnen hat und nun auch auf die Frau trifft, die dieser Optik entspricht und die er vordem (mit den Rokoko-Augen) gar nicht wahrgenommen hätte. Mehr noch: wie sie als eine lebendig gewordene Romangestalt eingeführt wird, so ist sie, umgekehrt, für den Leser auch schon wieder das Muster für die berühmten weiblichen Dramenfiguren aus Faust, Clavigo und Egmont. Die lebendige Person steht da zwischen zwei literarischen Folien: dem idyllischen Mädchentypus des neuen englischen Romans und dem von Goethe geschaffenen Mädchentypus des neuen deutschen Dramas. Dies alles sind aber nicht einfach Assoziationen, die ein gebildeter Leser bei den Friederike-Kapiteln haben kann, sondern es sind Bedeutungen, Schichten von Sinn, die dem Text selber innewohnen, auf die er vorbereitet, verweist und später zurückdeutet.

Die Frage ist zuletzt aber nicht nur die: Wie kann ein literarisches Porträt dem allem gerecht werden? sondern auch: Wird die lebendig-einmalige Wirklichkeit der jungen Elsässerin Friederike Brion von all diesen kalkulierten Funktionen nicht ausgelöscht? Wird die Person hier nicht um der Literatur willen vernichtet?

Der Text bereitet die Erscheinung Friederikes szenisch vor. Das Mädchen wird vermißt, und die Schwester geht sie suchen.

Die älteste Tochter kam wieder hastig in die Stube, unruhig, ihre Schwester nicht gefunden zu haben. Man war besorgt um sie und schalt auf diese oder jene böse Gewohnheit; nur der Vater sagte ganz ruhig: »Laßt sie immer gehn, sie kommt schon wieder!« In diesem Augenblick trat sie wirklich in die Türe; und da ging fürwahr an diesem ländlichen Himmel ein allerliebster Stern auf. Beide Töchter trugen sich noch deutsch, wie man es zu nennen pflegte, und diese fast verdrängte Nationaltracht kleidete Friederiken besonders gut. Ein kurzes weißes rundes Röckchen mit einer Falbel, nicht länger, als daß die nettsten Füßchen bis an die Knöchel sichtbar blieben; ein knappes weißes Mieder und eine schwarze Taffetschürze – so stand sie auf der Grenze zwischen Bäuerin und Städterin. Schlank und leicht, als wenn sie nichts an sich zu tragen hätte, schritt sie, und beinahe schien für die gewaltigen blonden Zöpfe des niedlichen Köpfchens der Hals zu zart. Aus heiteren blauen Augen blickte sie sehr deutlich umher, und das artige Stumpfnäschen forschte so frei in die Luft, als wenn es in der Welt keine Sorge geben könnte; der Strohhut hing ihr am Arm, und so hatte ich das Vergnügen, sie beim ersten Blick auf einmal in ihrer ganzen Anmut und Lieblichkeit zu sehn und zu erkennen.[92]

Da erstarrt eine bewegte Familienszene zum »lebendigen Bild«, fast in der Art des zu der Zeit beliebten Gesellschaftsspiels. Die Tür verwandelt sich vom dramatischen Requisit zum Bilderrahmen, und das Mädchen selber wird darin festgehalten, in diesen Ort und Augenblick gebannt. Diesem Vorgang entspricht die Stilisierung der Person auf den Typus hin. Die Verniedlichung geht weit, sehr weit. Die Diminutive – »Röckchen«, »Füßchen«, »Köpfchen«, »Näschen« – sind auch dann nicht unbedingt leicht zu ertragen, wenn man weiß, daß das Kindliche, der Kindheit Nahe, das dem Denken und Fühlen der Kindheit Vertraute so wesentlich ist für den neuen Frauentypus wie das Naturnahe, Naturvertraute, und daß, was dieses Porträt repräsentiert, eine Grundgestalt des Weiblichen sein soll, die vorher im Kultursystem unbekannt war. Ein Gegenargument könnte allerdings der Hauch von Künstlichkeit liefern, der sich mit der geforderten Naturnähe nicht so recht vertragen will, – so wie ja auch die Nationaltracht ein bißchen wie von einem reisenden Volkskundler gezeichnet anmutet. Indessen ist die Nähe zur »Natur«, die diesen Frauentypus ausmacht, ja selber eine literarische Kategorie, der künstlichen Dimension der Kunst auch dort noch unterworfen, wo sie erfolgreich deren Gegenteil vor Augen führt. Und das wird von diesem Text nun eben eingestanden. Als »Dichtung und Wahrheit« entsteht, ist der Gretchen-/Klärchen-Typus literarisch längst zum Klischee geworden. Kleist hat ihn mit seinem »Käthchen« zuletzt noch ins Geisterhafte transformiert, als äußerste ätherische Ausprägung vor der Auflösung. So erscheint Friederike, das Urbild, statt in einer Atmosphäre, unter einem Firnis. Die vier Diminutive heften sie gewaltsam fest: auf der literarischen Schablone sowohl wie auf dem Lebensalter. Die Verstärkung durch die Adjektive »nett«, »niedlich« und »artig« macht die gewollte Forciertheit unübersehbar. Wird denn hier also die wirkliche, historisch lebendige Frau der Kunst- und Lebensgeschichte geopfert? Es ist der eine Satz, der alle Gegengewichte auf sich vereinigt: »Schlank und leicht, als wenn sie nichts an sich zu tragen hätte, schritt sie, und beinahe schien für die gewaltigen blonden Zöpfe des niedlichen Köpfchens der Hals zu zart.«

Dieses seltsam ins Gefährliche spielende Verhältnis von gewaltigem Haar und zartem Hals ist das einzige Element, das als Konkretum in dem bekannten Sinne angesprochen werden kann, die einzige Erscheinung jenes »Besonderen, wodurch der einzelne zur Person wird«. Der Satz versucht, der leibhaftigen Frau Friederike Brion Gerechtigkeit zu verschaffen, indem er sie aus dem Spiegelsystem der Typen und Modelle herauslöst. In das Überniedliche des Bildes gerät plötzlich etwas von Bedrohung, von möglicher Not und Überwältigung, was dann auch im ominösen Konjunktiv: »als wenn es in der Welt keine Sorge geben könnte« ein bestätigendes Echo findet. Das Leben hat dieser Friederike ja auch nicht gehalten, was dieser Moment versprach, so wenig wie der Geliebte hielt, was sein Verhalten zu besiegeln schien. Man kann der Meinung sein, das hätte sich deutlicher aussprechen lassen. Aber für Goethe dürfte es mit dem Ersten »Faust« bereits ganz und gar »gesagt« gewesen sein; nach der eigenwilligen Ökonomie seines Lebens und Schreibens brauchte es hier kein weiteres Bekennen. Jene Margarete am Schluß von Faust I, die in ihrem Wahnsinn erstmals die Überlegenheit des Mannes bricht und Aug in Aug zur wahrhaft Gleichen wird, der gegenüber es keinen intellektuellen und sprachlichen Vorsprung mehr gibt, in ihr ist Gestalt geworden, was keine Beschreibung der kommenden Sorgen dieses Mädchens Friederike mitzuteilen vermöchte. Die kaum vernehmbare Assoziation an Margaretes Hinrichtung, die der Hinweis auf das schwere Haar und den zarten Hals im Leser aufweckt, scheint dem alten Dichter zu genügen, – ähnlich wie er in Faust II dies alles an das Zeichen jenes roten Fadens bindet, der am Hals des Mädchens sichtbar wird.

So sind die Bildnisse der Schwester und Friederikes einander als im Gegensätzlichen verwandte Texte zugeordnet. Das Porträt Cornelias wächst unmittelbar heraus aus der Klage um das Nichtgestaltenkönnen, um das Scheitern des Dichters an der poetischen Transformation dieser Frau in große Kunst. Das Porträt Friederikes hingegen verweist darauf, wie sehr diese Frau in den Ursprungsbereich der neuen Literatur gehört, deren Entstehen sie als eine Verliebte und Geliebte angefacht hat und in deren Werken ihre Erscheinung, ihre Wesensart, ihr Glück und ihr Unglück aufbewahrt sind. Friedrike und die Schwester sind einander aber auch zugeordnet in der Gegensätzlichkeit von Verrat und Entsagung. Was keine offizielle Moral zugestehen wird, entsprach doch verschwiegenen Empfindungen von Gleichgewicht und Kompensation in Goethes ebenso rücksichtslos wie ehrfürchtig geführtem Leben: die Ur-Entsagung im Inzestverbot (die Schwester geht daran zugrunde) macht den Verrat an Friederike auf der Ebene spontaner seelischer Erfahrung zu etwas anderem, als er es auf der Ebene der wohlbedachten Sittlichkeit ist. Was Mephisto in bösem

Zynismus über die zugrundegehende Margarete sagt, genau das mag im Handeln des treulosen Liebhabers von Sesenheim in wortloser Bitterkeit als heimliche Rechtfertigung vorhanden gewesen sein: »Sie ist die erste nicht.«

Exkurs II
Die grundsätzliche Unbeschreibbarkeit des menschlichen Gesichts

Den folgenden Satz kann nur einer geschrieben haben: »So viel ist gewiß, daß ein Volk, dessen Angesichter ganz durchaus mit dichten Haaren bewachsen wären, vielleicht das unbändigste und für andere Nationen zum Umgang das untauglichste sein würde.«[93]

Lichtenberg erkennt seine Welt und Wirklichkeit, indem er sich ausdenkt, wie die Dinge lägen, wenn sie ganz anders wären. Seine Phantasie ist die gleichzeitig ausschweifendste und realitätsbezogenste der Epoche. In Deutschland kommt ihm im Erfinden von Kontrastwirklichkeiten keiner, außerhalb Deutschlands wohl nur Swift gleich. Es sind Phantasieexperimente im naturwissenschaftlichen Sinn, die er da anstellt; eines davon ist in dem zitierten Satz überliefert.

Was wird da untersucht? Zur Debatte steht, einmal mehr, einer von Lichtenbergs großen Reflexionsgegenständen: der Wahrheitsanspruch der Lavaterschen Physiognomik; die Behauptung, daß man vom Gesicht des Menschen zwingend und unbedingt auf den Charakter, auf das moralisch-intellektuelle Wesen schließen könne. Lichtenberg sucht nun das allgemeinste Argument, welches *für* diese Überzeugung sprechen könnte, und auf dieser Suche entwirft er, erfindet er die Science-fiction-Vorstellung eines Volkes ohne Gesicht, die »Angesichter ganz durchaus mit dichten Haaren bewachsen«. Er kommt dabei auf keine sentimentalen Überlegungen, wie man sie vielleicht erwarten möchte, etwa, daß hier viel schönes Menschliches verloren gehe. Die Folgerung ist vielmehr ganz und gar praktisch: man könnte eine solche Nation nicht unterwerfen und nicht mit ihr verkehren. (Daß für den Europäer des 18. Jahrhunderts hinsichtlich wilder Völker ›Umgang‹ und ›Bändigen‹ Synonyma zu sein scheinen, gehört in ein anderes Kapitel.) Warum aber wären die derartig behaarten Stammesmitglieder nicht zu meistern? Weil man in ihren Gesichtern nicht lesen könnte, was sie denken, was sie fühlen, was sie vorhaben. Nichts Inneres würde am Äußeren sichtbar. Das gäbe den Wesen eine furchtbare Macht und würde sie gleichzeitig aus der ganzen übrigen Menschengemeinschaft ausschließen. Also, ist zu folgern, gehört das lesbare, deutbare Gesicht zum Menschen, ist das Gesicht gerade insofern ein Humanum ersten Ranges, als man an ihm als einem Sichtbaren das unsichtbare Seelische erkennen kann.

»So viel ist gewiß« – mehr allerdings nicht, und Lichtenberg denkt nicht daran, aufgrund dieses Phantasieexperiments Lavaters Dogmata zu unterstützen. Er ist von der Leidenschaft zum Gesichterstudieren befallen, geschlagen nahezu, wie nicht wenige seiner klügsten Zeitgenossen, und er frönt ihr bis zur Lebensgefahr: »Ich habe mich aus dieser Begierde oft in London an Orten zugedrängt, wo physiognomische Beobachtungen mit nicht geringerer Gefahr verbunden sind, als Versuche mit der Gewitter-Elektrizität.«[94] Aber die unsinnige Naivität Lavaters, der ein mathematisch-mechanisches Gesichterausmessen anstrebt und einzig in der Unvollkommenheit des Instrumentars noch einige vorläufige Probleme sieht, ist ihm nicht nur fremd, er durchschaut sie auch als solche. Was an der ganzen Physiognomik-Debatte des ausgehenden 18. Jahrhunderts heute fasziniert, ist nicht der Streitpunkt selbst, sondern der wissenschaftstheoretische Kontext, in dem sie ausgetragen wurde, sind die wissenschaftstheoretischen Reflexionen, die dabei und daraus entspringen mußten. Wer davon die geringste Ahnung hatte, war Lavater selbst. Verpackt in einen unermeßlichen Glauben an sein zentrales Axiom, fand er alles belanglos, was ihn theoretisch in Frage ziehen wollte. Sein Kummer waren die Zeichner, die ihm seine Gesichterkollektionen nie zur Zufriedenheit anfertigen konnten. Den theoretischen Zweiflern gegenüber aber hatte er die segnende Milde dessen, der dankbar ist, den wahren Glauben gefunden zu haben, und die drängende Überzeugungskraft des Missionars. Goethes Reaktion auf die orthodoxe Physiognomik Lavaters ist bereits umrissen worden. Es fällt indessen auf, daß bei ihm fehlt, was bei andern, bei den wichtigsten andern, den Angelpunkt der Reflexion und Argumentation abgibt. Dieser Punkt macht es nötig, die Physiognomik-Diskussion des 18. Jahrhunderts in diese Studie kurz einzublenden. In ihm berührt sich nämlich der obsolete Streit über das Charaktererkennen mit dem fundamentalen Paradox des literarischen Porträts, das hier zu erläutern sein wird.

Die vielleicht faszinierendste Beschreibung eines Besuchs bei Lavater findet sich in Wilhelm von Humboldts Tagebuch vom 3. bis 5. Oktober 1789. Was die Stelle so bemerkenswert macht, ist nicht die Information über den Physiognomiker auf der Zürcher St. Peter-Kanzel, sondern die Tatsache, daß in diesem Text die Denkverfahren der Aufklärung, der ästhetisch-philologischen Klassik und der anhebenden deutschen Romantik en passant und fast spielerisch nebeneinandergestellt erscheinen. Humboldt über Lavater:

> Er spricht mit iedem einige worte, genirt sich nicht in seinen geschäften, geht zwischen durch aus und überlässt die fremden indess seiner sammlung von zeichnungen, kupferstichen und gemählden...
>
> Ueber die französische revolution, halbichte, gar nicht durchdachte dinge. Ueber physiognomik allein manches gute. Er beklagte sich sehr, dass er noch keinen einzigen fremden gefunden, der sein buch eigentlich studirt hätte, in sein system eingegangen wäre, vorzüglich aber dass es in Deutschland so wenig eingang gefunden habe. So viel in der physiognomik beruhe auf unmittelbarem takt, und dieser takt selbst fehle nicht bloss in Deutschland, sondern es fehle auch die achtung dafür. (Wahrheit liegt wohl unstreitig in dieser behauptung. Wolfische metaphysik vorzüglich hat die köpfe einseitig gemacht. Man sucht ueberall logische form, man verachtet alles, wo man sie nicht findet.) Indess behauptete er doch, würden sich einst alle physiognomische regeln mathematisch erweisen lassen. In allen gesichtern sei die strengste analogie. Gewisse züge seien allemal mit andren verbunden. Eine stirn, wie die meinige, sei nie ohne ein blaues, sehr heitres auge. Eine gebogene stirn () nie ohne eine gebogne, höckrichte nase. Aus einem einzigen theile eines gesichts werde der künftige physiognomist das ganze gesicht construiren können. Aber nicht bloss die form der gesichter selbst, sondern auch die bedeutung der züge lasse mathematische demonstration zu. So bewies er nun wie der löwe und das pferd und der Belvederische Apoll nur durch die lage *der züge in andren winkeln verschieden wären, und wie die kleinste ändrung dieser lage* auch die feinsten grade der brutalität und der vernunft anders und anders nüancire. Mich dünkt, alle diese untersuchungen – sie mögen wahrheit enthalten oder schwärmerei – können keinen grad der vollkommenheit erhalten, so lange unsre charakterkenntniss noch so unvollständig ist. Man spricht von geist, verstand, fassungskraft, von güte, grösse, edelmuth, aber was sind diese abgerissenen züge, welche bedeutung nur haben diese worte, wenn der charakter nicht so vor uns dasteht, so Ein ganzes, wie eine statue und ein gemählde, und wie tausend schwierigkeiten ist das unterworfen, da unsre sprache gar keine ausdrükke für die feineren nüancen hat, vorzüglich keine ausdrükke für die feineren grade, für die elemente der empfindungen. Bei iedem gespräch, wo man entweder empfindungen ausdrukken, oder auch nur über diese feineren gegenstände raisonniren will, fühlt man diesen mangel. Dann weiss ich auch noch in der that nicht genau, auf welchen ersten gründen Lavaters physiognomik beruht. Ich habe sein werk nie gelesen. Das gewöhnliche raisonnement – leidenschaften, neigungen, der charakter überhaupt bilden die züge – kann, da er soviel auch in den ganz unveränderlichen, unbildsamen zügen sucht, da er ferner die physiogno-

mik auch auf leblose gegenstände ausdehnt, und endlich iene hypothese einwürfe leidet, die ein so guter kopf als Lavater unmöglich übersehn kann, Lavaters seins kaum sein. Woher also die uebereinstimmung der sinnenwelt mit der aussersinnlichen? In absichtsvoller einrichtung der natur oder eines schöpfers? Auch das würde mich nicht befriedigen. Mir – wenn ich mich mehr eingebungen augenbliklichen gefühls überlassen, als vernunftraisonnements folgen soll – wars oft, als sei die sinnenwelt nur eine art, wie die aussersinnliche dem sterblichen blikke erscheint, nur ausdruk, nur sprache, nur chiffre dessen, was unmittelbar uns nicht sichtbar ist. Manchmal kommt mirs bei gesichtern, bei gegenden, bei sinnlichen gegenständen überhaupt vor, als schaut ich durch den chiffre hindurch unmittelbar in den ursinn. Allein ist das nur bei gegenständen, die mein herz stark interessiren, und nur in momenten, wo nichts diess interesse stört. Also mag wohl viel täuschung dabei sein. Interessant aber bleibt mir die idee immer, schön die hofnung immer mehr zu entziffern von dieser sprache der natur, dadurch – da das zeichen der natur mehr freude gewährt, als das zeichen der convention, der blik mehr als die sprache – den genuss zu erhöhen, zu veredeln, zu verfeinern, die grobe sinnlichkeit, deren eigentlicher charakter es ist, in dem sinnlichen nur das sinnliche zu finden, zu vernichten, und immer mehr auszubilden den aesthetischen sinn, als den wahren mittler zwischen dem sterblichen blik und der unsterblichen uridee. Platos vorstellungsart müsse, dünkt mich, an diese nah gränzen...

Von Lavaters charakter glaubt ich in diesen tagen viel gutmüthigkeit (zu erkennen), aber auch grosse eitelkeit (er hat einmal iemanden an sein pult geführt und gesagt: »hier kommen die grossen dinge zur welt.«) und vorzüglich begierde gut, sanft, versöhnend, natürlich, anspruchslos, und in iedem verstande wahr zu *erscheinen*.[95]

Mit einer einfachen Strenge, die an Schillers Entgegnung auf Goethes Bericht von der Urpflanze erinnert, wird hier die philosophische Lücke in Lavaters Lehre aufgedeckt: »Woher also die uebereinstimmung der sinnenwelt mit der aussersinnlichen? In absichtsvoller einrichtung der natur oder eines schöpfers?« Und dann folgt, was man fast die Geburt der deutschen Romantik zu nennen versucht sein könnte, der Satz – »als sei die sinnenwelt nur chiffre« –, der seine anrührende Echtheit nicht zuletzt aus der Geste gewinnt, mit der er sich vor der Autorität des rationalen Jahrhunderts nochmals entschuldigt: »...wenn ich mich mehr eingebungen augenbliklichen gefühls überlassen, als vernunftraisonnements folgen soll«. Der romantische Radikalismus, der ein Erkennen des »ursinns« postuliert und gleichzeitig die wahre Erkenntnis abhängig macht von den seltenen Momenten, in denen das »herz stark interessirt« ist, wird allerdings wieder aufgefangen von dem eher klassischen Konzept eines »aesthetischen sinns«, der »zwischen dem sterblichen blik und der unsterblichen uridee« vermittelt. Das ist, wenn auch philosophischer geredet, nicht sehr weit entfernt von jenem erkenntnistheoretischen Paradox, zu dessen Formulierung Goethe in der Erinnerung an Lavater veranlaßt wurde: wonach nämlich nur analysieren dürfe, wer die Synthese bereits spontan im Gefühl besitze.

Lavaters Unternehmen schrumpft vor solchem Denken zu einem aufklärerischen Kuriosum zusammen, das von der Geschichte bereits überholt ist, – so überholt wie Lamettries Überzeugung von der mechanischen Konstruierbarkeit lebendiger Menschen. Deshalb nehmen denn auch die ernstzunehmenden Lavaterkritiker den Physiognomiker in der Regel gegen ihn selbst in Schutz. Sie attestieren ihm eine Authentizität des »bliks«, von der seine eigene Theorie nichts weiß und der sie nie gewachsen wäre.

Nun ist aber jener Punkt noch gar nicht erwähnt worden, in dem sich Humboldt – im Unterschied zu Goethe – mit Lichtenberg und Herder berührt und der für alle Betrachtungen zur Literaturgeschichte des menschlichen Gesichts eine Hauptsache ausmacht. Er besteht im ersten Einwand, den Humboldt formuliert, und daß gerade er, der spätere Begründer einer neuen Sprachphilosophie, sogleich darauf den Finger legt, kann nicht überraschen. Offensichtlich gelangt er im Vorgang der Niederschrift selber, im Prozeß der Formulierung freier Sätze, zu der Einsicht, daß das Problem der Lavaterschen Physiognomik zutiefst *ein Sprachproblem* sei. Man kann am Text förmlich feststellen, wie der Gedanke aus einem andern heraus entspringt. Humboldt setzt an bei der These, »unsere charakterkenntniss« sei ungenügend, und merkt, als er das erläutert, daß er da ja eigentlich von einem Mangel der Sprache redet. Dadurch wird ihm der Gedankengang, formal gesehen, unlogisch, aber wir haben die Chance, eine Ideengenese zu verfolgen, die vom Autor in ihrem vollen Gewicht damals wohl noch gar nicht erkannt worden ist. Das Entscheidende liegt in der Wendung: »... da unsre sprache keine ausdrükke für die feineren nüancen hat, vorzüglich keine ausdrükke für die feineren grade, für die elemente der empfindungen.« Das heißt, sowohl das Gesicht wie der Charakter als einander angeblich zugeordnete, in jedem einzelnen auf einander bezogene Gegebenheit, sind, selbst wenn sie ganz erkannt wären, aufgrund der Unvollkommenheit der menschlichen Sprache grundsätzlich nicht angemessen beschreibbar.

Das ist tatsächlich die harte, die unerbittliche Grenze, auf die jeder Autor stößt, der sich ein leibhaftiges Gesicht zum Gegenstand nimmt. Er sieht, er erkennt, er versteht – so klar und tief vielleicht, daß ihm die Erscheinung nach einem halben Jahrhundert noch gegenwärtig sein mag, aber die Sprache verweigert die Übermittlung. Wohl gibt es zahllose Möglichkeiten, die Schwierigkeiten zu verringern; das Prinzip aber, daß ein Gesicht, insofern es einmalig ist, individuell eben im strengen Sinn, nicht sprachlich vermittelt werden kann, dieses Prinzip ist unerschütterlich. Man mag sich an Merkmale halten und an die Kombination von Merkmalen, oder man kann zu Vergleichen greifen mit Gesichtern, die jedem bekannt sind: beide Male wird vom Individuellen weg auf das Generelle, das Mehrfache gelenkt, in der Hoffnung, über eine spezifische Verbindung bekannter Teile die tatsächliche Einmaligkeit der Erscheinung wiedergeben zu können. Was dabei an wirklicher Unverwechselbarkeit erreicht wird, ist aber höchstens die Individualität, die ein Steckbrief anstreben kann: die Identifizierbarkeit eines einzelnen Menschen durch die Aufzählung seiner auffälligen Besonderheiten. Diese bilden indessen in Wahrheit nicht *das* Gesicht, sondern – wie bei Gebrandmarkten – eine zusätzliche Zeichenebene in ihm, die das technische Wiedererkennen gestattet. Herder und Lichtenberg haben sich darüber unterhalten, angesteckt von der physiognomischen Leidenschaft ihrer Zeit und gleichzeitig provoziert durch den weltweiten Betrieb Lavaters. Am 3. September 1772 notiert Lichtenberg in seinem Tagebuch über das betreffende Gespräch: »Auch ist er, was die Physiognomik überhaupt betrifft, der Meinung, der ich schon vor vielen Jahren gewesen bin, daß die Sprache gewissermaßen ein Hindernis wird, der Physiognomist wird nur von sich oder von einem Physiognomisten verstanden werden können.«[96]

Nochmals: es geht in dieser Untersuchung nicht um Physiognomik, um das Charakterlesen aus Stirnbuckeln und Nasenlängen, sondern um das Gesicht selber als einen immer neu umworbenen Gegenstand literarischen Schreibens. Die Physiognomik interessiert hier nur insofern, als ihre Diskussionen die zentrale Crux dieses besonderen Schreibens zum Vorschein bringen. Daß, was so dringlich beschrieben werden möchte, im letzten nicht beschrieben werden kann, und daß der Versuch doch immer neu unternommen wird, ist der paradoxe Kern der ganzen literarischen Reihe. Schon Lessing hat es – ganz außerhalb der Physiognomik-

Debatte – im »Laokoon« festgestellt, obwohl er noch als Poetik auffaßte, was eigentlich Sprachphilosophie war und, als solche erkannt, ihn hätte weiterführen können – über seine zuletzt denn doch wieder normativen Regeln hinaus. Über den Dichter vis-à-vis dem menschlichen Gesicht schreibt er: »Er fühlt es, daß diese Elemente nach einander geordnet, unmöglich die Wirkung haben können, die sie, neben einander geordnet, haben; daß der konzentrierende Blick, den wir nach ihrer Enumeration auf sie zugleich zurücksenden wollen, uns doch kein übereinstimmendes Bild gewähret; daß es über die menschliche Einbildung gehet, sich vorzustellen, was dieser Mund, und diese Nase, und diese Augen zusammen für einen Effekt haben, wenn man sich nicht aus der Natur oder Kunst einer ähnlichen Komposition solcher Teile erinnern kann.«[97]

Dagegen ließe sich, mit Humboldt, argumentieren, daß es keineswegs »über die menschliche Einbildung gehet«, sich solches vorzustellen, sondern über die menschliche Sprache, diese Verhältnisse zu benennen. Das Gesicht ist, weit mehr noch als, nach dem berühmten Wort, die Landschaft, ein état d'âme, ein Seelenzustand, aber, und dies ist entscheidend: *ein Seelenzustand des Betrachters, nicht des Betrachteten*. Insofern es ein Seelenzustand ist, gilt für seine Beschreibung das Humboldtsche Prinzip, daß »unsre sprache gar keine ausdrükke hat für die elemente der empfindungen«. Und da es ein Seelenzustand des Betrachters, nicht des Betrachteten ist, muß die Regel aufgestellt werden, daß der Beschreiber, sobald er die physiologischen Einzelheiten, die reine, kahle »Enumeration« verläßt, ebensosehr von sich selber wie von der geschilderten Person spricht. Nur weiß er das nicht. Die Gewalt der Gegenwart – auch der erinnerten – des Porträtierten und das Elementare des Körpers täuschen den Autor unweigerlich über das Ausmaß hinweg, in dem er sich selbst im Bildnis wiedergibt. Dies ist nicht im Sinne eines psychologischen Projektionsbegriffs gemeint, so etwa, daß der Melancholische die Leute, die er beschreibt, melancholisch einzufärben liebe, daß er an ihnen immerzu Eigenschaften feststelle, die ihm selber zukommen, ja ihnen Eigenschaften gewissermaßen nachrede, die er selbst besitze, es aber vor sich nicht zugeben könne. Was im fremden Gesicht den Betrachter gegenwärtig macht, sind vielmehr die moralisch-gesellschaftlichen Normen, *seine* Normen, welche sich mit der Gesichtsbeschreibung unausweichlich verbinden. Das mag mit Projektion im psychologischen Sinne verbunden sein, geht aber keineswegs in diesem Mechanismus auf.

Jenes erwähnte Paradox der Gesichtsbeschreibung, daß sie immer wieder unternommen wird, obwohl sie eigentlich nicht möglich ist – nicht möglich in dem Sinne, daß der Leser die der Wirklichkeit entsprechende Vorstellung nie zu gewinnen vermag –, kann von da her teilweise aufgelöst werden. Die literarische Gesichtsbeschreibung überspringt den Punkt, wo sie als Text scheitern müßte, immerzu so, daß sie das physiologisch Konkrete des Abgebildeten mit dem moralisch Allgemeinen des Betrachters verbindet und verstrickt, so sehr, daß zuletzt tatsächlich doch der Eindruck eines Ganzen entsteht. Das ist leichter gesagt, als in der Analyse aufgedeckt. In der Benennung des rein Körperlichen kann die unreflektierte gesellschaftliche Norm bereits vorhanden sein, und das ganz Allgemeine vermag unter Umständen physiologische Realität fast sinnlich tastbar zu vermitteln. Ob Friederike Brion eine »kurze Nase«, eine »kleine Nase«, ein »Näschen« oder zuletzt eben jenes »artige Stumpfnäschen« zugeschrieben wird, das meint zwar immer die gleiche mäßige Ausgeprägtheit des Gesichtsteils, rückt diesen aber jedesmal in ein anderes Bedeutungsfeld. Ein Wertsystem taucht gleichzeitig auf, lokalisiert die ganze Person und bestimmt im gleichen Vorgang auch das Verhältnis des Beschreibers zu ihr.

So weit die Verfahren der Gesichtsbeschreibung bei Goethe und bei Kafka auch auseinanderliegen, gewisse Analogien sind gerade in dem Zusammenhang nicht von der Hand zu weisen. Man könnte es die Dialektik des physiologischen Konkreten nennen. Der Text strebt bei beiden auf ein bestimmtes, nahezu handfestes Element des Gesichts hin und sucht sich wieder davon abzusetzen. Er berührt das krud Naturhafte, um eine andere Bewegung zu rechtfertigen und einzuleiten. Wie immer diese andere Bewegung dann beschaffen ist und wie sehr erst sie den Text zuende und zustande bringt, das Benennen jenes einen, ganz körperhaft Faktischen scheint für die Verfahren beider Autoren unabdingbar zu sein.

Daß das Individuelle als ganz und gar Einmaliges nicht benannt werden kann, ist ein altes Wissen. Wo die Sprache das Individuelle einzufangen versucht, muß sie ein Allgemeines setzen, das in der Richtung auf das vorsprachlich begriffene Einmalige hin spezifiert werden kann. In der Wiederholung, Verbindung, Durchdringung solcher Vorgänge kann es dann zur Annäherung an das Individuelle kommen – nicht wie es an sich ist oder war, sondern als einer objektivierten Erfahrung des Autors.

Was immer aber als Allgemeines in diesem Prozeß gesetzt und spezifiziert wird, entspricht bestimmten Normen, die der Autor für wahr und gültig hält und von denen er annimmt, daß auch der Leser sie teile. Da nun die Regeln, denen eine Gesellschaft sich unterstellt, wandelbar sind, muß die Geschichtlichkeit der einzelnen Gesichtsbeschreibung nicht zuletzt an den Normen, auf die sie verweist und deren sie sich zur Spezifizierung bedient, sichtbar werden. Gleichzeitig sollte sich daran erkennen lassen, in welchem Verhältnis der Autor selber zu diesem Normenkatalog und also zu seiner moralischen Gegenwart steht.

Dritter Teil
Die Gesichtsbeschreibung im bürgerlichen Jahrhundert

Immermann über Grabbe: der Autor als Richter

Die Frageperspektive, unter der die Gesichtsbeschreibung im 19. Jahrhundert betrachtet werden muß, ist ausgelegt. Wer ein Gesicht beschreibt, unter der Wahrheitsverpflichtung des nichtfiktionalen Schreibens, bestimmt dabei seinen eigenen gesellschaftlichen und moralischen Ort. Die Aporie der Aufgabe – die Unmöglichkeit, die Erscheinung als solche sprachlich wiederzugeben – veranlaßt ihn zu dem konventionell abgesicherten und also meist ganz unreflektierten Vorgehen, in einer größeren oder kleineren Reihe paralleler Schritte auf ästhetische und sittliche Werte zu verweisen, von denen aus der Gegenstand dann spezifiziert werden kann.

Als Regel kann gelten: Je geborgener sich ein Autor im gesellschaftlichen Normengehege seiner Zeit fühlt, je sicherer er sich darin bewegt, um so entschiedener wird sein moralisches Urteilen, und um so geschlossener gestaltet sich ihm das literarische Porträt.

In Karl Immermanns autobiographischen Schriften findet sich eine ausführliche Studie über Christian Dietrich Grabbe. Sie stellt eines der wenigen genau gearbeiteten Zeugnisse über einen Autor dar, der groß war in all dem, was er nicht erreichte, woran er niederbrach und zugrunde ging. Grabbe war Mensch und Poet von ganz besonderem Zuschnitt, einer aus der Bruderschaft der Günther und Lenz und Brentano und Rimbaud. Er hatte, wenn das so verkürzt gesagt werden kann, sein eigenes Gelächter. Heine wußte das, als er ihm in den »Memoiren« ein kleines, blitzendes Denkmal setzte.

Immermann zeichnet im zweiten Kapitel seiner Studie Grabbes Porträt.

Nichts stimmte in diesem Körper zusammen. Fein und zart – Hände und Füße von solcher Kleinheit, daß sie mir wie unentwickelt vorkamen – regte er sich in eckichten, rohen und ungeschlachten Bewegungen; die Arme wußten nicht, was die Hände taten. Oberkörper und Füße standen nicht selten im Widerstreite. Diese Kontraste erreichten in seinem Gesichte ihren Gipfel. Eine Stirn, hoch, oval, gewölbt, wie ich sie nur in Shakespeares (freilich ganz unhistorischem) Bildnisse von ähnlicher Pracht gesehen habe, darunter große, geisterhaftweite Augenhöhlen und Augen von tiefer, seelenvoller Bläue, eine zierlich gebildete Nase; bis dahin – das dünne, fahle Haar, welches nur einzelne Stellen des Schädels spärlich bedeckte, abgerechnet – alles schön. Und von da hinunter alles häßlich, verworren, ungereimt! Ein schlaffer Mund, verdrossen über dem Kinn hängend, das Kinn kaum vom Hals sich lösend, der ganze untere Teil des Gesichts überhaupt so scheu zurückkriechend, wie der obere sich frei und stolz hervorbaute.

Jenes Märchen dichtet von dem gemischten Metallkönige, aus welchem die Irrlichter die haltenden Goldadern lecken, so daß er zwischen Form und Unform zusammensinkt. An dieses Märchengleichnis konnte man erinnert werden, wenn man solche Widersprüche der Organisation sah.[98]

Ein imponierendes Bildnis. Das Original hat keine Chance.

Die Bemerkung tut Immermann vielleicht Unrecht. Schließlich zögert er nicht, Grabbe in eine Beziehung zu Shakespeare zu setzen, und es fallen Worte, die ein Äußerstes bezeichnen: die »Pracht« der Stirn, die »tiefe, seelenvolle Bläue« der Augen. Der Ausdruck »eine zierlich gebildete Nase« ist, so harmlos er sich ausnimmt, auf seine Weise aufschlußreich. Er zeigt nämlich, daß es möglich ist, eine auffällige Kleinheit dieses Gesichtsteiles sprachlich zu fassen, ohne damit auch schon die ganze Person in irgendeiner Form dem Lächerlichen oder Putzigen anzunähern. An solchen Einzelheiten erweist sich die sprachliche Elastizität eines Autors, und Immermann schreibt ja durchaus eine Prosa von Rang.

Eben dies muß hier zunächst weiter ausgeführt werden. Immermann gehört zu den ersten, die es sich zur Aufgabe machten, aus der Prosa des mittleren und alten Goethe, die sehr ausgeprägt eine persönliche, einem Individuum zugehörige, in mancher Hinsicht auf private Manier sich versteifende Schreibweise war, eine Prosakultur zu entwickeln, welche vielen zugänglich, für viele verbindlich sein konnte. Sie wurde zuletzt tatsächlich für mehrere Generationen deutscher Gebildeter und Gelehrter die anspruchsvolle Norm des Schreibens. Das geschah in durchaus bewußter Abhebung von dem Prosaverfahren etwa Hoffmanns oder des Heine der »Reisebilder«, der Schreibart der Rahel-Briefe auch, vor allem aber Jean Pauls. Das Werk des letzteren hat, wie man weiß, bis heute an den Folgen dieses Normierungsprozesses zu tragen. Andererseits ist dadurch nicht nur die beruhigte Diktion der sogenannten realistischen Erzähler möglich geworden, sondern auch das imposante Niveau der wissenschaftlichen Prosa im späten 19. Jahrhundert mit der wohl schönsten Ausprägung im Werk Theodor Mommsens und Sigmund Freuds. Die Prosakultur des deutschen bürgerlichen Jahrhunderts hat von ihrem Vorbild nicht alles übernommen. Die Unberechenbarkeiten in der Prosa Goethes, die Brüche, die enigmatischen Stellen in scheinbar ganz harmlosem Zusammenhang, die eigensinnig-einmaligen Bedeutungsverschiebungen am gewöhnlichen Wort – dies alles war nicht nur nicht nachzuahmen, man wollte solches auch keineswegs, wollte es so sehr nicht, daß man es als konstituierendes Merkmal im Schreiben des alten Mannes von Weimar kaum zur Kenntnis nahm.

Immermann ist für diesen Prozeß im guten und im weniger guten repräsentativ. Im guten, weil er wesentlich beitrug zum Entstehen einer intellektuellen Gemeinsprache von gemessener Beweglichkeit, einer *erlernbaren* Gemeinsprache, die sich solcher Erlernbarkeit nicht schämte, sondern sich von den Originalitätsverpflichtungen der Genieleute und Romantiker eher erlöst zu fühlen schien. Im weniger guten aber auch, weil das, wovon man wegwollte, unter anderem die Sprache war, in der sich die Widersprüche der deutschen Gegenwart, ihr Ungelöstes und Unbewältigtes, noch hatten mitteilen lassen: sei es in einer bis zum Skurrilen kuriosen Humoristik, sei es in einer überbewußten Nervosität zwischen den Extremen von Apathie und Kreischen. Harmonie und schwebende Verteilung aller Gewichte war darin nicht schon als Regel vorgegeben gewesen; so wie auch die implizite Selbstpräsentation des Schreibers im Text noch nicht auf den Gestus des überlegen Wissenden, des alles Durchschauenden und gleichzeitig bis in die Knochen Sittenstrengen verpflichtet war.

Im Grabbe-Porträt sind viele Elemente der neuen Bildungssprache versammelt, teils als Besonderheit der Rede, teils als Optik auf den Gegenstand. Was frappiert, ist nicht zuletzt die Gefügigkeit. Alles ist leicht und genau sagbar, zwei-, dreifach wenn nötig. Ohne Preziosität wird jede Nuance getroffen, in einer beherrschten Konventionalität des Wortgebrauchs und der Wortverbindungen. Nichts erweckt den Eindruck, es sei aus zweiter Hand, aber auch nichts mutet wie neu erfunden an. Der Sicherheit, mit der jeder einzelne Terminus gesetzt ist, entspricht die widerspruchsfreie Organisation des Textganzen. Jeder Teil hat seine Funktion. Nichts kann oder will entlaufen. Der Anfang der Beschreibung ist, als ein Axiom, auch schon das Ergebnis: »Nichts stimmte in diesem Körper zusammen.« Damit ist das Prinzip genannt, die konstituierende Regel der zu schildernden Erscheinung. Sie wird nie in Frage gestellt; alles, was folgt, ist Beleg und Bestätigung. Das Original hat - wie gesagt - keine Chance. Dabei ist das Porträt nicht etwa tendenziös in der Art jenes Goetheschen Lenz. Es unterwirft sich ganz und gar der Menschenpflicht zur Wahrhaftigkeit und Gerechtigkeit, – nur ist es sich dieser Tugenden um eine Spur zu sicher.

Der Text scheint den Beweis der eigenen Gerechtigkeit selber führen zu wollen. Seine innere Argumentation lautet etwa so: »Kann ich im Verurteilen ungerecht sein, wenn ich doch Stirn und Augen derart rühme?« Das Rühmen aber macht hier in Wahrheit die böse, verdammende Bilanz nur noch fataler. Über einen Rückgriff auf Goethes »Märchen« und damit auf die Autorität des Klassikers wird das Urteil möglich, daß so einer »zwischen Form und Unform zusammensinkt«. Das ist mehr als nur die Nachricht über irgendwelche »Widersprüche der Organisation« bei Grabbe. Es ist eine Verwerfung der ganzen Existenz, und daß sich dieser Akt mit einem deutlichen Signal auf Goethe abstützt, ist auch kein Zufall. Goethe ist in dem Text ebenso sehr als die sittliche wie als die sprachlich-ästhetische Norm anwesend. Die zwingende Organisation aller Teile des Textes aus einem Prinzip – hier: Unvereinbarkeit der Gegensätze –, welches den Körperbau wie das Lebensschicksal gleicherweise bestimme, erscheint als vereinfacht-getreuliche Anwendung des klassischen Organismusbegriffs. Aber auch die selbstverständlich negative Bewertung des Disharmonischen als solchen gehört in diesen Zusammenhang; des weitern die Einschätzung erfolgreicher Produktivität als eines höchsten sittlichen Wertes; die Tendenz schließlich, das Scheitern nicht der Zeit, der Umwelt und Gesellschaft, sondern in der letzten Entscheidung dem armen Einzelnen selber anzurechnen. So sehr ist das alles schon im Leib und im Gesicht vorhanden, nicht nur angelegt, sondern ausgebildet und ausgeprägt, daß das Grundkonzept eines monadenhaft abgeschlossenen, in sich selbst determinierten Subjekts unverkennbar wird, eines Subjekts, das sich bei niemand anderem über sein Elend beklagen darf und keinem andern für sein Wohlergehen zu danken hat.

Der dieses Porträt schafft, hat jene Position verinnerlicht, von der aus Goethe die Romantiker und was ihm in deren Gesellschaft zu gehören schien, verurteilte – »sie werden wie gar nichts zusammen scheitern« (»Ins Weite«). Der Gestus dieses Verses, der den Redenden auf sicherem Grund mit Aussicht auf die ganze Welt ortet, kehrt bei Immermann wieder, wenn er Grabbe »zwischen Form und Unform zusammensinken« läßt. Aber während Goethes Härte gegenüber den Scheiternden und Gescheiterten aus der mehrfachen Erfahrung eigener haarscharfer Nähe zu Schiffbruch und Selbstzerstörung stammt und, beim Wissen um die gesetzmäßige Wiederkehr der Lebenssituationen, einen Zug okkulter Selbstbeschwörung hat, wirkt das Urteil im Mund des Späteren pharisäerhaft. Man kann das in Immermanns Text an der Lust erkennen, mit der, nach der Verklärung der oberen Gesichtshälfte, über die untere hergefallen wird. Da ist alles nur noch scheußlich, eine Zone des formlos Ungestalten, Widermenschlichen, ja eigentlich Verdammten. Es tönt fast wie der Bericht in Schillers »Taucher«: »da unten aber ist's fürchterlich«. Souverän formuliert ist es indessen schon: »Ein schlaffer Mund, verdrossen über dem Kinn hängend, das Kinn kaum vom Halse sich lösend, der ganze untere Teil des Gesichts überhaupt so scheu zurückkriechend...« Das Original hat keine Chance.

Das eigentlich Unheimliche am Text ist, daß Immermann Grabbe durchaus wohl will, herzlich sogar wohl will. Dennoch könnte er ihn nicht böser angehen, wenn er ihn vor der Nachwelt für alle Zeiten diffamieren wollte. Hätte er wenigstens die Argumentationsfolge umgekehrt – »ein übler Mund, aber welche Stirn!« –, Grabbe hätte noch zu den irgendwie Geretteten gehört. So aber wird der Text zu seinem moralischen Todesurteil.

Wenn man sich hier an die Strukturen der Bildnisse in »Dichtung und Wahrheit« erinnert, wird einem bewußt, wie sehr die dort häufig festgestellten Polaritäten anders pointiert waren als der »Widerspruch der Organisation« hier. Dort wurde der Leser mit den Gegensätzen allein gelassen, hier werden sie ausgedeutet und bewertet. Dort entstand ein kleiner, aber spannungsvoller Raum für das sprachlos Individuelle, hier toleriert die Sprache keine freien Zonen mehr.

Das beruht nicht auf privatem Hochmut. Immermann ist ein redlicher Mensch, und Grabbe hat ihm viel zu verdanken. Die gnadenlose Konsequenz des Porträts stammt vielmehr aus einem Prinzip aller Prosa des bürgerlichen Jahrhunderts: ihrem pädagogischen Auftrag. So wie sich diese Rede aus einer Autorität herleitet und diese Autorität – Goethe – gleichzeitig befestigt und sich ihrer versichert, fühlt sie sich selbst zur Ausübung von Autorität verpflichtet. Das glaubt erziehen zu müssen, sobald es nur den Mund auftut. Im gleichen Vorgang, in dem aus der Prosa der Klassiker eine Gemeinsprache der deutschen Gebildeten wird, werden die Werke dieser Klassiker auch schon so gesichtet und geordnet, daß sie den Anschein erwecken, sie seien die geschlossene Erscheinungsform eines einzigen kompakten Sittlichkeitssystems. Unter *einer* Ordnung soll alles stehen. Dieser Imperativ hat das bürgerliche Jahrhundert die Arbeit der Klassiker nicht anders sehen lassen denn als Ausdruck eines zusammenhängenden moralisch-anthropologischen Konzepts. Was nicht passen wollte – von Schillers Anthologie-Gedichten bis zu den »Wahlverwandtschaften« – blieb in einer Dämmerzone. Die chauvinistische Fiktion einer von aller Welt qualitativ unterschiedenen Einheit »Deutschland«, eines rißlosen moralisch/politisch/kulturellen Blocks in der Geschichte, welche das deutsche bürgerliche Jahrhundert charakterisiert und ja auch tatsächlich für eine Zeit so etwas wie ein »Reich« hervorbringt, hat sich der zweckmäßig präparierten Klassik als eines Kitts für alle Fugen bedient. Wenn Grabbe in dem Bildnis keine Chance hat, wenn der »untere Teil des Gesichts scheu zurückkriecht« und nicht etwa zurückgeschlagen ist oder niedergebunden wurde oder Gewalt erlitten hat irgendwelcher Art, dann hängt das damit zusammen, daß ein Kaputtgehender, ein Außenseiter und überkippender Randsiedler nicht ein Symptom sein darf für Zeit und Gesellschaft, sondern ein Beispiel abgeben muß für falsches Verhalten und »vertanes« Leben. Es sind im letzten die in der Bildungsprosa des bürgerlichen Jahrhunderts gespeicherten Normen, die dem geplagten Mann, gegen die tiefere Absicht vielleicht sogar des wohlmeinenden Verfassers, das Recht verweigern, auch nur in Spuren als das Opfer niederträchtiger Zustände zu erscheinen, das er mehr als nur spurenweise gewesen ist.

Marie von Ebner-Eschenbach über Grillparzer: der Dichter als Märtyrer

Fast wie ein Pendant zu Immermanns Grabbe-Bildnis erscheint das Grillparzer-Porträt der Marie von Ebner-Eschenbach. Auch hier wird unverkennbar im Bewußtsein der Aufgabe geschrieben, einer Nachwelt zu überliefern, wie einer war und aussah, von dem etwas zu lernen ist. Und es wird geschrieben mit dem Selbstbewußtsein dessen, der sich seines Mediums versichert hat und es nicht ohne Stolz gleichzeitig gebraucht und vorführt. Das Porträt findet sich in der kleinen Schrift »Meine Erinnerungen an Grillparzer«, entstanden 1915, aus der Feder der 85jährigen, viele Jahrzehnte nach jenem Text über Grabbe. So weit die beiden Arbeiten zeitlich auseinanderliegen, so sehr zeigen sie Konstanz und Homogenität der Schreibweise und damit der Epoche, der sie beide innerlich zugehören.

Als ich den Dichter persönlich kennenlernte, war er ein Greis. Die Gestalt, klein, schmächtig, etwas zur Seite geneigt, schien schwer zu tragen an dem mächtigen Haupte, auf dem die reichen weißen Haare sich noch leicht und fein wellten. Die Stirn prachtvoll, breit und klar und wie umwoben von den Geistern großer Gedanken, größerer vielleicht noch als die, die der Unstern, der über ihm gewaltet hatte, sich ausgestalten ließ, Gedanken auch einer wahrhaft genialen Selbstquälerei und vielleicht nie ausgesprochener Reue über versäumtes Glück. Ich sehe jedem Schmerz bis auf den Grund, sagte der Blick der blaugrauen, von starken Brauen überschatteten Augen; es lag in ihnen etwas schwermütig Mildes, der Ausdruck einer Weisheit, die alles begreift und alles verzeiht. Doch konnten aus ihnen auch Funken einer schalkhaften Heiterkeit sprühen, die hinreißend wirkte. Die Nase war kräftig und wohlgeformt, und längs ihrer Flügel zog sich zu der Unterlippe hin, wie erbarmungslos von grausamer Hand eingeschnitten, die sogenannte Kummerfalte. Was dieser Mann gelitten hatte, verriet am ergreifendsten der auch im Schweigen beredte Mund, mit seinen so deutlichen Spuren verbissener Schmerzen und niedergezwungenen Ingrimms.

Wie viele bittere und ätzende Worte waren über diese Lippen gekommen, bevor sie ihr typisch gewordenes »Sei's!« oder »In Gottes Namen!« aussprechen lernten![99]

Die das schreibt, ist dem alten Grillparzer nicht nur in herzlicher Ehrfurcht zugetan, sie hat ihn auch verstanden. Die Stichworte Glück, Reue und Selbstquälerei, in einem Satz versammelt, geben tatsächlich drei Angelpunkte seines inneren Lebens ab, Angelpunkte zugleich seines endlosen Denkens und frühbeendigten Dichtens. Man kann nichts, was hier über den Mann grundsätzlich statuiert wird, bestreiten. So zutreffend wie die drei Stichworte über den Bereich seiner Reflexionen sind auch die drei Begriffe, die den Spielraum seiner Gefühle abstecken: Ingrimm, Schmerz und Heiterkeit. Der Mann in seinem berühmten Lehnstuhl, in dem er schließlich auch noch sterben sollte – so gesund war er, der sein Leben lang über die Beschwerden seines Leibes klagte, daß er nicht einmal zum Sterben ein Bett brauchte –, er war jahrelang ein Memento für all das, was das Jahrhundert versprochen und nicht gehalten hat. Ein düsteres Denkmal der Erbitterung und Enttäuschung darüber, daß die stolze Skala bürgerlich-politischer Tugenden, die das 18. Jahrhundert entworfen, an die es geglaubt hatte (an die nicht zuletzt das österreichische 18. Jahrhundert unter Joseph II. geglaubt hatte), daß diese Skala bürgerlich-politischer Tugenden in einer zähen Masse von Dummheit, Bösartigkeit und verkehrter Begeisterung verkommen mußte. Er hatte an einen vernünftigen Staat geglaubt, der die schönen Zeichen und Farbigkeiten der Feudalzeit bewahren würde, weil, wie er überzeugt war, der politische Mensch von einer starken Sinnlichkeit ist, die Zeichen und Bilder will und doch mit rationaler Verantwortung durchaus zusammen geht. Und er hatte geglaubt, daß hinter den glänzenden Emblemen des Feudalwesens, einem feierlichen Dekor, aber Dekor eben doch zuletzt, der nach den gerechten Regeln der Humanität und des freien Denkens gefügte neue Staat sich aufbauen würde. Der Traum vom Empereur bourgeois im aufgeklärtesten Sinn, der eigentliche Österreichische Traum, der nie »ein Leben« wurde, hatte ihn zum politischen Dramatiker großen Stils gemacht. Aber er mußte zusehen, wie seine Arbeit von den Regierenden als sinnlos befunden wurde. Wenn man ihn überhaupt zur Kenntnis nahm, dann nur als störend. Was er nicht für möglich gehalten hatte, geschah: statt daß sich in der Politik die Grandeur der Feudalen mit der strengen Sittlichkeit der Bürger vereinigte, kam es zur Verbindung von feudaler Arroganz mit bourgeoiser Philisterhaftigkeit und Profitgier. Da nannte er sich »schweigender Dichter«, lehnte sich zurück und las Lope de Vega.

Er hätte es allerdings souveräner tun können. Seine zärtlichkeitssüchtige Natur machte ihn mürrisch und unleidig, schwer erträglich wohl auch. Man wurde leicht von ihm abhängig, kam nicht mehr los und sah sich für die Mühe nie belohnt. Die Neigung der Frauen flog ihm zu, tägliche Betreuung geschah ihm wie aus Natur, er ließ es geschehen, als wäre es ihm eigentlich lästig. Gesund wie alle Hypochonder, hatte er von der Gesundheit so wenig wie von der Liebe, um die er nicht werben mußte und die ihm deshalb nichts galt, – was ihn dann aber gleichzeitig erst recht unwiderstehlich machte. Man könnte ihn abscheulich finden, wäre da nicht immer wieder jener schwermütige intellektuelle Charme, der als eigenartige Aura seine Schauspiele wie seine Existenz umgibt.

Der schönste Satz im Porträt der Ebner-Eschenbach ist der erste der eigentlichen Beschreibung: »Die Gestalt, klein, schmächtig, etwas zur Seite geneigt, schien schwer zu tragen an dem mächtigen Haupte, auf dem die reichen weißen Haare sich noch leicht und fein wellten.« In diesem Satz verbindet sich die Benennung körperlicher Dinge nur vorsichtig mit moralischen Kategorien. »Klein, schmächtig, etwas zur Seite geneigt«: das besagt nichts als die Art und Weise des Gegenwärtigseins, eine Nuance körperhafter Existenz, der noch keine interpretierende Gewalt angetan worden ist durch einen tiefsinnigen Deuter. Auch die fast zärtliche Wendung, es habe geschienen, daß die Gestalt schwer trage an dem mächtigen Haupt, wird nicht gleich auf Allerweltsnormen wie etwa Willensschwäche plus Geistesstärke oder ähnliches bezogen. Selbst wenn insgeheim so etwas beabsichtigt wäre, es wird dem Leser doch nicht aufgedrängt, und er kann sich die ausdrucksstarke Verbindung einfacher Phänomene auf seine Weise auslegen. Natürlich ist keines der Attribute von Natur aus negativ: »schmächtig« liegt seinem immanenten Wert nach noch immer hoch über jenem bösen »wie unentwickelt«, das den Anfang des Grabbe-Bildnisses akzentuierte. Verglichen mit dem übrigen Text aber wirkt der Satz nahezu nüchtern. Er vermittelt eine unverstellte Nachricht von der Präsenz des wortkargen alten Mannes. Dann jedoch prasseln die feierlichen Gleichsetzungen, bei denen man, wie Humboldt bei Lavater, fragen möchte, »auf welchen ersten Gründen« sie denn eigentlich beruhen. Die Stirn ist »prachtvoll«, »klar«, »wie umwoben von den Geistern großer Gedanken«; der Blick sagt: »ich sehe jedem Schmerz bis auf den Grund«; die Falte von der Nase zu den Mundwinkeln ist »wie von grausamer Hand eingeschnitten«; der Mund »verrät am ergreifendsten, was dieser Mann gelitten« hat. Die Verehrerin will die körperhafte Wirklichkeit des Gesichts wiedergeben und deckt sie gleichzeitig zu mit all dem, was sie über Leben und Werk des Mannes gedacht und herausgefunden hat. Es waltet hier eine ganz kritiklose, selbstverständlich vorausgesetzte Physiognomik, ein Zwang geradezu, jedes einzelne Element zum bedeutungstragenden Zeichen zu erklären und alle zusammen einem einzigen Organisationsprinzip – der große Dichter als großer Leidender – anzunähern. Es ist das Gefälle auf diesen einen Punkt hin, was den Text so geschlossen erscheinen läßt, obwohl doch Zahl und Gewicht der seelischen Qualitäten, die den Zügen angeblich entnommen werden können, ein nahezu groteskes Maß erreichen: Milde, Weisheit, Heiterkeit, Schmerz, Ingrimm, Reue, versäumtes Glück und Leiden aller Art. Man kann hier sehr schön verfolgen, wie die Gesichtsbeschreibung jener traditionellen Art, wie sie sich im 19. Jahrhundert endgültig ausgebildet hat, aus einer Reihe von Normenspezifizierungen besteht, wobei das Körperelement nur die Funktion hat, auf einen allgemeineren Wert zu verweisen und dessen Vorhandensein zu bezeugen. Das Gesicht wird zu einem erstarrten Wertsystem. Das ist nur möglich aufgrund einer unüberlegten und doch restlos akzeptierten Physiognomik. Die erscheinende Individualität wird sogleich zum sittlichen Profil. Das sittliche Profil eines Menschen ist aber in Wahrheit kein Phänomen, sondern ein von der Umwelt angefertigtes theoretisches Konstrukt.

Auch hier soll der Leser belehrt werden. Während beim Grabbe-Bildnis die pädagogische Pointe auf die Gefahren eines vertanen Lebens und ungenügender Produktivität zielte, bewegt sich hier alles im Umkreis der feierlichen Vorstellungen vom Leiden der Großen, von den Dichtern als den tiefer Fühlenden, qualvoller Empfindenden, – womit dann stillschweigend die verkehrte Meinung parallel geht, daß der weniger Sprachgewandte ein leichteres Leben führe. Was Marie von Ebner-Eschenbach einen Abschnitt später, auf ihr Porträt zurückblickend, noch anführt, kann darüber keinen Zweifel lassen: »Die Geschichte eines Martyriums stand auf seinem Antlitz geschrieben, und ich las sie herab, liebevoll, ehrfurchtsvoll und mit dem schmerzlichen Gefühl, daß das nicht mehr gutzumachen sei. Die Generation, die vor ihm hätte hinknien und sagen müssen: ›Verzeih!‹, war tot.«[100] Die in solchen Texten immer mitschwingende Annahme einer verminderten Schmerzempfindlichkeit des Ungebildeten ist eine der großen fables convenues, die das Bürgertum des 19. Jahrhunderts wider alle eigenen Erfahrungen aus dem sozialpsychologischen Überzeugungskatalog des abgetakelten ancien régime übernahm. Noch Goethes Tasso wußte es besser. Sagen zu können, was einer leidet, galt ihm als Geschenk der Götter. Der es besaß, hatte zuletzt die geringeren Schmerzen als jene, die »in der Qual verstummen« müssen. Im bürgerlichen Jahrhundert aber wird der Dichter zu einem, der nicht nur etwas Schwieriges, nämlich dichten, besonders gut kann, sondern vor allem auch ein bedeutenderes Leben führt als andere, wenn nicht äußerlich – die Möglichkeiten praktizierter Großartigkeit waren da etwas eingeschränkt – so dann halt eben innerlich, als der unvergleichlich intensiver Fühlende. Ursprünglich brachte der Bürger den Großen der Geschichte ein berechtigtes Mißtrauen entgegen. Jahrhundertelang hatten sich diese ja auf seine Kosten groß gemacht. Nun aber, als sein Jahrhundert kommt und ihm die Verfügungsgewalt zuerst im wirtschaftlichen, dann allgemach auch im politischen Bereich zuwächst, will auch er seine Großen. Sie sollen nicht mehr nur auf den Schlachtfeldern gewachsen sein. So monumentalisierte man denn die Dichter. Dazu bedurfte es einiger bisher nicht bekannter Axiome: die Dichter sind die moralischeren Wesen; sie empfinden tiefer, sie gehören einer höheren Gattung an; vor allem aber: sie leiden mehr! Schiller, der für das 19. Jahrhundert den eigentlichen Prototyp solcher Stilisierung abgeben sollte, hatte in seiner lieblosen Rezension des Dichters Bürger die These von der wechselseitigen Bedingtheit sittlich wertvollen Lebens und poetisch wertvoller Produktion als erster ganz apodiktisch formuliert. Aber er war nur die Stimme einer verbreiteten Überzeugung. So wie das Grabbe-Bildnis den unbedachten Rückschluß von der ungenügenden Produktivität auf eine beschädigte Sittlichkeit enthält, zeigt das Grillparzer-Porträt den komplementären Schluß vom bedeutenden Werk auf die exemplarischen Qualitäten des Seelenlebens. Es ist kaum ein Zufall, daß sich das einzige Aufflackern eines kritischen Vorbehalts dem Charakter Grillparzers gegenüber, das Wort »Selbstquälerei« (im voraus entschärft durch das Attribut »genial«), im gleichen Satz findet, in dem angedeutet wird, die dichterische Leistung hätte noch um ein weniges größer sein können.

Dem entspricht dann folgerichtig das deutliche Bestreben beider Texte, sich einer Denkmalhaftigkeit im engeren Sinne anzunähern. Bei der Ebner-Eschenbach erkennt man es an der Art, wie Stirn, Nase und »eingeschnittene« Falte stilisierend modelliert werden. Bei Immermann wird dem hilflosen Grabbe zu verspüren gegeben, daß sich nur eine Hälfte seines Kopfes zum bedeutenden Bildwerk eignen würde. Der Verweis auf die Plastik über Shakespeares Grab ist der deutliche Beleg für diese Überlegung.

Vischer über Uhland: das erreichte Monument

In verblüffender Ähnlichkeit kehren diese Dinge in dem dritten hier zu besprechenden Dichterbildnis wieder, Friedrich Theoder Vischers Uhland-Porträt. Es findet sich im Aufsatz »Ludwig Uhland« aus dem zweiten Band der »Kritischen Gänge«.

Als die Kunde von Uhlands Tod zu mir gelangte, trat seine Erscheinung lebendiger als je vor mein Gedächtnis. Mir war, als sähe ich ihn eben über die Neckarbrücke gehen mit seinen langen Schritten, den Kopf steil, etwas zurückgeworfen oder eigentlich im Auftreten bei jedem Schritt etwas zurück und seitwärts bewegend; »was ich nicht will, will ich nicht, und was ich nicht will, tue ich eben nicht, da bringt mich keine Gewalt der Erde dazu«, so schien jeder Zug dieser Gangart und Haltung zu sagen. Uhlands Kopf war auf den ersten Anblick nichts weniger als schön; kleines, zurückgeschobenes Kinn gehört bekanntlich zu den auffallenden Mißbildungen des menschlichen Profils; über dieser unzulänglichen Basis trat scharf und herbgeschlossen, mit etwas abwärts gezogenen Winkeln der Mund hervor; die Nase war kräftig gebildet, hier lag nichts Kleinliches, Energie sprach aus ihrer mäßig gebogenen Mitte, Scharfsinn aus ihrer länglich gezogenen Spitze. Was nun aber jedem prüfenden Auge den ungewöhnlichen Menschen verkündigte, das war die hohe, breite, ausgezeichnet individuelle Stirn; eine mäßige Einziehung über dem markierten Vorsprung der Augenknochen, dann eine rückwärts geneigte mächtige Auswölbung, die obere, früh kahl gewordene Fläche groß, nach leichter Einsenkung in kräftigen Hügeln nach hinten abfallend – hier sprach alles: dies ist ein Charakter und ein Geist, tiefe Denkkraft, Forschergabe vereinigen sich da mit unbeugsamem Willen, auf den ein sicherer Verlaß ist, unbedingter Realität, Echtheit, Mannhaftigkeit, Standhaftigkeit, die allerdings wohl auch in spröden Eigensinn ausläuft, Größe und vorwärtsdringende Kraft mit unberechenbarem Beharren bei Einzelnem, vielleicht mit wunderlicher Schwerfälligkeit und Umständlichkeit. Das ist gewiß, einen festen, tiefen, gründlichen, deutschen Mann mochte man leicht in dieser höchst eigenartigen, knorrigen, eckigen, kantigen Bildung erkennen, einen Dichter nicht. Nun aber legte und goß sich noch etwas ganz anderes über diese harten, markigen und doch teilweise wieder kleinlichen Formen. Vor allem muß ich die Schläfen nennen; eine nicht zu beschreibende, rührende Zartheit lag über dieser Bildung, erhöht von dem Spiele der etwas gerollten, früher blonden, ergrauten Locken. Das blaue Auge war klein und schien dem oberflächlichen Beobachter unbedeutend, natürliche Empfindlichkeit des Organs und Gewohnheit des Studierens hatte die Lider etwas zusammengezogen, gerötet und ein Netz von Fältchen um die äußeren Winkel gebildet; wer aber genauer zusah, wer in vertrauter Nähe in dies Auge blickte, dem sprach es von unergründeten Tiefen der Empfindung und Ahnung, von geheimen Wundern der Seele, von Milde und Güte. Ich kenne nur *ein* gutes Bild von Uhland, ein Ölgemälde, ich meine von Morf in Stuttgart, Brustbild, das Gesicht von vorn, jugendlich, die Haare noch voll und blond; ganz unglücklich ist das Profilbild in den Ausgaben der Gedichte. Für den Bildhauer wäre trotzdem, daß nur die Farbe jenen unbeschreiblichen Schimmer des Auges wiedergeben kann, der Uhlandische Kopf keine ungünstige Aufgabe; solche harte nordische Formen lassen sich, wenn sie charaktervoll sind, durch eine mit dem Gesetz der Treue richtig abgewogene Stylisierung recht wohl in das Monumentale rücken, und was das Auge betrifft, so hat ja die plastische Kunst ihre Mittel, durch ausdrucksvolle Behandlung der Höhle, der ganzen Umgebung, der Lider eine dem Kolorit sich annähernde Wirkung hervorzubringen. Wer nun diese Schläfe, Locken, zarte Einziehung und Blick des Auges recht anschaute, dem war, als hätte die herben Grundlagen der Kopfbildung ein Anhauch von oben berührt, mit lindem Wehen übergossen, mit zarter Hand darüber gleitend besänftigt und geweihet – ja wahrlich, der erkannte den »*numine afflatum*«.[101]

Uhland scheint in etwa das gleiche Kinn wie Grabbe gehabt zu haben. Am Vergleich der Texte von Immermann und Vischer kann man unter anderem studieren, wie sehr alles davon abhängt, ob eine Beschreibung mit den Positiva oder mit den Negativa endet. Vischer beeilt sich, die Sache mit dem »kleinen, zurückgezogenen Kinn« so rasch wie möglich hinter sich zu bringen. Er baut seinen Diskurs auf dem genau umgekehrten Schema zu Immermann auf: ein kümmerliches Kinn, aber welche Stirn! Von Grabbe hieß es dem gegenüber: eine prachtvolle Stirn, aber welch jämmerlicher Mund! Durch das simpelste Mittel der Rhetorik, die Reihenfolge der Argumente, gerät da dem einen zum Segen, was das Verderben des andern ausmacht, und doch vibrieren beide Texte förmlich vom Gerechtigkeitsgefühl ihrer Verfasser.

Vischer scheint fast vor sich selbst zu erschrecken angesichts der unbestechlichen Wahrhaftigkeit, mit der er feststellt, Ludwig Uhland sei nicht eben der schönste gewesen. Tatsächlich wäre es eine Leistung, wenn nicht ein eigentlicher literarischer Durchbruch gewesen, hätte er mit der Härte Flauberts, des Zeitgenossen, das störend Unansehnliche des Mannes in seinem ganzen Widerspruch zu dessen menschlichem Format und den Schönheiten seiner Poesie dem Leser zur Verarbeitung hingestellt – »Da schau, wie du damit zurande kommst!« Solches aber ist anscheinend nicht möglich, nicht in dieser Sprache, nicht unter diesem Begriff vom nationalen

Dichter und nicht bei diesem Selbstverständnis des deutschen Gelehrten als einer ästhetisch-sittlich rundum zuständigen Instanz. Kaum hat Vischer einer schaudernden Öffentlichkeit die Mitteilung gemacht, Uhland sei auf den ersten Anblick »nichts weniger als schön« gewesen und habe eine der »auffallenden Mißbildungen des menschlichen Profils« aufgewiesen, erfaßt ihn auch schon der physiognomisch-hymnische Furor. Die unsägliche Komik der Aussagen über Uhlands Nase: »Energie sprach aus ihrer mäßig gebogenen Mitte, Scharfsinn aus ihrer länglich gezogenen Spitze«, kann nur zustande kommen und dem Autor wie dem Zeitgenossen unbemerkt bleiben aufgrund der Tatsache, daß nach dem offenbar schockierenden Auftakt der Beschreibung alles unter der Pflicht steht, das Bild des Dichters von »Ich hatt' einen Kameraden« in der deutschen Seele zu retten. Das gelingt denn auch nachhaltig, spätestens dort, wo er von der Nase zur Stirn kommt, der er ein wahres Hagelwetter mannhafter Tugenden zusprechen darf.

Allerdings: die Beschreibung des Schädels als solche hat literarischen Rang. Während die Kinnpartie von Anfang an wertend präsentiert wurde, unternimmt Vischer hier auf eine kurze, doch bedeutende Strecke den Versuch einer sachlich-genauen Abschilderung der Kalotte mit den Mitteln einer erfahrenen Prosa, und das plastisch bewegte Gewölbe von den Augenknochen bis zum Hinterkopf gewinnt eine starke Präsenz: »...eine mäßige Einziehung über dem markierten Vorsprung der Augenknochen, dann eine rückwärts geneigte mächtige Auswölbung, die obere, früh kahl gewordene Fläche groß, nach leichter Einsenkung in kräftigen Hügeln nach hinten abfallend –«. Aber der massive Schub sittlicher Normen, der darauf folgt und auf den hin die schöne Passage offenbar berechnet war, macht den Eindruck kühler, fast lauterer Realistik wieder zunichte. Erneut wird der Kopf zum Moralsystem in der Erscheinung, abgestützt auf eine Allerweltsphysiognomik, die ihre Herkunft von Lavaters wildesten Behauptungen nicht verleugnen kann. Der Auftrag, dem sich die Dichter und die Gelehrten des bürgerlichen Jahrhunderts gleicherweise unterstellt sahen, den sittlichen Stand der lesenden Öffentlichkeit zu heben und zwar nicht nur, indem sie die Wahrheit sagten und die Wirklichkeit zeigten, sondern indem sie gleichzeitig ausführten, was von dieser Wahrheit und Wirklichkeit zu halten und wie sie für Heim und Leben zu verwerten sei, dieser Auftrag wird in dem wiederholten Wechsel des Textes von der Deskription zur Sinngebung augenfällig.

Im Gegensatz zum Ebner-Eschenbachschen Grillparzer-Bildnis hält Friedrich Theodor Vischer die beiden Ebenen fast durchweg sehr deutlich aus- und nebeneinander. Das gibt dem Porträt einen faszinierenden, fast konstruktivistischen Zug, als hätten Ideologie und Wissenschaft je eine Eigenständigkeit, die sich gegen die Amalgamierung sträubte. Anstelle der Durchmischung haben wir hier den gesetzten Bezug zwischen deutlich Unterschiedenem. Der Schädelbau tritt in Relation zum mannhaft-knorrigen Charakter; die Schilderung der beiden Gegebenheiten aber steht je geschlossen da. Der mannhaft-knorrige Charakter seinerseits steht wieder deutlich getrennt neben dem Dichtertum des Porträtierten, so daß dieses Dichtertum nun dringend nach einem handfesten Zeugnis unter den Teilen des Gesichts verlangt. Es wird gefunden in der Schläfe, – und da folgt eine weitere Stelle, wo man dem Text unwillkürlich Respekt entgegenbringt. Die Art und Weise, wie dieser kleine Bereich aus dem Ganzen von Kopf und Gesicht abgesondert und rühmend benannt wird, ist poetisch genuin und unmittelbar ergreifend. Es mag ein schriftstellerischer Kunstgriff sein, der Sache nach vielleicht eine schiere Behauptung, aber der Absatz gehört zu den Dingen, die von dem Bildnis haften bleiben. Der Grund für den Verdacht auf einen schriftstellerischen Kunstgriff liegt in den Schwierigkeiten, die Vischer mit Uhlands Augen hat. Sein Blick, unverkennbar von den Naturwissenschaften seiner Zeit geschärft, registriert an diesen nämlich Dinge, denen er aus dem Bereich der Bildungsphysiognomik ehrlicherweise nichts Entsprechendes und Vielsagendes zuordnen kann. Man achte auf das »aber«, mit dem im folgenden Passus von der klaren Deskription des Organs zum schummrigen Tiefsinn übergeleitet wird: »Das blaue Auge war klein und schien dem oberflächlichen Beobachter unbedeutend, natürliche Empfindlichkeit des Organs und Gewohnheit des Studierens hatte die Lider etwas zusammengezogen, gerötet und ein Netz von Fältchen um die äußeren Winkel gebildet; wer aber genau zusah ...« Das »aber« heißt: die Zeichen der Schwäche und der Vergänglichkeit des Leibes sind störend für den, der da »den Dichter« im Sinne seiner Zeit sucht. Man muß sie wegdisputieren. Solches geschieht, indem sich der Autor die Fähigkeit zuspricht, »genauer zuzusehen« und zu erkennen, was sich sonst einfach nicht finden will: die körperhaften Zeichen der wunderbaren Seele. Nichts zeigt das undialektisch Eingleisige, das diesen Text bei allen Qualitäten begrenzt, besser als die Unfähigkeit, Uhlands menschlichen und poetischen Rang mit den Signalen der Hinfälligkeit in seiner Erscheinung zusammenzusehen. Man muß sich, um dies klar zu bekommen, an die Art erinnern, wie Goethe Herders einem, tierhaft unterlaufenem Auge unmittelbare Zeichenhaftigkeit zuwachsen ließ. Der Vergleich macht den gründerzeitlichen Klassizismus und die entsprechenden Stilisierungsgebärden Vischers einsichtig.

Tatsächlich und wahrhaftig gipfelt dieses literarische Porträt dann auch in der Vision des Marmormonuments. Daß er in Stein gehauen bestehen könnte, wird zum letzten und zwingenden Beweis für Uhlands Dichtertum. In diesem Gestus vollendet sich das Porträt. Das Prinzip, wonach der Bildhauer zu verfahren hätte – »eine mit dem Gesetz der Treue richtig abgewogene Stylisierung in das Monumentale« –, faßt mit unvergleichlicher Prägnanz zusammen, was der Text selber anstrebt, und bringt gleichzeitig den Begriff vom Dichter als dem repräsentativen Großen in der bürgerlichen Gesellschaft zu sinnlicher Vergegenwärtigung. So, in »richtig abgewogener Stylisierung«, soll der Dichter dem Volk vor Augen stehen: nicht einer, der aus den vielfachen Verkrümmtheiten eines Menschenlebens heraus einige Dinge von Glanz und Dauer erschaffen konnte, sondern umgekehrt einer, der mit den Dingen von Glanz und Dauer, die er erschaffen hat, nur hinweist auf seine angeblich unverkrümmte, nacheifernswerte, marmorwürdige Existenz.

Hinweis auf ein Beethoven-Bild ohne Porträt-Absicht

Es ist die allzu billig gehandelte Überzeugung, daß, was innen ist, auch außen sichtbar sein müsse, und daß alles Äußere auf ein Inneres gesetzmäßig sich beziehe, was die Tradition und die Regeln der Gesichtsbeschreibung im bürgerlichen Jahrhundert begründet. Überdies aber gehört dazu die ebenso verbreitete Überzeugung, daß der sittliche Charakter eine naturhaft-objektive Größe sei, nicht etwa ein gesellschaftliches Konstrukt, das dem Normenwandel, ja mehr noch: eigentlichen Modeströmungen der Moral unterworfen ist. Sobald bei einem Autor ein Bewußtsein vorhanden ist von der gesellschaftlichen Konstruktion der Sittlichkeit, von der Tatsache, daß alle Moral ihre Genealogie hat, wird das literarische Porträt um einige Spuren weniger eindeutig, es gerät dann schillernder, die Konturen verlieren da und dort ihre Schärfe. Plötzlich will sich alles nicht mehr so klar und eindeutig zusammenfügen. Für den Leser hat dies keineswegs zur Folge, daß der abgebildete Mensch als vergegenwärtigte Erscheinung weniger intensiv erfahren würde. Vielmehr kann gerade über das Heterogene der Mitteilung und über die kahle Erwähnung ungedeuteter, mit keinem »Sinn« beladener Teilphänomene ein einzelner, gemäß jener Formulierung Goethes, »zur Person werden«, direkter und bedrängender »zur Person werden«, als wenn alles unter bedeutungsschwere Organisationsprinzipien gerückt, auf sie bezogen und von ihnen hergeleitet wird.

Der Essayist Ludwig Speidel gibt davon ahnungslos ein Zeugnis, in einem Aufsatz »Beethovens äußere Erscheinung« aus dem Jahre 1888. Er berichtet darin nur schlicht informierend von den Recherchen, die ein Doktor Theodor Frimmel über Beethoven angestellt hatte. Dieser Frimmel stellte alle erreichbaren Daten und Dokumente über Beethovens Äußeres zusammen und wog sie in ihrer Verläßlichkeit gegeneinander ab. Speidel will seinen Lesern auf knappem Raum die wichtigsten Ergebnisse mitteilen. Was dabei entsteht, ist also kein literarisches Porträt nach den Vorstellungen Speidels und seiner Zeit. Es ist ein purer Sachbericht. Gerade deshalb aber gewinnt es für den heutigen Leser eine Unmittelbarkeit, die bei einem Text nach den Regeln zeitgenössischer Porträtierung nicht möglich gewesen wäre, auch wenn dabei das gleiche Material Verarbeitung gefunden hätte. Der Abschnitt sei hier als gezielter Kontrast, als Negativfolie für die übrigen Bildnisse eingefügt. Aus der Differenz zu diesem Text sollte sich das Spezifische der anderen noch um einiges deutlicher herausheben. Speidel berichtet:

Nach Beseitigung aller tauben Hülsen schält Frimmel das folgende Bild von Beethoven heraus: von untersetzter, mittelgroßer Statur, eine fast derbe Gestalt, bekrönt von einem Haupte, das ungewöhnlich groß ist und durch den dichten Wuchs des schwarzen Haares noch größer erscheint. Denn dieses Haar ist nicht sorgfältig niedergekämmt, sondern hat die abenteuerlichsten Formen angenommen, je nachdem es der Meister eben zurückgestrichen oder der Wind es tüchtig zerzaust hat. Die breite Stirn ist in der mittleren Partie merklich vorgewölbt, sie ist nicht glatt, sondern erscheint höckerig im großen und kleinen. Die buschigen Brauen verlaufen in mäßigem Bogen. Etwas tiefer liegen die kleinen kurzsichtigen braunen Augen, die, wie der ganze Mann, sehr beweglich sind. Die Nase sitzt breit in dem brünetten, wohlgenährten, stark geröteten Gesichte, das fast allerwärts mit Grübchen übersät ist, die von den Pocken zurückgeblieben sind. Der Mund ist breit, wie der ganze Kopf überhaupt, das Kinn asymmetrisch, durch tiefe Gruben in seiner rechten Hälfte verkümmert. Eine Querfurche rechts in halber Höhe, ungefähr zwischen Mund und dem untern Kinnrand, ist sehr charakteristisch. Ein ganz kleiner Backenbart vor dem Ohre wird bemerkt. Kräftige, fast plumpe rote Hände mit kurzen, breiten Fingern entsprechen dem Wesen des Ganzen. In seinem zweiundvierzigsten Jahre hat Beethoven so ausgesehen.[102]

Der Text hat gerade dort seine starke künstlerische Qualität, wo er nach Intention und Überzeugung des Verfassers mit solcher aber auch gar nichts zu tun haben will. Nichts wird ausgedeutet und auf Höheres bezogen. Einzig zu Beethovens Händen fällt eine kleine physiognomisch kommentierende Bemerkung (»entsprechend dem Wesen des Ganzen«), sonst ist dieser Text ganz frei von Gebärden der Sinnstiftung. Das ist in der literarischen Landschaft der Zeit unerhört, und es wäre ohne die erwähnten Entstehungsumstände auch nicht möglich gewesen. Erstaunlich erscheint trotzdem, wie lange es Speidel durchhält, den von aller Welt zum Titanen, Heroen und Geistesriesen Verklärten nur aus harten physiologischen Fakten vor dem Leser aufzubauen. Man spürt förmlich, wie er zuletzt, bei den Händen, dem physiognomischen Denkzwang doch noch unterliegt, indem er deren Gestalt und Farbe mit dem Verweis auf eine Analogie zu den andern Elementen der Erscheinung rechtfertigt. Sonst aber nichts: kein Bezug von der Stirn zur Eroica, kein Rapport zwischen der Nase und der Waldsteinsonate. Das Kinn darf »asymmetrisch« und teilweise »verkümmert« sein, ohne daß dies die geringsten Folgen hätte für die moralische Person.

Heine über Casimir Périer: Freiheit aus Widersprüchen

Einige der breitest entworfenen, am feinsten ausgearbeiteten literarischen Porträts aus dem bürgerlichen Jahrhundert stammen von Heinrich Heine. Das hängt zum Teil mit seiner besonderen Schreibsituation zusammen: der Mann in Paris, der für die Deutschen schreibt. Er liefert aktuelle Information. Er ist Augenzeuge der Gegenwart, dort, wo diese Gegenwart riesenhaft bewegte Geschichte ist, wo Entscheidungen anstehen und fallen, die auf unberechenbare Weise auch das politisch gelähmte Deutschland affizieren können. Während die Immermann und Vischer für eine Nachwelt schreiben, die sonst keine Möglichkeit mehr hat, sich eine Vorstellung zu machen von dem, was an berühmten Leuten sterblich war, gilt Heines Schreiben den Zeitgenossen, die politisch-kulturell so neugierig und nachrichtenhungrig sind, wie man es in polizeiversetzten, umfassend zensurierten Landen eben wird. Heine schreibt in einer für die deutsche Literatur raren Kumulation von Autorrollen: er ist Tageskorrespondent und politischer Oppositioneller im freiwilligen Exil; er ist an Hegel geschulter Intellektueller mit einer Neigung zu geschichtsphilosophischen Reflexionen im Rutschgebiet zwischen Prophetie und Bonmot; er ist Dichter mit künstlerischem Ehrgeiz noch im letzten Prosasatz, und schließlich ist er einer der virtuosesten Artisten im Bereich jener zeitgenössischen Gefühlskultur, die sich nach Byrons Tod wie verdampftes Opium über das lesende Europa gesenkt hatte. Was ihn fasziniert, sind die ganz kleinen Tatsachen des politischen Alltags, und gleichzeitig liebt er es sehr, in Jahrhunderten zu denken. Wer ihn politisch behaften will, dem hält er die Unberechenbarkeit des inspirierten Poeten entgegen; wo er als Dichter genommen wird, erklärt er das Zeitalter der Lieder und schönen Worte für beendet. Er verschärft den öffentlichen Haß gegen sich, indem er immer etwa wieder durchblicken läßt, wie gut es ihm erotisch und kulinarisch gehe zu Paris. Er weiß nämlich, daß er so in seinen Feinden einen Neid erweckt, den sie vor sich und der Welt nicht eingestehen dürfen. Daran delektiert er sich innig.

Eine der großen Stellen aus der ersten Sammlung von Heines politisch-kulturellen Pariser Berichten, den »Französischen Zuständen«, ist das Porträt des Ministerpräsidenten Casmir Périer, des zeitweilig mächtigsten Mannes unter dem Bürgerkönig Louis Philippe. Vor der Juli-Revolution berühmt als harter Oppositioneller, gilt er nun als der große Repräsentant der »Juste milieu«-Demokratie, des Börsen- und Bankierstaats, der die Hoffnungen des Sommers 1830 rasch enttäuscht hat und von den Republikanern wie den reaktionären Altfeudalen gleichermaßen attackiert wird.

Heine verflicht das detaillierte Bildnis des Mannes sehr eng und vielfach mit dessen politischer Aktivität:

Welch eine schauerliche Verantwortlichkeit lastet auf diesem einzigen Manne! Ein Grauen erfaßt mich jedesmal, wenn ich in seine Nähe trete. Wie gebannt von einem unheimlichen Zauber, stand ich jüngst eine Stunde lang neben ihm und betrachtete diese trübe Gestalt, die sich zwischen den Völkern und der Sonne des Julius so kühn gestellt hat. Wenn dieser Mann fällt, dachte ich, hat die große Sonnenfinsternis ein Ende, und die dreifarbige Fahne auf dem Pantheon erglänzt wieder begeistert, und die Freiheitsbäume erblühen wieder! Dieser Mann ist der Atlas, der die Börse und das Haus Orleans und das ganze europäische Staatengebäude auf seinen Schultern trägt, und wenn er fällt, so fällt die ganze Bude, worin man die edelsten Hoffnungen der Menschheit verschachert, und es fallen die Wechseltische und die Kurse und die Eigensucht und die Gemeinheit!

Es ist nicht so ganz uneigentlich, wenn man ihn einen Atlas nennt, Périer ist ein ungewöhnlich großer, breitschultriger Mann von starkem Knochenbau und gewaltig stämmigem Ansehen. Man hat gewöhnlich irrige Begriffe von seinem Äußern, teils, weil die Journale beständig von seiner Kränklichkeit reden, um ihn, der durchaus gesund und Präsident des Konseils bleiben will, zu irritieren, teils auch, weil man von seiner Irritation selbst die übertriebensten Anekdoten erzählt und die Leidenschaftlichkeit, womit man ihn auf der Rednerbühne agieren sieht, als seinen gewöhnlichen Zustand betrachtet. Aber der Mann ist ein ganz anderer, sobald man ihn in seiner Häuslichkeit, in Gesellschaft, überhaupt in einem befriedeten Zustand erblickt. Dann gewinnt sein Gesicht statt des begeistert erhöhten oder erniedrigten Ausdrucks, den ihm die Tribüne verleiht, eine wahrhaft imposante Würde, seine Gestalt erhebt sich noch männlich schöner und edler, und man betrachtet ihn mit Wohlgefallen, besonders solange er nicht spricht. In dieser Hinsicht ist er ganz das Gegenteil der Femme du bureau im Café Colbert, die fast unschön erscheint, solange sie schweigt, deren Gesicht aber von Holdseligkeit überstrahlt wird, sobald sie zum Sprechen den Mund öffnet. Nur daß Périer, wenn er lange schweigt und andere mit Bedächtigkeit anhört, die dünnen Lippen tief einwärts zieht und der Mund dadurch wie eine Grube im Gesichte anzuschauen ist. Dann pflegt er auch mit dem horchend gebeugten Haupte leise auf und nieder zu nicken wie einer, der zu sagen scheint: das wird sich schon geben. Seine Stirne ist hoch und scheint es um so mehr, da das Vorderhaupt nur mit wenigen Haaren bedeckt ist. Diese sind grau, beinahe weiß, glatt anliegend und bedecken nur spärlich den übrigen Teil des Kopfes, dessen Wölbung schön und ebenmäßig und woran die kleinen Ohren fast anmutig genannt werden können. Das Kinn ist aber kurz und ordinär. Wild und wüst hängt das schwarze Buschwerk seiner Brauen herab bis zu den tiefen Augenhöhlen, worin die kleinen dunklen Augen tief versteckt auf der Lauer liegen; nur zuweilen blitzt es da hervor wie ein Stilett. Die Farbe des Gesichts ist graugelblich, das gewöhnliche Kolorit der Sorge und Verdrossenheit, und es irren allerlei wunderliche Falten darüber hin, die zwar nicht gemein sind, aber auch nicht edel, vielleicht Justemilieu-, anständig grämliche Justemilieu-Falten. Man will dem Manne das Bankierhafte anmerken, sogar in seiner Haltung das Kaufmännische herausfinden, und einer meiner Freunde gibt vor, daß er immer in Versuchung gerate, ihn über den jetzigen Preis des Kaffees oder den Stand des Diskontos zu befragen. »Wenn man aber von jemandem weiß, daß er blind ist«, sagt Lichtenberg, »so glaubt man es ihm von hinten ansehen zu können.« Ich finde in der ganzen Erscheinung Casimir Périers freilich nichts, was an Adel der Geburt erinnert, aber in seinem Wesen liegt viel von schöner Ausbildung der Bürgerlichkeit, wie man sie bei Männern findet, die mit den tatsächlichsten Staatssorgen belastet sind und sich mit chevaleresken Manieren und sonstigem Toilettengeschäfte nicht viel befassen können.[103]

Das Porträt gibt soviele Rätsel auf, wie es Informationen bringt. Aber ob die Rätsel im Beschriebenen liegen oder im Beschreiber, ist schwer zu sagen. Casimir Périer scheint sich vor den Augen des Lesers im gleichen Vorgang zu vergegenwärtigen und aufzulösen. Man ist gewohnt, eine Hauptperspektive gezogen zu finden, der sich alle weiteren Aussagen einigermaßen beiordnen und von der sie ihre Gewichtung und Bedeutung bekommen. Dies scheint zunächst im ersten Abschnitt auch durchaus der Fall zu sein: Périer, ein Großer, ein Gewaltiger sogar, aber einer, der Licht und Bewegung der Freiheit aufhält, vor der Sonne steht und die falschen Leute, die schlechten Mächte stützt. Das könnte Raster und Rahmen abgeben für ein Bildnis, wo schrittweise die Gewalttätigkeit des Mannes einerseits, sein fatales politisches Wirken andererseits durch kleine und kleinste Züge belegt, illustriert, ausgeschildert würde. Es geschieht, und es geschieht auch wieder ganz und gar nicht. Die mythisierende Metapher vom Atlas, der »die Börse und das Haus Orléans« auf den Schultern trägt, leitet zwar über zur Beschreibung seines mächtigen Körperbaus, aber diese seine Leibhaftigkeit wird nicht mehr zurückbezogen auf jenes Ausgangskonzept. Als hätte Heine seine unerhörte Behauptung schon wieder vergessen, wonach Périer das einzige und letzte Hindernis vor dem Eintritt der ersehnten allgemeinen Freiheit und Menschenverbrüderung sei – »wenn er fällt... fallen die Wechseltische und die Kurse und die Eigensucht und die Gemeinheit« –, kommt er auf die Unterschiede zu sprechen, die ein feiner Beobachter zwischen dem parlamentarischen Rhetor Périer mit seinen berühmt-spektakulären Wutanfällen und dem gleichen Mann im gesellschaftlichen Umgang feststellen kann. »Der Mann ist ein ganz anderer«, heißt es da, nachdem er eben als ein Riese von Gestalt und Leidenschaft dargestellt worden ist. Dennoch will sich dieses Anderssein in der Erläuterung gar nicht als Gegensatz herausbilden. Er nimmt sich zwar im privaten Umgang weniger von den Extremen gezeichnet aus, aber sonst ist er durchaus »von imposanter Würde« und »noch männlich schöner und edler«. Das heißt: Heine hält sich überhaupt nicht an die von ihm selber eingeleiteten Redestrategien. Bis in die grammatische Logik hinein kann man das nachweisen: »ein ganz anderer« ist unvereinbar mit »noch männlich schöner und edler«. Das erstere kündigt einen Gegensatz an, das letztere bringt eine Steigerung.

Dies ist jedoch nur *ein* Faktor unter den verschiedenen, schwer greifbaren Irritationen, die der Text abstrahlt. Nicht nur weigert sich Heine, aus einer pathetisch bezogenen Position Konsequenzen zu ziehen und beispielsweise den düster fortschrittsfeindlichen Atlas anschließend auch in den Details des Gesichts zu suchen, es wird ihm oft schon in der eindeutigen Position selbst unheimlich, und er haut ihr mit reflexhaft flinker Bosheit sogleich eine Scherbe ab. So am Ende des scheinbar ganz verklärenden Satzes: »...seine Gestalt erhebt sich noch männlich schöner und edler, und man betrachtet ihn mit Wohlgefallen, besonders solange er nicht spricht«. Da wird das andächtig Gebildete auch schon wieder zur Maske. Der Vergleich des großen Mannes mit der Dame hinter der Kaffeehauskasse führt den Diskurs erst recht fort aus dem Feld exemplarisch klassischer Wohlgestalt. Erst war der Bezugspunkt ein titanischer Halbgott, jetzt ist es eine Boulevardbekanntschaft, und das geht vom einen zum andern, ohne daß man von einem kalkulierten Kontrast, einer hinterhältig ausgelegten Leserfalle reden könnte. Die Folge ist, daß sich die eigentliche Gesichtsbeschreibung, die literarisch stärkste Partie des Textes, auf einem gleichzeitig vielfarbigen und unentschiedenen, in nichts endgültig festgelegten Hintergrund entwickeln kann.

»Entwickeln« – das scheint zwar kaum das rechte Wort zu sein für das genetische Prinzip dieses Abschnitts. Weder wird hier schrittweise ein zunächst noch verstecktes, quasi eingerolltes Ganzes sichtbar, noch geht ein Teil nach spürbaren Gesetzmäßigkeiten aus dem andern hervor. Dennoch hat, was immer von diesem Gesicht gesagt wird, einen sehr hohen Grad präziser, unverbogener

Realistik. Die Mimik des Schweigenden etwa wird so lupenhaft vergrößernd gefaßt, wie man es erst bei Kafka wieder findet: »... daß Périer, wenn er lange schweigt und andere mit Bedächtigkeit anhört, die dünnen Lippen tief einwärts zieht und der Mund dadurch wie eine Grube im Gesichte anzuschauen ist.« Die ganze Gesichtsdeskription bildet eine Reihe von isolierten, ja wie gegeneinander abgedichteten Phasen. Das Merkwürdige dabei ist, daß stets ganz unbekümmert und geradehin gewertet wird – »schön und ebenmäßig«, »fast anmutig«, »kurz und ordinär«, »wild und wüst« –, daß aber diese einzelnen Urteile nicht zu einem Gesamturteil zusammengefaßt werden. Die Differenz zwischen Stirn und Schädel einerseits und der Kinnpartie andererseits scheint für einen Moment auf die Symbolisierung umfassenderer Widersprüche in der Person des Ministerpräsidenten zu zielen. Aber der Verdacht wird nicht bestätigt. Vielmehr treten die beiden opponierenden Zonen sofort und gleichermaßen zurück hinter der ganz neuen Aussage über die Augengegend; – einem Satz, so fulminant und im Augenblick vollkommen wie Goethes Wörtergruppen über Basedow (oben S. 93 f.): »Wild und wüst hängt das schwarze Buschwerk seiner Brauen herab bis zu den tiefen Augenhöhlen, worin die kleinen dunklen Augen tief versteckt auf der Lauer liegen; nur zuweilen blitzt es da hervor wie ein Stilett.«

Und wieder steht zwischen diesem Teil der Gesichtsbeschreibung und dem nächsten, dem letzten, so etwas wie eine imaginäre Trennwand. Farbe und Beschaffenheit der Haut verbinden sich mit grämlicher Verdrossenheit; wo eben noch an die Gefährlichkeit eines geduckten Raubtiers erinnert wurde, herrscht plötzlich Gewöhnlichkeit und Durchschnitt. Die politische Parole des Bürgerkönigs, »Juste milieu«, Vermittlung und Kompromiß zwischen Bourgeoisie und Adel meinend, wird ins Gefühlsmäßige übersetzt und als mißmutige Langeweile zur Lebensstimmung des Ministerpräsidenten erklärt.

Die Hauptpartien von Périers Gesicht werden also beschrieben, als gehörten sie je einem andern Menschen an. Was hier vorliegt, ist nicht jene sachlich unparteiische Aufzählung, die dem Beethoven-Text Speidels etwas einfach Bewegendes gibt (»Ein ganz kleiner Backenbart vor dem Ohre wird bemerkt«); und es ist auch nicht eine Mehrperspektivität im modernen Sinn (etwa der kubistischen Theorien). Jede einzelne Gesichtsregion findet ihre Abbildung mit den Mitteln, den virtuos beherrschten Mitteln der ausgeformten Bildungsprosa des Jahrhunderts – treffsicher wie Immermann, aber anspielungsreicher, mit seltsamen Anklängen (»und es irren allerlei wunderliche Falten darüberhin«) –, aber das Ganze entzieht sich fast befremdend dem klassizistisch-architektonischen Imperativ: daß zuletzt alles auf *ein* Prinzip zu beziehen sei. Dabei ist es nicht etwa so, daß Heine sich hier demonstrativ weigerte, eine Schreibkonvention zu befolgen. Was er liefert, ist vielmehr eine Art Übererfüllung dieser Erwartung. Er bringt die organisierende Mitte der erscheinenden Person mehrfach und jedesmal anders. Er fängt durchaus ordnungsgemäß damit an; er hört durchaus ordnungsgemäß damit auf; aber das eine Mal ist Périer der düstere Atlas, das letzte böse Riff im Strom der Weltgeschichte, das andere Mal ist er der Inbegriff des ehrenhaften, sorgenreichen, unprätentiösen bürgerlichen Politikers – »in seinem Wesen liegt viel von schöner Ausbildung der Bürgerlichkeit, wie man sie bei Männern findet, die mit den tatsächlichsten Staatssorgen belastet sind«.

Man kann solche Widersprüche nicht wegdiskutieren. Unter anderem liegt hier auch ein Problem der Wertung vor, der literarisch-künstlerischen Wertung. Kann so etwas bestehen, darf es Geltung haben? Wenn eine Aussage die andere aufhebt, ist zuletzt nicht das Ganze lügenhaft? Muß man den Text nicht ästhetisch wie moralisch zuletzt verwerfen? Es gibt eine Stelle in dem Prosastück selber, die darüber raschhin reflektiert. Daß Heine sich der Perspektivenkollision, die er anrichtet und die die Mikroanalyse des Textes aufdecken kann, bewußt war, ist nicht anzunehmen. Die Tatsache jedoch, daß er das Lichtenberg-Zitat in dieses Périer-Porträt einfügt, zeigt, daß er etwas ahnte von der heiklen Art seines Verfahrens. Der Text selbst – ein Wesen, das dem Autor ja immer partiell autonom erscheint, weil es mehr weiß, als er – scheint ihm den Ansatz zu einer Kritik des physiognomischen Erkennens und Beschreibens abzufordern. Er diskutiert zunächst etwas als die Meinung anderer, was er selbst ohne weiteres auch hätte sagen können: Périer sei durchwegs vom »Bankierhaften« her zu verstehen. (In der Tat schreibt Heine an anderer Stelle: »Man sieht ihm sogleich an, daß er die Menschen verachtet, nicht aber aus Seelengröße, sondern infolge der Erfahrung, die er auf seinem Comptoir gemacht hat, daß die Mehrheit feil ist. Mit dieser unter Bankiers eben nicht seltenen Gesinnung hält Hr. Périer die Bestechung für das allein unfehlbare Mittel, Menschen zu gewinnen...«[104]) Dann kritisiert er diese Meinung, indem er Lichtenberg zitiert, jenen erkenntnispsychologisch großartigen Satz, wonach man dem Blinden die Blindheit von hinten ansehe, sobald man nur einmal wisse, daß er blind sei. Hätte Heine vorher den Ministerpräsidenten von einem einzigen seiner diversen Fluchtpunkte aus aufgebaut – dem Atlas, dem bäurischen Kraftmenschen, dem schönen Würdenträger, dem Grizzly vor der Attacke, dem glanzlos ehrlichen Bürgerpolitiker – er hätte sich mit diesem Zitat selbst in Frage gestellt. So aber rechtfertigt der Satz zwar nicht die Perspektivenkollision, zieht jedoch dem, der sie kritisieren möchte, den Boden unter den Füßen weg.

Es wäre möglich, von hier aus einen Bogen zu spannen zu Heines vielberedeter Unzuverlässigkeit, sei's in Dingen der Politik, sei's in solchen der Freundschaft. Er war ein Mann der gleitenden Positionen, der unverhofften, aber stets locker vollzogenen Quersprünge, einer mit dem gegenlutherischen Wahlspruch: »Hier stehe ich; ich kann auch anders«. Aber auch das läßt sich im letzten nicht psychologisierend und moralisierend von den Begriffsfeldern um »Charakterlosigkeit« oder »Verrat« her auflösen, sondern nur von einer sehr ursprünglichen Erfahrung dessen her, was man die gesellschaftliche Konstruktion der Wahrheit nennen könnte, deren »Genealogie«, um den Begriff jenes Philosophen zu gebrauchen, der bei Heine schreiben gelernt hat.

Heine über George Sand: die Schönheitspflicht der Frauen

Würde sich Heines literarische Porträttechnik im großen Ganzen mit der Arbeitsweise der Immermann, Vischer und Ebner-Eschenbach decken, man könnte sich auf das eine Beispiel beschränken. Da sich seine Périer-Studie aber in so mancher Hinsicht als fremdartig und befremdend erwiesen hat, darf sie nicht allein bleiben. Ihre Repräsentativität wäre so nur ungenügend abgestützt. Mit dem Bildnis der George Sand aus dem ersten Teil der »Lutetia«, genauer: aus einem längeren monographischen Sand-Aufsatz, der in die »Lutetia« eingefügt wurde, bringt Heine nun seinerseits ein Dichterporträt, tritt er also, dem Gegenstand nach, neben jene drei andern Autoren.

George Sand, die größte Schriftstellerin, ist zugleich eine schöne Frau. Sie ist sogar eine ausgezeichnete Schönheit. Wie der Genius, der sich in ihren Werken ausspricht, ist ihr Gesicht eher schön als interessant zu nennen; das Interessante ist immer eine graziöse oder geistreiche Abweichung vom Typus des Schönen, und die Züge von George Sand tragen eben das Gepräge einer griechischen Regelmäßigkeit. Der Schnitt derselben ist jedoch nicht schroff und wird gemildert durch die Sentimentalität, die darüber wie ein schmerzlicher Schleier ausgegossen. Die Stirn ist nicht hoch, und gescheitelt fällt bis zur Schulter das köstliche kastanienbraune Lockenhaar. Ihre Augen sind etwas matt, wenigstens sind sie nicht glänzend, und ihr Feuer mag wohl durch viele Tränen erloschen oder in ihre Werke übergegangen sein, die ihre Flammenbrände über die ganze Welt verbreitet, manchen trostlosen Kerker erleuchtet, vielleicht aber auch manchen stillen Unschuldstempel verderblich entzündet haben. Der Autor von ›Leila‹ hat stille sanfte Augen, die weder an Sodom noch an Gomorra erinnern. Sie hat weder eine emanzipierte Adlernase, noch ein witziges Stumpfnäschen; es ist eben eine ordinäre gerade Nase. Ihren Mund umspielt gewöhnlich ein gutmütiges Lächeln, es ist aber nicht sehr anziehend; die etwas hängende Unterlippe verrät ermüdete Sinnlichkeit. Das Kinn ist vollfleischig, aber doch schön gemessen. Auch ihre Schultern sind schön, ja prächtig. Ebenfalls die Arme und die Hände, die sehr klein, wie ihre Füße. Die Reize des Busens mögen andere Zeitgenossen beschreiben; ich gestehe meine Inkompetenz. Ihr übriger Körperbau scheint etwas zu dick, wenigstens zu kurz zu sein. Nur der Kopf trägt den Stempel der Idealität, erinnert an die edelsten Überbleibsel der griechischen Kunst, und in dieser Beziehung konnte immerhin einer unserer Freunde die schöne Frau mit der Marmorstatue der Venus von Milo vergleichen, die in den unteren Sälen des Louvres aufgestellt. Ja, George Sand ist schön wie die Venus von Milo; sie übertrifft diese sogar durch manche Eigenschaften: sie ist z. B. sehr viel jünger. Die Physiognomen welche behaupten, daß die Stimme des Menschen seinen Charakter am untrüglichsten ausspreche, würden sehr verlegen sein, wenn sie die außerordentliche Innigkeit einer George Sand aus ihrer Stimme herauslauschen sollten. Letztere ist matt und welk, ohne Metall, jedoch sanft und angenehm. Die Natürlichkeit ihres Sprechens verleiht ihr einigen Reiz. Von Gesangsbegabnis ist bei ihr keine Spur; George Sand singt höchstens mit der Bravour einer schönen Grisette, die noch nicht gefrühstückt hat oder sonst nicht eben bei Stimme ist.[105]

So unabhängig ist also auch Heine nicht, daß er bei der Beschreibung einer Frau die Schönheitsfrage beiseitelassen oder sie auch nur an zweiter oder dritter Stelle bringen könnte. Ja, genau besehen, kommt er überhaupt nicht davon weg. Er argumentiert im Verlauf des Textes, um ein Wort zu wagen, wie ein gebildeter Roßhändler. Man muß den Verdacht gewinnen, daß er dieser Frau gegenüber die spielerische Freiheit, die er in seinen Beziehungen sonst rasch und geschickt zu erreichen wußte, nicht finden konnte. Spielerische Freiheit, das will bei ihm heißen: Präzision in der psychologischen und soziologischen Diagnose, Sicherheit im Rühmen und Schmähen, im Tauschen von Respekt und Bosheit, rhythmische Eleganz in jedem Wechsel der Position. Im Börne-Buch etwa ist das ganz und gar vorhanden. Wo jene Schrift verletzen will, verletzt sie unheilbar, und gleichzeitig ist sie doch ein Memorial, wie es wenige gibt in der deutschen Literatur. Der Rang der Prosa allein ehrt dort den gegnerischen Freund mehr, als alle untermischte Bosheit ihm zu schaden vermag.

Wollte man so hämisch sein, wie Heine selbst es gelegentlich sein kann, man würde sagen, George Sand habe wohl genau die Romane geschrieben, die Heine selbst nicht gelingen wollten. Und dann würde man daraus den Schluß ziehen, daß er sich in diesem Porträt dafür schadlos halte, indem er George Sand zunächst zur »ausgezeichneten Schönheit« deklariert, dann aber, in der Ausschilderung dieser Schönheit, lauter Begriffe braucht, die dieses Bild ins Ungefällige verschieben. Ob ein solcher Verdacht Stich hält, ist schwer zu entscheiden. Was nachweisbar ist und was den Text aufschlußreich macht, ist die Tatsache, daß Heine sich hier entschieden *nicht* aus den Schreib- und Denkkonventionen der Epoche zu befreien vermag. Er ist ja auch sonst nicht in der Weise darüber hinaus, daß er an einem neuen Ort angelangt wäre, von dem aus alle Dinge wie in einem andern Licht erschienen. Aber in der Regel gelingt es ihm sonst doch, die starre, einsinnige Optik der Konventionen aufzubrechen, aufzusplittern, wie es in einem Kaleidoskop geschieht, und durch die Bündelung des Unvereinbaren eine fahrende Relativität der Werte und Wahrheiten zu vermitteln. Er vermag dann die Arroganz der Idee zu denunzieren, wo immer sie ein Instrument der Macht und der Kujonierung gutgläubiger Menschen geworden ist.

Im Porträt der Schriftstellerin aber bleibt seine eigene Optik starr. Als müßte er einem deutschen Kleinfürsten ein Gutachten liefern über eine offerierte Mätresse, hält er sich hartnäckig an erotisch-ästhetische Kriterien. Und um den Vergleich weiter zu führen: Dem Fürsten wird verstohlen Ablehnung empfohlen, in einer Sprache, die sich so diplomatisch hinter dem Gegenteil ihres Gemeinten versteckt, daß dem Gutachter daraus keinerlei Schwierigkeiten erwachsen können. »Von Gesangsbegabnis ist bei ihr keine Spur« – als ob eine Autorin zu singen hätte! »Die etwas hängende Unterlippe verrät ermüdete Sinnlichkeit« – das ist trivialphysiognomisch, so sehr, daß man unwillkürlich nach dem bei Heine gewohnten Sprung in eine entschiedene Gegenposition Ausschau hält. Aber davon findet sich nichts. Was folgt, ist ein Zuhältersatz: »das Kinn ist vollfleischig, aber doch schön gemessen.«

Ein einziges Mal kommt in diese Gesichtsbeschreibung ein authentisch-kritisches Element, das die beschriebene Frau denn auch sogleich um eine Nuance persönlicher werden läßt: »Sie hat weder eine emanzipierte Adlernase, noch ein witziges Stumpfnäschen; es ist eben eine ordinäre gerade Nase«. Das will sagen: es ist unsinnig, im Gesicht des Dichters seine großen Gedanken als mächtige Linie oder seinen Witz als knappe Nasenkurve auffinden zu wollen; laßt den Menschen doch sein, was er ist, einer der in seinem Körper steckt wie jeder andere auch und der seine Nase nicht vom Flug seines Geistes, sondern bestenfalls vom Vater oder von der Großmutter her hat. Aber diese Geste, mit der Heine hier für eine Sekunde die lebendige Wirklichkeit der Frau vom zwanghaften Bezug auf Denkschemata befreit, geht dem übrigen Text durchaus ab.

Der Schönheitsbegriff, mit dem Heine operiert, ist ganz und gar normativ. Das läßt sich schon aus dem Schreibverfahren entnehmen. Die Art der Aufreihung unterstellt nämlich, daß ein schöner Mensch aus einer Summe schöner Einzelteile bestehe – fast wie in den Barockgedichten, wo Schwanenhals, Korallenmund, Marmornase und Elfenbeinstirn baukastenmäßig aneinandergefügt werden. Und jeder einzelne Teil wird krämerisch auf den Grad hin abgeschätzt, in dem er sich der festgesetzten Norm annähert. Die Schultern sind »schön, ja prächtig«; da ist die Limite erreicht. Nicht so aber bei den Proportionen von Muskelbau und Skelett: »Ihr übriger Körperbau scheint etwas zu dick, wenigstens zu kurz zu sein.«

Selbst die Witze werden Heine diesmal schal. Das Bonmot über das Alter der Venus von Milo hat er anderswo auch schon gebracht und sogar zu besserer Pointe. Was es in diesem Kontext soll, ist eigentlich nicht recht auszumachen.

Nun ist dieser Text aber nicht einfach etwas mißglückt; er hat seiner Struktur und Dynamik nach eine sehr grundsätzliche Aussagekraft. Es wäre nämlich durchaus denkbar, daß die Frau zwar auf ein normatives Schönheitsschema bezogen würde – so wie es hier mit den Meßpunkten »ausgezeichnete Schönheit«, »griechische Regelmäßigkeit«, »Stempel der Idealität« geschieht –, daß dann aber zur Anschauung gelangte, wie in den Abweichungen von der klassischen Silhouette das Unverwechselbare liegen kann und wie dieses nur über das behutsame Erfassen solcher Abweichungen den schwierigen Weg in die Sprache findet. Heine wertet die Abweichungen jedoch konsequent negativ. »Nur der Kopf trägt den Stempel der Idealität« – der Rest, heißt das, fällt leider deutlich ab. Dieser Heine, der doch viel früher als andere Einsicht gewonnen hat in die geschichtliche und gesellschaftliche Determination von Wahrheit und Moral, ist offenbar außerstande, die geschichtliche und gesellschaftliche Determination auch der Schönheit einzusehen. Er nimmt eine ästhetische Folie aus der Werkstatt Canovas oder Thorwaldsens, als wäre sie das Naturmaß, dem mehr oder minder nahezukommen das Schicksal der einzelnen Frau ausmacht.

Gerechterweise muß man indessen zugestehen, daß das Porträt beim unbekümmerten ersten Durchlesen spannungsreicher wirkt, weniger eindimensional, als es beim genaueren Zusehen tatsächlich ist. Das hängt mit einem exemplarisch Heineschen Zug zusammen. Er statuiert die makellose Schönheit und nimmt dieses grundsätzliche Urteil nie zurück, obwohl er doch im Verlauf des Textes nicht nur Einschränkungen macht, sondern üble Schäden aufzeichnet. Der Leser, der in jener rasanten Fahrt ist, die ihm die

Wendigkeit von Heines Prosa nicht nur gestattet, sondern zum Vergnügen macht, merkt zwar rasch, daß die beiden Achsen der Aussage, Schönheit und Unansehnlichkeit, unvereinbar sind, hat aber nie die Möglichkeit, innehaltend diesen Widerspruch zu bedenken. Sobald der eine Aspekt zu dominieren beginnt, wird er vom andern her überblendet, und man ist zuletzt von beidem überzeugt. Das widerspricht zwar der rationalen Logik. Diese ist jedoch nur ein zweitrangiges Element in der unmittelbaren Leseerfahrung, wo solche Widersprüchlichkeit, aufgehoben im dynamischen Ablauf, sogar als Innenspannung eines Textes erscheinen kann. Man empfindet dann, perplex und angeregt zugleich, das Sprachstück als besonders lebensvoll.

Dennoch, wie schwer wird es dem bürgerlichen Jahrhundert, über Frauen zu reden, wenn von der Frage nach der Schönheit einmal abgesehen werden soll! Die soziale Fatalität, die die zufällige Nähe oder Ferne zum jeweils geläufigen Schönheitsideal für die bürgerliche Frau darstellt, der praktisch jede selbständige Berufstätigkeit verschlossen ist, spiegelt sich noch in der Unfähigkeit der größten Stilisten, das andere Geschlecht ohne Rückgriff auf den offiziellen Katalog weiblicher Reize zu beschreiben.

Dazu kommt ein weiteres. Die beiden Heine-Texte belegen sehr genau die These, daß im literarischen Porträt der Porträtist, indem er einen andern abbildet, gleichzeitig sich selbst gesellschaftlich lokalisiert. In den Normen und Kategorien, die er bei der Arbeit ins Spiel bringt, um das Ungenügen der Sprache wettzumachen, erscheint sein eigenes Wertsystem. In der Art, wie er vor sein Gegenüber tritt, wird die gesellschaftliche Rolle deutlich, die er ausübt und über die er seine Identität gewinnt. Während das Porträt des Staatsmanns Périer Heine in seiner abenteuerlichen Rollenkumulation als Korrespondenten, Politiker, Geschichtsphilosophen, Psychologen, Causeur und ambitionierten Prosaschriftsteller anschaulich macht, eine Rollenkumulation, die in der Überlagerung unterschiedlicher Perspektiven im Text selber wieder ihre Parallele hat, opfert Heine im Bildnis der George Sand dies alles auf um der *einen* Rolle des Frauenkenners willen, des erotisch-ästhetischen Connaisseurs. Weil dies so sehr dominiert, fällt in dem Text auch weg, was den Dichterbildnissen der andern Autoren die Pointe gab: die implizite Mitteilung über das Wesen des Dichters überhaupt und seine Aufgabe in der Gesellschaft. Ob Heine hier den Frauenkenner macht, weil er sich wieder einmal so präsentieren will oder weil er aus einer verdeckten Gereiztheit über die sensationellen schriftstellerischen Erfolge der George Sand diese Frau in eine inferiore Stellung bringen möchte – der Kenner ist immer der Überlegene –, das läßt sich nicht entscheiden. Es gibt Gründe für beides. Heine hat sich den Deutschen zu Hause mit Absicht als Genießer vorgestellt, weit mehr als er es war, einerseits um die Feinde über deren Sexualneid ein wenig zu stechen, andererseits um seinen Schriften gegenüber eine Erwartungshaltung mit lustvoll-pikantem Einschlag zu schaffen, was einer raschen Verbreitung förderlich sein mußte. Charakteristisch ist im vorliegenden Text die Tatsache, daß er das Publikum über die Frage informiert, ob er mit George Sand geschlafen habe oder nicht: »Die Reize des Busens mögen andere Zeitgenossen beschreiben; ich gestehe meine Inkompetenz.«

Exkurs III
Möglichkeiten und Grenzen der Symbolisierung – Zur Psychoanalyse der Gesichtserfahrung

Es sei gerne zugegeben: Um einen Menschen vor das innere Auge des Lesers – »my mind's eye«, sagt Hamlet – heranzuholen, ihn mit den Mitteln der Sprache nachzuschaffen, so daß er getreu dasteht, dazu bedarf es nicht einer möglichst langen, möglichst umständlichen Beschreibung seines Gesichts. Die Beschränktheit der Sprache, von der die Rede war, daß sie nämlich auch bei äußerster Minuziosität und verbaler Verästelung die Wirklichkeitsgewalt des einzelnen erscheinenden Angesichts nicht vollständig wiederzugeben vermag, kann wettgemacht werden durch eine komplementäre Eigenschaft dieser Sprache: die nahezu magischen Möglichkeiten symbolisierender Vermittlung. Im Vertrauen auf die nachschaffende Kreativität des Lesers kann der Autor aus dem banalen Ding, dem vereinzelten und einzig gesetzten, einzig benannten Teil, einen ganzen leibhaftigen Menschen herauswachsen lassen, wie im Märchen der Geist aus der Glasflasche steigt. Die vorliegende Studie hat nicht diesen Vorgang zu untersuchen sich vorgenommen. Ihr geht es um jene Texte, die allen Warnungen und aller grundsätzlichen Schwierigkeit zum Trotz das einmalige Gesicht Zug für Zug wiedergeben wollen. Was vordringlich interessiert, ist die Tatsache, daß diese Aufgabe immer wieder unternommen wurde und daß daraus eine schmale und auf besondere Art faszinierende literarische Reihe entstanden ist. Es hängt etwas Naives, aber auch Ergreifendes an diesen Versuchen. Der naive Einschlag kommt daher, daß sie die poetologischen Erkenntnisse über die »Grenzen der Malerei und Poesie« – so der Untertitel von Lessings »Laokoon« – nicht anerkennen wollen, hinter sie zurückgehen fast wie jene Maler, die die Regeln der Perspektive wissentlich mißachten, obwohl es doch Jahrhunderte gebraucht hat, bis diese entwickelt, begriffen und lernbar gemacht worden waren. Das Ergreifende daran aber liegt im Versuch, dem Vergänglichsten am Menschen mit den Mitteln und Möglichkeiten der Sprache zu begegnen, die Hinfälligkeit des lebendigen Gesichts aufzuhalten, etwas zu tun gegen die Tatsache, daß dieses so sehr und immerzu im Verschwinden begriffen ist: – daß das Kindergesicht in dem des Halbwüchsigen erlischt, dieses in dem des Erwachsenen, und daß in dessen Zerknitterung sich bereits das letzte, das alte Antlitz bildet. Man kann gegen das literarische Unterfangen argumentieren, gegen die Texte als vorhandene, als Teil des großen literarischen Kontinuums, ist nichts vorzubringen. Sie sind nun einmal da. Sie lassen sich übersehen oder zur Kenntnis nehmen oder, wie es hier für einmal geschieht, mit Akribie betrachten.

Als Beispiel für die erwähnte Möglichkeit, eine Person über einen knappen, exquisiten Symbolisierungsprozeß zu vergegenwärtigen, mag eine Stelle aus Gottfried Kellers Briefen dienen. Am 30. April 1857 schreibt er an Freiligrath über die vielen Deutschen, die sich in Zürich aufhalten und die er, aus Berlin zurückgekehrt, hier getroffen hat. Richard Wagner zählt zu ihnen:

Dann ist auch Richard Wagner ein sehr begabter Mensch, aber auch etwas Friseur und *Charlatan*. Er unterhält einen Nipptisch, worauf eine silberne Haarbürste in kristallener Schale zu sehen ist etc. etc.[106]

Das scheint so flüchtig hingeschrieben. Wenn man indessen bedenkt, daß Keller alle Informationen über Wagner, die er in vielfältigem Umgang mit der emigrierten Intelligenz gewonnen hat, auf das eine Detail der silbernen Haarbürste in kristallener Schale verdichtet, wird die Methode, der künstlerische Akt dieser leichtfüßigen Rede augenfällig. Allein das Verb »er unterhält« ist in Verbindung mit dem »Nipptisch« von unwahrscheinlich präziser Ironie. Fürsten »unterhalten« Privatorchester, Sängerinnen oder exotische Menagerien. Wagner »unterhält einen Nipptisch, worauf eine silberne Haarbürste in kristallener Schale zu sehen ist«. Jener Keller, der in seinen erzählenden Werken die Fähigkeit hat, dem einzelnen einfachen Ding eine doppelte, ja vielfache Bedeutung zukommen zu lassen, ohne daß es dem Leser feierlich-umständlich als »Symbol« vorgerückt würde, hat offenbar in dem kleinen narzißtischen Hausaltar Wagners dessen Person frappant repräsentiert gefunden. Dieser als solcher schon künstlerisch strukturierte Erkenntnisakt wird im Brief an Freiligrath in Sprache umgesetzt und festgehalten.

Ähnlich, wenn auch etwas ausführlicher und dem Porträt im engeren Sinne bereits um einiges näher, ist Grillparzers Bericht über Heine. Er wird hier angeführt, weil auch da die entscheidende Aussage auf *ein* Element verdichtet ist. Die Stelle findet sich im Tagebuch von Grillparzers Frankreich-England-Reise aus dem Jahre 1836.

Mittwoch den 27ten April Hatte endlich die Wohnung Heines erfragt, gieng heute zwölf Uhr zu ihm. cité Bergère N° 3. Als ich schellte, öffnete mir ein hübscher, runder junger Mann im Schlafrock, der mir wie einem alten Bekannten die Hand reichte. Es war Heine selbst, der mich für den Markis de Cüstine hielt. Er zeigte große Freude als ich mich nannte und führte mich in seine tolle Wirthschaft hinein. Tolle Wirthschaft. Denn er wohnt da in ein paar der kleinstmöglichen Stuben mit einer oder zwei Grisetten, denn zwei waren eben da, die in den Betten herumstörten, und von denen er mir eine, eben nicht zu hübsche, als seine petite bezeichnete. Er selbst sieht aber auch wie die Lebenslust und, mit seinem breiten Nacken, wie die Lebenskraft aus. Machte mir einen sehr angenehmen Eindruck, denn mir ist der Leichtsinn nur da zuwider, wo er die Ausübung dessen was man soll, hindert.

Wir kamen gleich in die Literatur, fanden uns in unsern Neigungen und Abneigungen ziemlich auf demselben Wege und ich erfreute mich des seltenen Vergnügens bei einem deutschen Literator gesunden Menschenverstand zu finden.[107]

Wenn man von der Beschreibung der munteren Wohnverhältnisse einmal absieht, kann man die Art, wie der Mann von seinem »breiten Nacken« her bestimmt wird, durchaus parallel setzen zu der Funktion, die Keller der silbernen Haarbürste für die Charakterbestimmung Wagners verleiht. Indem der breite Nacken als einziges Körpermerkmal erwähnt wird, wird ihm stellvertretende Aussagekraft für das Ganze zugesprochen. Der Leser bekommt den Auftrag oder die Aufmunterung, sich den Menschen schrittweise nach jenen Baugesetzen zu vervollständigen, die im breiten Nakken sichtbar werden.

Alles symbolisierende Sprechen setzt voraus, daß der Code, den der Sprecher gebraucht, auch beim Hörer vorhanden ist. Es ist also nur innerhalb einer gesellschaftlichen Gruppe möglich, die bestimmte Konventionen des Denkens und der Verständigung gemeinsam hat. Das heißt, beispielshalber, daß zu denjenigen, die für Kellers Wagnercharakterisierung am wenigsten Verständnis aufbringen dürften, mit großer Wahrscheinlichkeit die Vertreter des Friseur-Berufes zählen, die ihre Profession kaum in dem etwas zweifelhaften Licht zu sehen bereit sein mögen, das Keller hier im Vorverständnis des Lesers voraussetzt.

Es fällt auf, daß sich Grillparzer wie Keller bemühen, zusammen mit den symbolischen Zeichen auch eine unmißverständliche Mitteilung über deren Bedeutung zu machen. Was im erzählenden Text ein Kunstfehler ist, dem Leser anzugeben, was ein Symbol bedeute und wie es auszulegen sei, das wird hier, wo es um historische Menschen geht und der Autor unter der Wahrheitsverpflichtung des pragmatischen Textes steht, anscheinend zur Notwendigkeit. Die Wortverbindung »Friseur und Charlatan« als Anweisung zum Symbolverstehen verhindert, daß man den Nipptisch als Signal etwa für Effeminiertheit liest; die Stichworte »Lebenslust und Lebenskraft« im Grillparzer-Text haben dafür zu sorgen, daß der breite Nacken nicht auf stumpfe Animalität hin ausgelegt wird.

Genau dies zeigt nun aber auch die Grenzen symbolischer Beschreibung. Sie kann nur Illustration einer festen, von vornherein abgeschlossenen Interpretation des Dargestellten sein. Dessen äußere Erscheinung liefert einzig noch die Hilfsmittel zur Veranschaulichung. Nicht aber wird versucht, die begegnende Wirklichkeit eines Menschen in ihrer vielfältigen Tatsächlichkeit wiederzugeben. Es wäre denn auch leicht nachzuweisen, daß Heine von Grillparzer als die genaue Negativform seiner, Grillparzers, eigenen Lebensweise aufgefaßt und gesehen wird und daß er ihn in dem Maße erfreulich findet, als er an sich selbst das Gegenteil hypochondrisch verachtet. Und was bei Keller den Erkenntnisakt vorstrukturiert, ist der Rang, den das einfach Echte, das in nichts Verfälschte, nirgends auf Effekt Getrimmte in seinem moralischen wie ästhetischen Regelsystem einnimmt – sozialgeschichtlich die altbürgerliche Abneigung gegen private Repräsentation –, weshalb er auf die in mehrfachem Sinne kosmetischen Elemente bei Richard Wagner unweigerlich empfindlich reagiert. Gerade jenes Flair für die Kulisse, das Wagner zum Exponenten gründerzeitlicher Kultur machen sollte, geht Keller selbst epochenspezifisch ab, lokalisiert ihn in der Ära eines noch oppositionell militanten Bürgertums – sein jüngerer Landsmann C. F. Meyer wird die Kulisse dann um so nachdrücklicher in die erzählende Literatur hereinholen.

Solche unschwer nachzuweisenden Abläufe positiver oder negativer Projektion führen in die Nähe von Überlegungen, die bisher noch ausgespart geblieben sind. Offenbar ist es unmöglich, einem Gesicht gegenüber, zu dem man in ein Kommunikationsverhältnis irgendwelcher Art tritt, anders als spontan wertend zu reagieren. Gleichzeitig aber wissen wir nicht, wie wir zu unsern physiognomischen Überzeugungen kommen. Wir gewinnen Resultate, oft im Bruchteil einer Sekunde, ohne in den Ablauf dieses fundamentalen von uns vollzogenen Urteilsaktes auch nur annähernd verläßliche

Einsicht zu haben. Die theoretische Physiognomik Lavaters ist nichts als eine Rationalisierung dieser Gegebenheit, beruhend auf der Meinung: erstens, daß das Urteil, weil es als spontane Überzeugung erscheint, auch schon wahr sei; zweitens, daß die übersichtliche Sammlung solcher Urteile, weil sie eben wahr seien, zu einer dozierbaren und praktizierbaren Wissenschaft führen müsse.

Wenn wir aber nicht wissen, wie wir zu unsern blitzartigen physiognomischen Überzeugungen kommen, so hängt dies mit der Tatsache zusammen, daß das Erkennen und Lesen des begegnenden Gesichts einer der lebenserhaltenden Grundakte frühkindlicher, und zwar vorsprachlich-frühkindlicher Existenz ist. Zur Zeit, da der einzelne Mensch Sprache gewinnt, ist er, was die Strecke bereits gemachter psychischer Erfahrungen betrifft, schon uralt. Der Prozeß der Sprachgewinnung, der ihn in den Kreis der Sprachfähigen integriert, macht ihn dann wieder, in Relation zu diesen, zu einem ganz jungen Wesen. Die früheren Erfahrungen versinken, mit Ausnahme jener spärlichen Fragmente, die einer sprachlichen Erfassung zugänglich sind und so in die neue Welt hinüber gerettet werden, – die Welt, wo jedes Ding einen Namen hat und von der man dann bald einmal überzeugt ist, sie sei die einzige Wirklichkeit. In der Vorzeit aber, der ontogenetischen Urzeit – Freud nannte sie gerne die »Prähistorie« des einzelnen – bestand die Welt nicht zuletzt aus milden oder drohenden Gesichtern. Schon die erste Zeiterfahrung scheint über den einfachen Wechsel von An- und Abwesenheit eines Gesichts zustande zu kommen. Nahrung, Wärme und Schaukeln sind stets verbunden mit der Präsenz eines Gesichts. Deshalb ist für die infantile Erfahrung das Gesicht als solches zunächst ununterschieden gut. Daß zweierlei Gesichter in der Welt sind, daß es auch ein »fremdes« Gesicht gibt und daß man zu unterscheiden hat zwischen dem vertrauten und dem fremden Gesicht, dies macht bereits einen krisenhaften Ort der Entwicklung aus. Und ganz entsprechend weiter gelangt man zur Erfahrung, daß auch das vertraute Gesicht sich zuzeiten ändert, bedrohlich und beängstigend wird, daß es also dasselbe sein und doch etwas anderes bedeuten kann – statt der bergenden Wärme die verstoßende Kälte. Von da an wird die Beobachtung, wird das Lesen solcher Vorgänge lebensnotwendig. Die älteste Hermeneutik entspringt aus dem Schrecken über die Veränderlichkeit des Muttergesichts.

Von da an werden einzelne physiognomische und mimische Elemente mit privater Bedeutung beladen. Was der kosenden Mutter ähnelt, kann zum mythischen Zeichen werden, dessen Wiederfinden auch dann noch Freude und Behagen weckt, wenn alle »Vorzeit« versunken ist und die Mutter längst nicht mehr so aussieht, ja wenn sie als so geartet gar nicht mehr erinnert wird. Diese archaisch verschüttete Semiotik, die bei jedem einzelnen anders ist und die, weil sie den vorsprachlichen Zeiten zugehört, nicht in Sprache übersetzt werden kann, bleibt vergessen gegenwärtig, immerzu anwesend und tätig in der spezifischen Zeitlosigkeit des Unbewußten. Und sie schlägt dann eben durch, zum Guten und zum Schlimmen, in den Begegnungen des herangewachsenen Sprachfähigen mit den vielen Gesichtern seiner Umwelt, schlägt durch als unbekümmert-spontane Überzeugung von der seelischen, charaktermäßigen, selbst ästhetischen Beschaffenheit des andern Menschen im raschen physiognomischen Urteil.

Damit ist nur *ein* Zusammenhang skizziert, der auf unsere täglichen physiognomischen Qualifizierungen einwirkt. Er ist nicht einmal vollständig beschrieben. Der ganze Komplex der Begegnung mit dem *eigenen* Gesicht – die narzißtische Krise, das Lacansche »Spiegelstadium« – und die damit verhängte Normenbildung ist unerwähnt geblieben. Es kann an dieser Stelle aber ohnehin nur um den Hinweis auf Zusammenhänge gehen, nicht um deren detaillierte Erkundung und Erläuterung. Entscheidend ist so viel: Die infantile Erfahrung des Gesichts, ihre Krisen, Phasen und Entfaltungen, substrukturiert das Verhalten der Erwachsenen in jeder unmittelbaren Kommunikation, ohne daß diese Erwachsenen ihren Urteilen gegenüber frei, ja auch nur imstande wären, sie wenigstens in die Nähe dessen zu bringen, was sie Gerechtigkeit nennen. Das liebt und verabscheut sofort und unerbittlich. Dank des beträchtlichen Entwicklungsstandes zivilisierter Umgangsformen aber bleibt davon das meiste unsichtbar, hinter höflichen Gesichtern aufgestaut, und mit der Zeit gelangt ja dann doch auch die Vernunft ins Spiel und zieht die Sache vor ein anderes Tribunal.

Der urtümlich-infantilen Basis lagern sich später andere Normen parallel, private, die aus verallgemeinerten Erlebnissen mit einzelnen stammen (»...der sieht aus wie mein Lehrer...«) und kollektive, die auf halbbedachter gesellschaftlicher Übereinkunft beruhen (man denke an die Bedeutung der »anglo-saxon nose« in Amerika). Das ließe sich individual- und sozialpsychologisch vielfach untersuchen; hier geht es einzig um den grundsätzlichen Nachweis, daß das Gesichterlesen und -deuten so entschieden und zentral mit unserem unbewußten Sozialverhalten verbunden ist, wie es von aller objektiven Wahrheit und Gerechtigkeit fernab liegt. In unserem Umgang mit dem Gleichzeitigen durchdringen sich noch und noch alte, namenlose Mächte zu den widersprüchlichsten Gegenwirkungen. Man läßt es geschehen und nennt sich Menschenkenner.

Was aus dem allem aber auch hervorgeht: So zusammengesetzt wie unsere Urteile über die Gesichter sind, denen wir begegnen, so zusammengesetzt ist auch die Faszination, die von der Wirklichkeit, dem Phänomen »menschliches Gesicht«, generell ausgeht. Vielleicht sucht einer darin die alte mythische Gewalt, die es hatte, als es ihm mehr war als Sonne und Mond für den Urwaldmenschen; vielleicht sucht er aber auch das Gegenteil, die Reflexe der Befreiung, die er verspürte, als es die Macht verlor und die Sprache zur Herrschaft gelangte.

In jenem Film, den Samuel Beckett mit Buster Keaton gedreht hat, sieht man einen Mann von hinten, wie er geht, zögert, steht, etwas tut, weitergeht, – immer von hinten. Das irritiert zunächst, dann wird es schmerzhaft, mit der Zeit ist es kaum mehr auszuhalten. Erst in der letzten Einstellung wendet der Mann sich langsam um. Man sieht ein Gesicht. Das ist alles. Darin vollendet sich der kleine Film. Man könnte ihn als den Prototyp der Kunst überhaupt betrachten.

Vierter Teil
Das moderne Gesicht

Im Anfang liegt das Ende: Lavaters »treugutmütige Zürchergesichter« und der Mörder Moosbrugger

Man kann die Leidenschaft zum menschlichen Gesicht, die sich im ausgehenden 18. Jahrhundert als aufregende Variation der Welt- und Gesellschaftserfahrung ausbreitet, von zwei Gesichtspunkten her zu begreifen suchen. Der eine ist philosophisch-andächtig, der andere kritisch-illusionslos.

Der erste erfaßt den Vorgang als Symptom des Durchbruchs moderner Individualität. Entlassen aus den überpersönlichen Ordnungen der politischen Feudalität und der theologischen Dogmatik, befreit durch ein autonomes, voraussetzungsloses Denken, begreift sich der einzelne triumphierend als einmaliges Moment der Weltgeschichte, er sucht das Siegel solcher Singularität im Körperlichen und findet es im menschlichen Gesicht.

Der andere Gesichtspunkt ist sozial- und ökonomiegeschichtlich: Der Bürger als der unabhängige Handeltreibende, der immer entschlossener auf freie Merkantilität Erpichte, findet sich dem Geschäftspartner allein und Aug' in Auge gegenüber. Wieviel er immer schriftlich abmacht, auf Papier bestätigt und besiegelt, über Vertrag und Unterschrift hinaus bedarf das erfolgreiche Geschäft einer Basis von Treu und Glauben. Das kommerzielle Risiko ist zu guten Teilen ein Wagnis auf den Charakter des Geschäftspartners. Kein Kontrakt kann die Möglichkeit des Betrugs ausschließen. So muß der Kaufmann die Fähigkeit entwickeln, dem Partner die Wahrheit vom Gesicht zu lesen.

Man studiere einmal darauf hin Lavaters Kommentare zu einigen seiner Zürcher Mitbürger. Wollte man bösartig sein, man könnte sagen, er sei vordringlich vom Interesse bewegt, diese Landsleute kraft seiner geistlichen und literarischen Reputation, mit Kanzelzunge und Schriftstellerfeder, allen vertragsfähigen Kontoren von Lissabon bis Petersburg zu empfehlen.

Ein wahrhaft charakteristisches Gesicht eines wohlgebildeten Bürgers von Zürich; eines vollkommenen Geschäftsmannes und glücklichen Unternehmers. Voll der Bonhommie und Schlichtheit, die den Zürcher als Zürcher bezeichnet; gerade vor sich hinsehend; thätig, ohne Hastigkeit; leichtbeweglich, ohne Flüchtigkeit; genau ohne Ängstlichkeit; entschlossen, ohne Vermessenheit; beherzt, ohne Frechheit; voll geraden Sinnes, ohne Zergliederung der Begriffe; ungeduldig nur bey Langsamen, mißmuthig nur bey Schwerfälligen, übellaunig bey Verwirrteren; gerad und brav, wacker und frey, eher derb, als schleichend; fertig, froh, muthig schreitend zum Ende der Geschäfte.

Ein Geripp eines Zürchergesichtes, wie man es schwerlich bey einer andern Nation finden wird. So sieht kein Engländer, so kein Franzose, so kein Italiener aus, und gewiß so kein Basler und kein Berner. Liebe zur Arbeit, kindische Gutherzigkeit, zarte Reizbarkeit, und kühne Imagination sind einige Züge dieses kurzsichtigen und treffend scheinenden Auges, das zu sprechen scheint, was jedes Auge leicht versteht.

Abermahl ein erzbraves, fleißiges, treugutmüthiges Zürchergesicht, der ältere Bruder des vorigen; er hat schon viel mehr Eigenthümliches vom Zürcher Nationalcharakter, der mir besonders in der Nase und im Munde auffallend ist; wir haben sehr wenig starkgebogne, oder merklich aufgestülpte Nasen. Unser Charakter, der von allbeliebter glücklicher Mittelmäßigkeit, zeigt sich vornehmlich in unsern unausgezeichneten Nasen; Fleiß und Bonhommie ist in diesem Munde.

Ein edler bescheidner Zürcher, melancholisch-phlegmatischen Temperaments, der abermahl sehr viel Charakteristisches hat, was den Zürcher von allen Nationen, sogar allen andern Eidesgenossen unterscheidet. Diese *Bestimmtheit* und *Ruhe*, diese *Treue* und *Kälte*, diese *Festigkeit* und *Bescheidenheit*, diese *Assiduität* und *Gerechtigkeit*, die beynahe unsern Nationalcharakter ausmacht, leuchtet besonders aus diesem Profile merklich hervor.[108]

Da diese Texte nur die sprachlichen Erläuterungen von Abbildungen sind, von wohlgemeinten, aber recht erbärmlichen Produkten der zeitgenössischen Graphik, gehören sie nicht in den engeren Gegenstandsbereich dieser Studie. Sie stecken hingegen unübertrefflich das Umfeld ab, aus dem sich die literarische Gesichtsbeschreibung nährt, wohin sie ausschweift, wenn ihr die Sprache zu versagen droht und sie deren Brüche und Verweigerungen mit Begriffen und Beteuerungen aus einer jedermann verständlichen Sittlichkeit wettzumachen suchen muß. Was am literarischen Porträt fasziniert und vielfach beeindruckt, der zum Scheitern verurteilte Versuch, schreibend ein Gesicht wiederzugeben, wie es wirklich und wahrhaftig ist, das kommt bei Lavater gar nicht vor, weil er eben mit Illustrationen arbeitet. Man darf aber nicht übersehen, daß er in seinen Auslegungen einen Vorrat von Formeln und Formulierungen aufbereitet und zugänglich gemacht hat, von denen sich ein ganzes schreibendes Jahrhundert direkt oder auf Umwegen nähren sollte. Lavaters Kurztexte, auch wo sie in einer schon wieder anziehenden Weise unfreiwillig komisch sind wie in dem eben vorgeführten Fähnlein vier vorkellerischer Aufrechter, liefern Sprachschemata, Leerformen, feinstrukturierte Grundmuster für den weitverbreiteten Vorgang, daß aus einer biographisch-essayistischen Abhandlung heraus sich plötzlich und umrißscharf das literarische Bildnis kristallisiert. Unter diesem Aspekt, als Verfasser gedrängter, oft rasant durchrhythmisierter kurzer Prosatexte, ist Lavater wohl bis heute unterschätzt. Allerdings muß man, um das zu würdigen, von genau dem absehen können, worum es ihm am innigsten zu tun war. Bis zum Überlaufen angefüllt vom Glauben an seine gutmütige Häresie, merkt der weltberühmte Christ nicht, wie bösartig er sein kann, wie erbarmungslos und fern aller Nächstenliebe, sobald er Gesichter beschreibt, vor denen, wie er meint, die Rechtschaffenen sich zu hüten haben. Da kann ihn eine Rhetorik der Verwerfung erfassen, die seiner Profession zwar nie ganz fremd war, die aber dem milden Pietismus, der von ihm nach allen Zeugnissen abstrahlte, doch in etwa zuwiderläuft. Kleine Sprachstürme gibt es da, hageldicht wortgesättigt, die ihre Eindrücklichkeit im letzten wohl aus jener Nähe zur Absurdität und Unsinnigkeit gewinnen, wohin intellektueller Totalitarismus noch immer geführt hat. Man lese:

Große, massive Körper mit kleinen Augen, runden Wangen, vollen, niederhängenden Backen, wurstigen Lippen, sackähnlichem Kinne, die immer mit ihrer eigenen Körperlichkeit beschäftigt sind, immer räuspern, spukken, Tabak nehmen, kauen, schnäuzen, auch wohl gar alles, wovon sie sich entladen, dem freien Boden anvertrauen, sind im Grunde eitle, fade, kraftlose, ehrsüchtige, lenksame, vielwissende, unsichere, leichtsinnige, wollüstige, schwer zu behandelnde, vielgierige, weniggenießende Charaktere – und wer wenig genießt, der gibt wenig.[109]

Kleine, matte, schlecht gezeichnete Augen, mit lauerndem Blicke, eine bleyfarbige Gesichtshaut, flache, kurze, schwarze Haare, eine aufgeworfene Nase, eine mächtig vorstehende, aufwärts stehende Unterlippe, – unter einer wohlgebauten, verstandreichen Stirn, – werdet Ihr selten anderswo finden, als an schiefen, infamen Sophisten, bösen Erzzänkern, listigen, schalkhaften, cabalisirenden, argwöhnischen, eigennützig-niedrigen, abominablen Menschen.[110]

Dichte, starke, schwarze, abwärts sinkende Augenbrauen, die auf den Augen hart aufzuliegen scheinen, tiefe große Augen beschatten, und von einer scharf eingeschnittenen, langen, ununterbrochenen Wangenfalte, die bey der leisesten Bewegung Verachtung, Trotz, kalten Hohn zeigt, begleitet sind, und über sich eine sichtbar knöcherne Stirn haben, sind nur als Rathgeber, wenn man sich rächen, oder sich die Wolfslust des Wehethuns machen will, zu brauchen, sonst so ausweichend wie möglich, und das Ausweichen so verbergend wie möglich zu behandeln.[111]

Das besteht je aus nur einem einzigen Satz, jedes Stück ein »Wurf« im Herderschen Sinn des Wortes. Man weiß nicht, soll man, um Vergleiche zu finden, bei Hamann oder beim Günter Eich der »Maulwürfe« zu suchen beginnen.

Indessen wird hier zementiert, was das literarische Porträt des bürgerlichen Jahrhunderts noch und noch bestimmen soll: das Gesicht als geronnene Moral und erstarrte Ideologie. Denn solche Warnungen, wer braucht sie? Der Freund nicht und nicht der Liebhaber, und der Christ sollte sie sich wohl zuletzt zu eigen machen. Der Geschäftsmann aber, allein gelassen in der schicksalhaften Leere zwischen Offerte und Vertragsabschluß, einem Partner gegenüber, von dem mit Sicherheit nur eines feststeht, daß er auch profitieren will – für ihn scheinen solche Ratschläge und Warnungen naturhaft geschaffen. Der Bürger als ökonomisches Wesen, unabhängig kombattant auf dem schwer erkämpften freien Markt, braucht nur soweit psychologisch-physiognomische Instruktionen, als sie ihm helfen, bestimmte Menschen zu vermeiden, all jenen rechtzeitig auszuweichen, mit denen schlecht Geschäfte zu machen ist. Dem kommt Lavaters Verfahren der direkten Gleichsetzung von Gesicht und Charakter und der mechanischen Auflösung des Gesichts in je einzelne signifikante Teile entgegen. Die Selbstverständlichkeit, mit der er den »abominablen Menschen« diagnostiziert, dürfte es für einen christlichen Seelenhirten nicht geben. Diesen müßte der Schwache, der Verwerfliche, der Übeltäter als der zuletzt doch noch zu Rettende am meisten interessieren. Als pastor bonus müßte er nicht diagnostizieren, sondern verstehen wollen. So aber handelt er, ohne es zu begreifen, nach ökonomischen Mustern. Der Unternehmer muß, will er überleben, rasch und sicher diagnostizieren. Das ist ein Mittel seiner Arbeit und gehört zu seinem Beruf. Das Verstehen kann er andern überlassen. Diagnostizieren aber heißt in diesen Belangen: die Gegebenheiten der körperlichen Erscheinung unmittelbar auf die geltenden Normen sozialen Handelns beziehen und so aus den physiologischen Fakten den Wert, im letzten den ökonomischen Gebrauchswert des einzelnen bestimmen.

Was Lavater fehlt, ist die Kategorie des Widerspruchs. Der Mensch ist aber das Wesen, das nicht aufgeht. Deshalb ist er mit keiner Wissenschaft zu erfassen, die nach dem Muster von Gleichungen operiert. Das dürfte Lichtenberg, der Bucklige mit dem perfekten Intellekt, gemeint haben, als er schrieb, daß die von Lavater initiierte Bewegung »so vielen Unrecht tut, und zwar noch dazu den Unglücklichen Unrecht tut.«

Als ein exemplarischer Text, der die Gegenposition bezieht zu den zähen Konventionen der Gesichtsbeschreibung, in denen das Körperliche immer schon moralisch ist und das Moralische geradewegs Stirnbuckel hervortreibt und vielsagende Hautfalten wirft, kann der Abschnitt im »Mann ohne Eigenschaften« gelten, in dem Moosbrugger vorgestellt wird. Das ist zwar Erzählprosa, fiktionales Reden, es gibt aber wenig, was die Krise und das Ende der konventionellen Gesichtsbeschreibung unmittelbarer vergegenwärtigen könnte. Wie in Musils Roman alles Erzählte einen reflektierenden Zug hat, das Fabulieren ein sinnliches Philosophieren, das Philosophieren ein sublimiertes Geschichtenerfinden ist, kann man auch bei diesem ersten Auftritt Moosbruggers nicht genau entscheiden, wie weit er illustrierte Theorie und wie weit er denkerisch abgestützte Anschauung ist. Die Frage soll hier auch gar nicht gestellt werden. Der Text dient vielmehr zur Konfrontation mit den Lavater-Texten, die so klar und schön zwischen »treugutmütigen Zürchergesichtern« und »abominablen Menschen« zu unterscheiden wissen. Es gibt im »Mann ohne Eigenschaften« kein anderes Gesicht, das so ausführlich beschrieben würde, und bei welchem die Problematik des Beschreibens selbst im Textverlauf so offen thematisiert, ja wie durch Notwendigkeit hervorgetrieben würde.

Moosbrugger war ein Zimmermann, ein großer, breitschultriger Mensch ohne überflüssiges Fett, mit einem Kopfhaar wie braunes Lammsfell und gutmütig starken Pranken. Gutmütige Kraft und der Wille zum Rechten sprachen auch aus seinem Gesicht, und hätte man sie nicht gesehn, so hätte man sie doch gerochen, an dem derben, biederen, trockenen Werktagsgeruch, der zu dem Vierunddreißigjährigen gehörte und vom Umgang mit Holz und einer Arbeit kam, die ebensoviel Bedachtsamkeit wie Anstrengung fordert.

Man blieb wie eingewurzelt stehn, wenn man diesem von Gott mit allen

Zeichen der Güte gesegneten Gesicht zum erstenmal begegnete, denn Moosbrugger war gewöhnlich von zwei bewaffneten Justizsoldaten begleitet und hatte die eng aneinandergebundenen Hände vor dem Leib, an einem starken stählernen Kettchen, dessen Knebel einer seiner Begleiter hielt.

Wenn er bemerkte, daß man ihn ansah, zog über sein breites, gutmütiges Gesicht mit dem ungepflegten Haar und dem Schnurrbart samt dazugehöriger Fliege ein Lächeln; er hatte einen kurzen schwarzen Rock mit hellgrauen Beinkleidern an, seine Haltung war breitbeinig und militärisch, aber dieses Lächeln war es, was die Berichterstatter des Gerichtssaals am meisten beschäftigt hatte. Es mochte ein verlegenes Lächeln sein oder ein verschlagenes, ein ironisches, heimtückisches, schmerzliches, irres, blutrünstiges, unheimliches –: sie tasteten ersichtlich nach widersprechenden Ausdrücken und schienen in diesem Lächeln verzweifelt etwas zu suchen, das sie offenbar in der ganzen redlichen Erscheinung sonst nirgends fanden.

Denn Moosbrugger hatte eine Frauensperson, eine Prostituierte niedersten Ranges, in grauenerregender Weise getötet.[112]

Der Text soll hier betrachtet werden als ein theoretischer Positionsbezug, der sich in erzählerische Anschaulichkeit kleidet. Selbst so aber, wenn man also vom Stellenwert des Abschnitts im Roman als einem vieldeutigen epischen Gebilde absieht, wird noch immer rasch genug deutlich, wie gut es ein Erzähler hat, verglichen mit dem zu dokumentarischer Wahrheit verpflichteten Berichterstatter. Der Erzähler kann nämlich, im Falle wachsender Beschreibungsnöte oder wenn ein eigentliches Scheitern der Deskription droht, die Optik kurzerhand einem andern zuschieben und die Begrenztheit der Sprache als die Erfahrung eines Dritten hinstellen, wo es dann offen bleibt, ob sie notwendig oder nur in dessen Unfähigkeit begründet gewesen sei. Auf diese Weise macht auch der Text hier gewissermaßen eine erzählperspektivische Rochade. Zunächst wird Moosbrugger von einem »man« her betrachtet, aus einem offenbar weitgehend objektiven Winkel, von dem sich der Erzähler selber nicht distanziert; dann aber, als es heikel wird, sind es plötzlich »die Berichterstatter des Gerichtssaals«, die mit der Schwierigkeit, das Gesicht in Sprache zu übersetzen, fertig werden sollen. Diese Rochade hat zur Folge, daß wir nicht wissen, ob der fürchterliche Zimmermann tatsächlich ein Lächeln hat, wie es so seltsam sonst noch nie zu sehen war, oder ob die eifrigen Journalisten bloß dem konventionellen physiognomischen Denkzwang gehorchen und mit Gewalt versuchen, das verborgene

Scheusal wenigstens an einer Ecke sichtbar auszumachen.

Das entscheidende Stichwort fällt im Zusammenhang mit den sprachlichen Nöten der Berichterstatter. Wonach sie tasten, sind »widersprechende Ausdrücke«. Das besagt, daß die Tatsache des Widerspruchs wichtiger ist als dessen besondere Ausprägung. Vor Moosbruggers Gesicht zerschellt ein ganzer Kosmos. Was verloren geht, sind jene einfachsten Zuordnungen, über die man sich in der Menschenwelt zurechtzufinden pflegt und deren Verläßlichkeit Voraussetzung aller Kommunikation ist. Es wird aufgehoben der Satz vom Widerspruch, das principium contradictionis als eine Regel auch für den seelischen und kommunizierenden Menschen. A kann hier gleichzeitig auch Nicht-A sein. Wer in Moosbrugger »gutmütige Kraft« sieht, den »Willen zum Rechten« und Redlichkeit durchaus, der täuscht sich nicht. Dies ist alles da, im Gesicht und in der Person, aber zugleich und in einem ist es sein eigenes Gegenteil.

Von hier laufen strahlenförmig alle großen Themen von Musils Roman aus: die Kritik der überkommenen Grenzziehung zwischen Wahnsinn und Normalität; die Kritik der überkommenen Sittlichkeit als eines überindividuellen Regelsystems; die Kritik eines Begriffs von Arbeit als der Hervorbringung von lauter gesellschaftlich nützlichen Produkten; die Kritik einer Psychologie des homogenen Bewußtseins, dessen Veränderungen ausschließlich innerhalb eines Spektrums sprachlich definierter Zustände spielen. Das ist hier weiter nicht zu verfolgen. Deutlicher auszumachen aber ist die Art, wie der Text die Not der Gesichtsbeschreibung nach dem Zerschellen der gewohnten physiognomischen Zuordnungen diagnostiziert. In seiner ersten Hälfte ist das Porträt Moosbruggers ein fast parodistischer Nachvollzug der Deskriptionsweise des bürgerlichen Jahrhunderts. Es ist nicht wirkliche Parodie, nur die Durchführung eines Schreibverfahrens in so regelrechter Form, daß die Grenze zum ironischen Nachahmen ins Blickfeld tritt. Physiologisches und Moralisches durchdringt sich da fugendicht und ohne Widerstand: Nicht nur sind die starken Hände redlich und gut, sondern selbst der Geruch des Mannes, nach Harz und Holz und Leim des Werkplatzes, hat die Qualität des einfach Braven, ist ein veritables sittliches Ereignis – aromatisch gewordene Bürgertugend. Der Text führt in seiner ersten Hälfte fast darstellerisch vor, wie ein Sprachstück aussieht, das ein Menschengesicht zum Objekt hat und keinerlei Sprachschwierigkeiten kennt. Er schaltet widerstandslos um vom Körperlichen zum Moralischen, setzt eines wie das andere und für das andere. Das »Kopfhaar wie braunes Lammsfell« wird mit der gleichen überzeugten Sachlichkeit vermerkt wie der »Wille zum Rechten«. Im Reden, Denken, Urteilen und im schreibtechnischen Verfahren ist dieser erste Abschnitt ein Muster für die Arbeitsweise des bürgerlichen Realismus aller Schulen. Von Immermann bis Storm und Raabe könnte dieser Moosbrugger des ersten Abschnitts durch die Erzählwerke schreiten; der genaueste literarische Heimatort wäre wohl in der Gegend um Gustav Freytags »Soll und Haben« zu finden. Das System sittlicher Normen, das Autor und Leserschaft gemeinsam haben, ist so naturhaft gegeben und festgefügt, daß tatsächlich keine Differenz zu bestehen scheint zwischen sinnlich-materiellen und moralischen Gegebenheiten. Selbst das Klischee, daß der Handwerker, der mit einfachen, dauerhaften Materialien umgeht, auch ein verläßlicherer, besserer Mensch sei als etwa der Hersteller von kosmetischen Utensilien oder der Fabrikarbeiter – eine Denkschablone, die sich im 19. Jahrhundert noch und noch findet – ist hier fast penetrant anwesend.

Dieses Porträt – der Moosbrugger des ersten Abschnitts – wird nun als Bildnis, als ein sprachlich-literarisch Gemachtes, in der zweiten Hälfte des Textes der radikalen Kritik ausgesetzt. Das äußere Symptom für den Wechsel ist der Übergang vom objektiv beobachtenden »man« zum Blickwinkel der Gerichtsberichterstatter. Der eigentlich dramatische Umbruch aber geschieht dort, wo aus der unerschütterlichen Sprach- und Beschreibungssicherheit eine Sprach- und Beschreibungskrise wird. Diese manifestiert sich nicht etwa in einem Verstummen, sondern, und das verleiht der Stelle besondere Echtheit, in einer inflationären Ausuferung. Das Wortgeschwemme über das Lächeln des Mörders führt den Verfeinerungsgrad dieser Sprache zusammen mit der Tatsache vor Augen, daß sie ihr Ziel nicht mehr erreicht. Alle Wörter, die in der langen Adjektivkette (»verlegen, verschlagen, ironisch, heimtükkisch, schmerzlich, wirr, blutrünstig, unheimlich«) erprobt und als ungenügend verworfen werden, deuten auf moralische Werte. Sie möchten diese und das körperliche Phänomen in einem Akt benennen. Es geht nicht, und die Wörter liegen plötzlich nutzlos am Haufen.

Es gibt wenig, was die Situation des modernen Autors dem Gesicht gegenüber prägnanter veranschaulichte, als dieser Abschnitt.

Dennoch weist die Stelle nur auf das Problem hin. Sie bringt keine Lösung. Der auktoriale Erzähler, der in diesem Roman sonst überall anwesend sein kann und um seiner Omnipräsenz willen die abenteuerlichsten Perspektivensprünge zu machen bereit ist, entzieht sich gerade hier diskret der Aufgabe, die Beschreibung von Moosbruggers Gesicht eigenhändig zum Abschluß zu bringen. Ein Fehler ist das nicht. Es ist eine so künstlerisch wie philosophisch behutsame Handlung. Die Wahrheit des Textes ist der leere Fleck, den er ausspart.

Rilkes Rodin: die Subversion des Mythischen

Ist da nicht alles intakt? Der Schreibende und sein Gegenüber und die Sprache – steht das nicht zueinander in Bezügen, die *einer* großen, ungefährdeten Ordnung eingefügt sind? Und wird hier nicht nochmals in reiner Weise anschaulich: der andächtige Bürger vor dem Künstlerhaupt, beseligt von der Aufgabe, diesem Haupt mit den Mitteln der Bildungssprache ein Denkmal zu setzen?

Die Frage soll nicht als eine rhetorische aufgefaßt werden. Die Antwort ergibt sich nämlich keineswegs ganz ohne weiteres aus der Lektüre. Und bei Rilke bloß aufgrund seiner anerkannten Position im literarhistorischen Raster die Denkbahnen und Schreibverfahren des bürgerlichen Jahrhunderts ausschließen zu wollen, wäre nicht nur voreilig, sondern verschüttete von vornherein ein für diesen Autor wesentliches Spannungsfeld. Wie seine unerhörte Gefühls- und Erfahrungskultur ihren Ausgang nehmen konnte von der scheinbar rettungslosen Sentimentalität der Poesiealben höherer Töchter und von da zu Transformationen gelangen konnte, die ebenso triumphal wie unvorhersehbar, zuletzt unerklärlich sind, so führen von seinem Schreiben auch immer wieder allerlei Linien zurück zum Konventionellen, zu einer Zone des Abgegriffenen. Es ist gerade der immer neu gewonnene Abstand dazu, was dieser Literatur den Charakter geschichtlicher Zeugenschaft verleiht.

Das muß zur Vorsicht mahnen, und Vorsicht heißt hier: das Konventionelle nicht vorschnell zum Nennwert nehmen; ebenso aber auch: das Konventionelle nicht vorschnell ignorieren wollen.

Wenn der folgende Text seinen Ort hat in der Literaturgeschichte des menschlichen Gesichts, dann kann dieser nur ausgemacht werden über die Funktion, die der Konventionalität in seinem Gefüge zukommt.

Obwohl mit keinem Wort darauf hingewiesen wird, hat das Verhältnis, in dem Schreiber und Beschriebener in diesem Text zueinander stehen, etwas eklatant Szenisches. Die unausgesprochene, fast nur atmosphärisch vermittelte Selbstdefinition des Autors dem Bildhauer Rodin einerseits, dem Leser andererseits gegenüber nimmt sich aus als Reproduktion der aus vielen Büchern vertrauten Situation des jungen Künstlerlehrlings, der als Beobachter und Informationsträger zwischen einem dämonischen Meister und dem Publikum steht. Die romantische Novellistik hat das reichlich abgehandelt, am stärksten in Hoffmanns Cardillac-Geschichte. Ebenso auffällig aber ist der Unterschied zu allen bisher untersuchten literarischen Porträts. Rilke beschreibt das Gesicht Rodins in drei verschiedenen Lebensaltern. Warum denn eigentlich?

Da ist eine nach einem Ölbild hergestellte Photographie. Sie zeigt undeutlich einen jungen Mann aus dem Ende der Sechzigerjahre. Die einfachen Linien in dem bartlosen Gesicht sind nahezu hart, aber die klar im Dunkel stehenden Augen verbinden das Einzelne zu einem milden, fast träumerischen Ausdruck, wie ihn junge Menschen unter dem Einfluß der Einsamkeit bekommen; es ist fast ein Antlitz von einem, der gelesen hat bis zum Dunkelwerden.

Aber da ist ein anderes Bild; um 1880. Da sieht man einen Mann, geprägt von Tätigkeit. Das Gesicht ist abgemagert, der lange Bart läßt sich nachlässig hinabgleiten auf die breitschultrig angelegte Büste, über der der Rock zu weit geworden ist. In den aschblonden, verblaßten Tönen der Photographie meint man zu erkennen, daß die Lider gerötet sind, aber der Blick tritt sicher und entschlossen aus den überanstrengten Augen, und in der Haltung ist eine elastische Spannung, die nicht brechen wird.

Und mit einem Mal, nach ein paar Jahren, scheint das alles umgewandelt. Aus dem Vorläufigen und Unbestimmten ist ein Endgültiges geworden, das gemacht ist, lange zu dauern. Auf einmal ist diese Stirne da, ›felsig‹ und steil, aus der die gerade starke Nase entspringt, deren Flügel leicht und empfindlich sind. Wie unter alten steinernen Bogen liegen die Augen, weitsichtig nach Außen und Innen. Der Mund einer faunischen Maske, halb verborgen und vermehrt um das sinnliche Schweigen neuer Jahrhunderte, und darunter der Bart, wie zu lange zurückgehalten, hervorstürzend in einer einzigen weißen Welle. Und die Gestalt, die dieses Haupt trägt, wie nicht von der Stelle zu rücken.

Und soll man sagen, was von dieser Erscheinung ausgeht, so ist es dieses: daß sie zurückzureichen scheint wie ein Flußgott und vorauszuschauen wie ein Prophet. Sie ist nicht bezeichnet von unserer Zeit. Genau bestimmt in ihrer Einzigkeit, verliert sie sich doch in einer gewissen mittelalterlichen Anonymität, hat jene Demut der Größe, die an die Erbauer der großen Kathedralen denken macht. Ihre Einsamkeit ist keine Absonderung, denn sie beruht im Zusammenhang mit der Natur. Ihre Männlichkeit ist bei aller Hartnäckigkeit ohne Härte, so daß ein Freund Rodin's, den er manchmal gegen Abend besuchte, schreiben konnte: »Es bleibt, wenn er geht, in der Dämmerung des Zimmers etwas Mildes zurück, als wäre eine Frau dagewesen.«

Und in der Tat, die wenigen, die in der Freundschaft des Meisters aufgenommen waren, haben seine Güte erfahren, die elementar wie die Güte einer Naturkraft ist, wie die Güte eines langen Sommertags, der alles wachsen läßt und spät dunkelt.[113]

An seinen Rändern ist dieser Text mühsam. Da arbeitet er mit energielosen Gefühlen und bedeutungsdürftigen Metaphern: »...fast das Antlitz von einem, der gelesen hat bis zum Dunkelwerden« – »...wie die Güte eines Sommertags, der alles wachsen läßt und spät dunkelt«. Das ist Jugendstil im schlechten Sinn, rankenhaftes Dehnen von Bildern und Begriffen zu languiden sprachlichen Wasserpflanzen. Es berührt sich dies mit jenem Element von Konventionalität, von dem oben die Rede war. Der erste Leseeindruck wird davon übermäßig bestimmt, schon deshalb, weil das rasche, unbekümmerte Lesen fast nur bereits Bekanntes festzustellen vermag und so die trivialen Momente eines Sprachstücks in unverhältnismäßiger Verstärkung aufnimmt. Es läßt sich indessen zeigen, wie auch hier die erwähnte Absetzbewegung von den zunächst eigenhändig markierten Positionen des künstlerisch Abgelebten spielt. So in der Metaphorik, so aber auch in der Großstruktur des Textes.

Die Erscheinung Rodins, das wirkliche Menschen- und Mannesgesicht, wird in der gestuften Überblendung dreier Lebenszustände vorgestellt. Das kann, will es scheinen, nur den einen Sinn haben: Rodin als Werdenden, zuletzt als Gewordenen, Fertigen zu zeigen. Wachstum und Vollendung, Vorgestalt und Reife sollen in *einem* literarischen Wurf zur Erscheinung gelangen. Das alte deutsche Denkmodell von der »Entwicklung« des Individuums scheint hier in der geschickten Verbindung älterer Bilder mit der gegenwärtigen Gestalt zur Anwendung gebracht. Und jede Stufe wäre dann ein deutlicher Gewinn auf dem Weg zur Selbst- und Künstlerwerdung. Der Text läßt keinen Zweifel zu, daß er mit diesem Schema tatsächlich arbeitet. Die sprachlichen Signale sind eindeutig. Mit dem Stichwort »junger Mann« verbinden sich Begriffe des Undeutlichen, fast Aufgeweichten, des im Seelischen erst schattenhaft Konturierten. Die zweite Phase wird regiert von einer als moralischen Wert genommenen Maskulinität: »Da sieht man einen Mann.« Zugleich wachsen die Zeichen gesteigerter körperlicher und seelischer Zähigkeit; das unnötige Fett ist abgebaut, über den breiten Schultern ist »der Rock zu weit geworden«. Und die dritte Stufe schließlich, der Zielzustand, legt den Gedanken von Entwicklung/Reifung/Werden offen dar: »Aus dem Vorläufigen und Unbestimmten ist ein Endgültiges geworden, das gemacht ist, lange zu dauern.«

Ist also dieses Porträt doch nichts anderes als eine nochmalige Füllung der Rahmenvorstellung vom idealen Lebensprozeß des bürgerlichen Einzelmenschen? Ist es ein gestriger Künstlerroman in nuce; statt in Liebesgeschichten und Kunstkämpfe auszuufern, reduziert auf eine dramatische Physiognomie? Man muß jenes Modell dem Text ganz genau entgegenhalten, um auszumachen, ob es wirklich bloß wiederholt wird oder aber in einem zusätzlichen Akt überstiegen und zuletzt sogar verlassen. Ausschlaggebend sind dabei die Normen, welche dort sichtbar und benannt werden, wo der Zielzustand, die erreichte Lebens- und Tätigkeitshöhe des prozeßhaften Individuums zur Rede steht. Traditioneller- und für die Zeit der Jahrhundertwende längst konventionellerweise müßte sich hier eine Versammlung charakteristischer Bürgertugenden in geläutert-gesteigerter Gestalt zeigen. Genau das aber fehlt. Was zuletzt dasteht, was den Leser anschaut, anschauen soll, ist kein Wesen mehr, das er sich zum Leitbild nehmen, verkörpert keine Maxime, die er sich, verkleinert auf seinen bescheidenen Haushalt, zur Lebensüberschrift machen könnte. Im Gegenteil, es waltet eine ganz neue, eine untergründige, aber entschlossene Dialektik in diesem Prosastück. Das zunächst gesetzte Prinzip vom Entwicklungsgang des beispielhaften Individuums wird in einem Gegensprung aufgehoben, und zwar so, daß diesem Menschen als Resultat am Ende gerade die Individualität im Sinne des bürgerlichen Jahrhunderts abgesprochen wird. Was aus diesem Leben, nach der Behauptung des Textes, schließlich hervorbricht, ist nicht ein Mensch, der, nach der landläufigen Formel, »alle seine Anlagen und Fähigkeiten entwickelt hat«, sondern ein

Wesen ungeheuerlicher Natur, das jede vertraute Vorstellung sprengt und für welches Maß und Gewicht der gewohnten Menscheneinschätzung nutzlose Größen sind. Der Bewegung der Einpassung in ein gesellschaftlich abgesprochenes Normengefüge, welche die Gesichtsdeskription des bürgerlichen Jahrhunderts strukturiert, entspricht hier der genaue Gegenzug. Jetzt geht es um Trennung, um die Loslösung aus diesen Bezügen, welche im gleichen Vorgang auch um ihre fraglose Verbindlichkeit gebracht werden.

Das führt zu sprachlichen Schwierigkeiten. Wenn die Übergänge vom Gesicht zum Charakter und vom Charakter zum gesellschaftlichen Tugendkatalog nicht mehr reibungslos geschehen, wird das Benennen des einzelnen Körperteils zu einem schriftstellerischen und philosophischen Problem. Das Gesicht ist nur bedeutend, wenn es auf etwas anderes deutet; was aber ist nun dieses andere? Noch am einfachsten ist es, die fremde Größe negativ zu beschwören, indem man die gewohnten Zuordnungen verneint. Der Rilke-Text macht es, indem er sich bemüht, Rodin seiner Zeit ausdrücklich zu entziehen. Der höchste Wert der Epoche, die unverwechselbare Individualität, was man von Kant und Goethe her eine »Persönlichkeit« zu nennen pflegte, wird dem Bildhauer in dem Moment abgesprochen, wo man sie eben endgültig unter Beweis gestellt glaubte. »Diese Erscheinung... ist nicht bezeichnet von unserer Zeit. Genau bestimmt in ihrer Einzigkeit, verliert sie sich doch in einer gewissen mittelalterlichen Anonymität.« Das will offensichtlich die »Einzigkeit« Rodins heraustrennen aus dem, was seine Zeit darunter versteht. Der Schreiber hat dabei Mühe. Er, dem in der Skizzierung der drei Entwicklungsphasen des Gesichts alles aufs leichteste, flüssigste sagbar war, gerät ins Zögern. Die Rede wird tastend. Sie verliert die glatte Schlüssigkeit. Sie deutet unter Anstrengung auf Unausgedachtes, auf mehr Gewittertes als Gewußtes, und sie macht es mit isolierten Gesten. »Flußgott«, »Prophet«, »Kathedralenbauer«, das sind zögernde Markierungen. Sie geben kein Ganzes. Vielmehr lösen sie ein Ganzes auf. Wenn jenen Journalisten bei Musil angesichts des milden Lächelns eines Scheusals die Sprache inflationär wurde und in den Wörterbächen ihr Versagen vor der Wirklichkeit erst ganz bezeugte, so wird sie hier, in einem komplementären Geschehen, fragmentarisch, stockend – »stammelnd«, um das alte Wort für solche Erfahrung zu gebrauchen. Rilke kaschiert das allerdings mit einer Syntax voll weicher Gelenke, aber ganz verbergen kann er es nicht. Flußgott, Prophet, namenloser Kathedralenbauer – das sind nicht drei exquisite Metaphern, die strahlenförmig auf den einen Menschen, das eine Gesicht zielen, sondern es sind drei unvereinbare, mühsam benannte Wahrheiten, die die Einheit der erscheinenden Person in einer Weise aufheben, welche Furcht und Schrecken verbreiten muß. Diese Furcht und dieser Schrecken – ihre Basis ist die Erfahrung von »Persönlichkeit« und »Individualität« als Fiktionen – sind anwesend in ihrem Gegenteil, in der überschnellen Domestizierung des Phänomens durch einen sentimentalen Salto: »Es bleibt in der Dämmerung des Zimmers etwas Mildes zurück, als wäre eine Frau dagewesen.« Wobei noch diese Beschwichtigung, der lösenden Gebärde zum Trotz, mit dem Androgynen eine disparate Dimension mehr einbringt und die archaische Heterogenität der Gestalt in Wahrheit verstärkt.

Ist das einmal erkannt, finden sich die Spuren des Vorgangs auch dort, wo zunächst alles eindeutig schien. Zweimal wird der Bart erwähnt, und jedesmal so, als wäre er ein Wesen, das sein eigenes Dasein führt: »...der lange Bart läßt sich nachlässig hinabgleiten auf die breitschultrig angelegte Büste«; »...und darunter der Bart, wie zulange zurückgehalten, hervorstürzend in einer einzigen weißen Welle.« Die Haartracht gehört nicht »sprechend« zur Person, als ein erscheinender Wesenszug, wie das im traditionellen Porträt der Fall ist, sondern der Bart verweist da in seiner Abgetrenntheit vom Ganzen auf den bedrohlich fremden Menschenbau, den Rilke hier unternimmt.

Ähnlich verhält es sich mit der Tendenz des Textes, die Elemente des Gesichts zu versteinern. Das ist mehr als ein atmosphärischer Reflex aus der Bildhauerwelt. In auffälliger Paradoxie werden die zwei Photographien wie Lebewesen beschrieben, der lebendige Rodin aber als zusammengefügt aus anorganischen Stücken. Die Stirn ist »felsig«, die Augen liegen unter »alten steinernen Bogen«, der Mund gehört einer »faunischen Maske« an. Die anschließende Verbindung dieser Maske mit dem hervorstürzenden Wasser (»in einer einzigen weißen Welle«) zeigt, daß dahinter die Vorstellung eines barocken oder antiken Brunnens steht, daß der faunische Mund also gleichzeitig – mit einem Rilke-Wort – »Brunnenmund« ist, mindestens als »Brunnenmund« flüchtig gedacht werden darf. Rodins Gesicht nähert sich dadurch momentweise der Vision eines überwachsenen italienischen Villengartens an, dehnt sich also traumhaft-plötzlich ins Riesige, um gleich wieder, auf neue Art steinern, die Umrisse einer gehauenen Plastik zu gewinnen: »Und die Gestalt, die dieses Haupt trägt, wie nicht von der Stelle zu rükken.«

Merkwürdig erscheint die zweite Äußerung zum Mund. Ihre Auflösung erbringt die vielleicht frappanteste geschichtstheoretische Überlegung des Textes, einen fast versiegelten Gedanken, der sich aber mit starker Beweiskraft neben die bisherigen Ergebnisse stellt. »Vermehrt um das sinnliche Schweigen neuer Jahrhunderte«, heißt es, sei dieser »Mund einer faunischen Maske«. Was will das, wörtlich, besagen? Es kann nur heißen, daß das im antiken Sinne Faunische in dem Gesicht vorhanden sei, d. h. eine naturhafte Erotik (»heidnisch« pflegt man das zu nennen, seit dieses Wort einen positiven Wert bezeichnet), Sexualität ohne jeden schuldhaft-sündigen Rand. Damit aber verbindet sich das Besondere der christlich-mittelalterlichen Sexualität: Sinnlichkeit nämlich als das große Verschwiegene, das nie Benannte und doch überall Anwesende, in zahllosen doppeldeutigen Chiffren und Bildern Mitbezeichnete. Die kulturelle Produktionskraft, die dem Phänomen des »sinnlichen Schweigens« in den nachantiken Jahrhunderten innewohnt, wird von Rilke – im Gegensatz zu Heine und Nietzsche, von denen er den Gedanken wohl hat – anerkannt, wird als eine Steigerung begriffen, die in Rodins Werk zur künstlerischen, in seinem Gesicht zur physiognomischen Erscheinung gelange. Logisch geht das nicht auf: Entweder ist die Sinnlichkeit heidnisch-explizit, oder sie ist christlich-verschwiegen. Entweder ist sie da als naturhaftes Treiben, oder sie ist vergeistigte Aura, die um alle Dinge fließt wie eine Luft. Beides zugleich, sollte man meinen, kann es nicht geben.

Es ist die gleiche Unmöglichkeit, die hinter der dreifachen Identität Rodins steht: als eines Flußgotts – das ist urälteste, leibgewordene Naturkraft; als eines jüdisch-christlichen Propheten – das ist die immer schon am Ende der Geschichte in letzter Zukunft wohnende Spekulation; als eines namenlosen Kathedralenbauers – das ist Kunst ohne das moderne Bewußtsein vom schaffenden Subjekt. Jede einzelne dieser drei Figuren könnte die Individualität Rodins als seelische wie physiognomische Wirklichkeit vermitteln. Zusammen aber zerreißen sie eben diesen Begriff von geprägter, stufenhaft sich entwickelnder Individualität, und der Akt solchen Vernichtens ist brisanter als die Elemente, aus denen er sich ergibt.

Die rundum geschlossene Person, festgefügt und nicht zu zerstükkeln, erscheint hier als ein Schema des Denkens, das störend und verfälschend vor die Wirklichkeit Rodins tritt und aufgelöst werden muß, auch wenn das Selbst- und Menschenverständnis des Lesers dabei in Gefahr gerät.

Auffällig ist zudem, daß die Sexualität den Faktor ausmacht, von dem her die geschlossene Person zuerst ins Zweifelhafte rückt und als Fiktion erkennbar wird, als *der* Mythos vielleicht des bürgerlichen Jahrhunderts. Das berührt sich wissenschaftsgeschichtlich mit der Genese der Psychoanalyse.

Natürlich kann man dieses Porträt, seine Entstehung, Gestalt und Funktion, auch individualpsychologisch anschauen. Es nimmt sich dann aus als Wiederkehr eines verschollenen Idols, über dessen Aneignung einer einst seine erste Identität gefunden hat. Was es verkörpert, gleicht jenem grandiosen Ich-Ideal, in welchem narzißtische Selbsterfahrung und konfliktschwere Fremderfahrung, Vatererfahrung, zu einem prekären, aber zukunftsbildenden Kompromiß gelangt sind. Der tatsächliche Verlauf der Rilke-Rodin-Beziehung bis hin zu ihrem krisenhaft splitternden Ausgang mag dafür als Bestätigung gelten. Ein solches – anderes – Lesen beeinträchtigt den geschichtlichen Repräsentationswert des Textes nicht. Der psychische Ablauf ist die Produktionsvoraussetzung; die Bedeutung des Produktes selbst beschränkt sich keineswegs auf das private Seelische. Vieles im Bereich kultureller Arbeit kann ohne Regression im psychoanalytischen Sinn nicht zustandekommen und ist doch von Anfang an weit mehr als nur der Ausdruck dieses seelischen Geschehens.

Nur angemerkt kann hier werden, daß von der Dynamik aus, die das Rodin-Porträt bewegt, eine direkte Linie führt zu Rilkes neuem Begriff vom Kunstwerk und von dessen Entstehung. Das ästhetische Gebilde wächst bei ihm heraus aus einem Akt der personalen Auflösung des Künstlers, einem Geschehen, das psychologisch genau so wenig zu erfassen ist wie jene Trinität vom Flußgott, Prophet und Kathedralenbauer. Ein Fragment über Rodin aus dem Nachlaß zeigt, wie Rilke an dem Bildhauer zu erkennen glaubte, was seine eigenste Erfahrung war und es mehr und mehr werden sollte: »Es ist sehr schön, ihn arbeiten zu sehen. Der Zusammenhang seines Auges mit dem Thon (...) Und wie dann alles Eines ist: er und das Ding, sein Ding; man wüßte kaum mehr zu sagen, welches das Werk ist. – Und wenn er spricht, klingt seine

Stimme wie innen aus einem Turm, und sein Gesicht hebt sich triefend auf, wie aus strömendem Wasser.«[114] Da ist er zuletzt wieder, der Flußgott. Und erneut verbinden sich Gesicht und Wasser, ist das Gesicht verfließend und werdend zugleich, auftauchend als Meerwunder, proteisch.

Musil und das mathematische Gesicht

Um in seinem Roman die Eigenschaftslosigkeit des Mannes ohne Eigenschaften vermitteln zu können, braucht Musil eine längere Prozession von Leuten *mit* Eigenschaften. Sie drehen sich alle langsam, als ein ritueller Reigen fast oder ein Totentanz ohne Gerippe, um die Hauptfigur. Zur schärfsten Kontrastgestalt formte sich dem Autor schon früh Doktor Paul Arnheim. Dem Vorbild, Walther Rathenau, war Musil im Januar 1914 in Berlin begegnet. Der Eindruck muß heftig gewesen sein. Hier schon dürfte die Gereiztheit begonnen haben, die im Roman die schärfsten satirischen Kapitel hervorbringt und einmal sogar zur Phantasie eines Attentats führt: Ulrich »sah die dunkle, breite Fläche des Halses und der Schultern vor sich. Namentlich der Hals reizte ihn. Seine Hand suchte in den Taschen der rechten Körperseite nach dem Federmesser«.[115]

Die Szene findet sich im Kapitel »Die Aussprache«, kurz nach dem Moment, wo Arnheim – der Mann mit *allen* Eigenschaften, der Geistes- und Finanzgewaltige, die »Persönlichkeit« schlechthin – dem radikal Freischwebenden den Vorschlag macht, in seine Unternehmungen einzutreten und sich dort zu Geld und Einfluß emporzuarbeiten. Der Augenblick gemahnt an Christus und den Teufel in der Wüste, so sehr werden hier Ulrichs Experimenten eines kompromißlosen Gegenlebens versucherisch alle Schätze und Möglichkeiten des macht- und geldgesegneten Daseins vorgehalten. In den langen Jahren zwischen jener Begegnung mit Rathenau und dem Abschluß des ersten Buchs des »Mannes ohne Eigenschaften« gewann die Gestalt Arnheims für Musil immer höheren Repräsentationscharakter. In ihr verdichteten sich die zentralen Aggressionsziele des Werks. Man darf es daher als durchaus aufregende Tatsache betrachten, daß schon das Zusammentreffen in Berlin ein Porträt Rathenaus in Musils Tagebuch zur Folge hatte, einen Text, der nicht nur der literarischen Qualität nach Aufsehen macht, sondern überdies in der Geschichte des literarischen Porträts einen Grenz- und Meßpunkt reinster Ausprägung markiert.

11. Jänner: Dr. W. Rathenau: Ein wundervoller englischer Anzug. Hellgrau mit dunklen, von kleinen weißen Augen gerahmten, Längsstreifen. Behaglicher warmer Stoff und doch unendlich weich. Faszinierend gewölbte Brust und Seitenebenen weiter abwärts.

Etwas Negroides im Schädel. Phönikisches. Stirn und vorderes Schädeldach bilden ein Kugelsegment, dann steigt der Schädel – hinter einer kleinen Senkung, einem Stoß – rückwärts empor. Die Linie Kinnspitze – weitestes Hinten des Schädels steht beinahe unter 45° zur Horizontalen, was durch einen kleinen Spitzbart (der kaum als Bart sondern als Kinn wirkt) noch verstärkt wird. Kleine kühne gebogene Nase. Auseinandergebogene Lippen. Ich weiß nicht wie Hannibal aussah, aber ich dachte an ihn.[116]

Das ist der Versuch einer konsequenten Geometrisierung des Gesichts. Das begegnende Antlitz soll seine Antwort in Sprache finden, indem diese Sprache entschlossen aus dem Bereich der Stereometrie heraus arbeitet. Das menschliche Gesicht, Inbegriff doch wohl des mathematisch nicht Erfaßbaren, verlangt hier für einmal nach den Begriffen der Mathematik. Die Redeweise wissenschaftlicher Exaktheit ist dabei nicht einfach die ad hoc und launenhaft gesetzte literarische Spielregel, sie entsteht vielmehr mitten im Textablauf aus einer nicht ohne weiteres einsichtigen Notwendigkeit heraus. Dieser Textablauf ist zu betrachten. Auftakt und Klimax stehen nämlich zueinander in einem aufschlußreichen Bezug. Zunächst besteht Rathenau nur aus einem Anzug, einem Anzug von stupender Qualität allerdings – und doch wie ohne Kopf und ohne Hände. Dieser Effekt wird unübersehbar mit dem vierten Satz. Nachdem Stoffqualität und -zeichnung fast mit Ergriffenheit beschrieben wurden, geht die Schilderung des Anzugs noch ins Räumliche über: »Faszinierend gewölbte Brust und Seitenebenen weiter abwärts«. Solche Wölbung der Brust und die perfekte Abwinkelung der Flanken verlangen einen Körper, der dem Kleidungsstück die Wirkung nicht verdirbt. Und genau das soll hier polemisch zur Mitteilung gelangen: Dieser Leib sei nach Haltung und Dimensionen so beschaffen, daß er dem exquisitesten Anzug die Dienste einer technisch perfekten Schaufensterpuppe leisten könne. Das Produkt eines englischen Edelschneiders gewinnt also den Rang einer Statue, der Körper hat nur noch Stützfunktionen.

Die Bedeutung des Wortes »Brust« schwebt unentscheidbar zwischen Menschenkörper und Schneiderbüste. Zu dieser Strategie gehört auch die Wendung von den »kleinen weißen Augen«, die vorher, bei der Stoffdeskription, scheinbar nur als hübsche Metapher gesetzt wird. »Auge«, das Kron- und Herzwort jeder Menschenbeschreibung, figuriert hier mit kühler Selbstverständlichkeit als Couturier-Begriff. Der Anzug eignet sich, unter einem linguistisch einwandfreien Alibi, die würdigsten Elemente des beseelten Menschenleibes an.

Diese Auslegung könnte angezweifelt werden, wenn der Textverlauf nicht durch die Steigerung ins radikal Geometrische den Vorgang weiterführte und als das Gestaltungsgesetz des Porträts bewiese. Die überleitende Aussage – »Etwas Negroides im Schädel, Phönikisches« – nimmt sich zwar zunächst aus, als würde jetzt die individuelle Aura assoziierend beschrieben, entscheidend daran ist indessen, daß in Wahrheit mit demonstrativem Aussparen des Gesichts vom »Schädel«, der reinen, harten Knochengestalt, gesprochen wird. Vom Außen des Anzugs geht es direkt zum Innen des Skeletts, das offensichtlich mit dem gleichen Vergnügen poetisch nachgeschaffen wird wie jenes Werk der Haute Couture. Exquisit und perfekt auch dieser Kopf, aber es ist, als wäre er unbewohnt. Er könnte ebenso gut von einem Archäologen gefunden worden sein. Der Text spielt effektvoll mit der kühlen Sachlichkeit kraniologischer Studien.

Das alles wäre ohne einen versteckt aggressiven Antrieb schwerlich zustande gekommen. Noch in den »auseinandergebogenen Lippen« geschieht dem Gegenüber eine Art von Gewalt, wird das weiche Fleisch in metallische Beschaffenheit übergeführt und zu anorganisch harter, widerständiger Materie erklärt.

Wie aber gehen damit die drei exotischen Begriffe zusammen: Negroides, Phönikisches, Punisches (»Hannibal«)? Daß sie den Charakter des Außerordentlichen, Faszinierenden, in rarer Art Prächtigen besiegeln, ist unübersehbar. Für den Leser aber öffnet sich neben ihnen – und durch sie! – auch eine Lücke im Text, eine kalkulierte Leerstelle. Darf von »Hannibal« auf den großen Führer geschlossen werden? Oder auf den verdüstert Scheiternden? Erlaubt das »Phönikische« die Zuordnung des Mannes zu Vorstellungen von kühner Ausfahrt, von Handel und Kulturbeginn in einem Zug? Soll das »Negroide« wiederum dem allem Gegengewicht sein? Nichts, aber auch gar nichts verlangt den Schluß von den drei fremdländischen Signalen auf den Charakter. Mit keiner noch so winzigen Geste werden sie als Erscheinungsformen des Wesens, eines Seelischen, definiert. Die Bezugsetzung wird allerdings auch nicht ausdrücklich verwehrt. Die subtile Verunsicherung des Lesers, die der Text damit, als seine nicht geringste Leistung, hervorbringt, spiegelt sich fast parodistisch in der seltsamen Logik des Satzes: »Ich weiß nicht, wie Hannibal aussah, aber ich dachte an ihn.« Das Urteil über die Person versteckt sich im Akt der Weigerung, ein Urteil zu sprechen. Dieser Akt ist um so pointierter, als er mit dem attraktivsten Material vorbereitet wird. »Nimm ihn als Hannibal, wenn du willst!«, heißt das; vielleicht aber auch bösartiger: »Nimm ihm den Hannibal ab, wenn du magst!«

Das aber ist nun wichtig: Der Akt der Urteilsverweigerung bildet ein Element des Textes selbst, ist also nicht als psychologisches Ereignis im Verfasser zu sehen, nicht als das aufschlußreiche Zögern Musils, seine Meinung über Rathenau bekanntzugeben. In den anschließenden Notizen zu dessen Verhalten in der Gesellschaft hält Musil nämlich mit Ironie und unverblümten Attributen nicht zurück: »Er sagt gern: Aber, lieber Doktor, und faßt einen freundschaftlich am Oberarm. – Er ist gewohnt, die Diskussion sofort an sich zu reißen. – Er ist doktrinär und immer dabei großer Herr.« Man darf von diesen Direktheiten her jene Leerzone um das Negroide/Phönikische/Punische nicht ohne weiteres ausfüllen. Vielmehr belegt die Differenz zwischen dem signalisierten Schweigen dort und der unbekümmerten Stellungnahme hier den Eigencharakter des Porträts als eines Stücks Literatur. Sie verleiht ihm einen Zusammenhalt, der es vom Kontext abhebt und zu einer selbständigen Kunstsache macht.

Wenn die perfekte Stereometrisierung des Menschenkopfes im Rathenau-Porträt auch einem polemischen Zweck dienen mag, darf man doch nicht denken, sie diene nur diesem. Was ein Text beabsichtigt, seine Intentionalität, ist eine mehrsträngige Angelegenheit; je reicher die Bündelung, um so höher die literarische Qualität. Die geometrische Deskription selber ist ganz ironiefrei. Das Schillernde und elegant Verschlagene an Rathenau wird erst über die Aussparungen insinuiert. In der engen Verbindung, die das literarische Porträt hier mit der Mathematik eingeht, gelangt Musil wie mühelos in die Nähe eines Traumziels: Gesichtsbeschreibung ohne die Hilfe moralischer Kategorien. Versuche in dieser Richtung finden sich bei Musil auch sonst, nie jedoch in so gründlicher Durchführung. Am 4. Januar 1914 bemerkt er über das Gesicht einer jungen Frau: »Wie ein in ein Quadrat eingezeichnetes Oval.« Das hat in seinem poetischen Anhauch etwas von jener geradezu spirituellen »Exaktheit«, von der im »Mann ohne Eigenschaften« als einer großen Utopie die Rede ist (I. Buch, 61. Kapitel). Utopisch muß solche letzte Exaktheit auch in den literarischen Unternehmungen um das menschliche Gesicht bleiben. Der Rang einer Utopie bestimmt sich jedoch nicht vom Grad der Erreichbarkeit her, den ihr entworfenes Ziel besitzt, sondern aus der Trennschärfe, mit der sie dem Vorhandenen ein denkbares Anderes entgegenhält. In dieser Weise macht der mittlere Teil des Rathenau-Porträts eines deutlich: wie wünschbar es wäre, vom erscheinenden Menschen schreiben zu können, ohne ihn und sich selbst sogleich zu verstricken und zu vernetzen in all den kreuz- und querlaufenden Richtschnüren des bürgerlichen Lebens.

Musils Zwiegesichter

Die gleiche krisenhafte Erschütterung nicht nur einer verläßlichen Wirklichkeit, sondern auch der Verläßlichkeit des eigenen Erkennens und Redens, die zur experimentellen Geometrisierung eines Menschenhaupts führt, kann sich beim porträtierenden Musil auch auf ganz andere Weise manifestieren. So etwa in der Doppeldeskription derselben Gestalt, wobei zwischen den beiden Aussagegeflechten unvereinbare Widersprüche entstehen. Die nicht aufzulösende Differenz zweier je mit Überzeugung und Leidenschaft nacheinander entworfener Bildnisse der gleichen Person beherrscht dann das Textganze, obwohl die Tatsache dieser Differenz nicht diskutiert wird. Sie ist die Crux des Sprachstücks, mit der der Leser fertig zu werden hat. Die Verdoppelung des Beschreibungsvorgangs und die Unvereinbarkeit der Resultate erscheint so als eine fast szenische Vergegenwärtigung des Zweifels an der Zuverlässigkeit von Erkenntnis und sprachlicher Vermittlung des Erkannten. Gleichzeitig aber ermöglicht die Verdoppelung dem Autor eine skrupellose Unbekümmertheit des Schreibens innerhalb des je einzelnen Arbeitsganges. Denn er weiß ja, daß die parallele Aktion den Wahrheitsgehalt des jetzt und hier Gesagten ohnehin in Frage stellt. So kann sich Musil in diesen Zwiegesichtern eine Entschiedenheit des Urteilens, ja Aburteilens leisten, wie sie sonst seine Sache ganz und gar nicht ist und wie man sie, in Texten bedeutender Autoren, sonst nur aus dem vormodernen 19. Jahrhundert kennt. Zu studieren ist das an den Bildnissen einer ungarischen Baronin und des Chefredakteurs Koller.

Hier, d. h. im Thalhof ist eine ungarische Baronin gewesen, sie hat anfangs einzelnstehende Frau betont und mit niemand verkehrt, Zigaretten geraucht und den ganzen Tag in einem abseits aufgestellten Liegestuhl verbracht. Ihr Mund war aufgeschlitzt, allerdings gemalt, ich glaube, er war recht schön, jedenfalls sinnlich und eine Einladung. Er ließ an die Vagina denken; allerdings erst, nachdem man sich an die ganze Frau gewöhnt hatte. Denn sie wirkte grotesk mit ihrer etwas aufgestülpten Nase, dem aufgefärbten Blondhaar und den verwüsteten Augenhöhlen, die von einem Laster oder einem Leiden herrühren mochten. Sie war auf den ersten Blick eine gewesene Schönheit, die sich vergeblich neu auftakeln will (retablieren gewollt). Anders gesehen habe ich sie erst, als sie in einem sehr leichten Strandanzug in den Garten und zu Tisch kam. Ihre Figur war so schön wie sagen wir wie eine 40jährige Fichte. Vollkommen von der Fußsohle bis zum Kinn. Allerdings bin ich mir über den Busen nicht klar geworden. Er hatte eher etwas mehr als gute Mittelgröße und war, wie ich vermute, länglich rund. Das scheinbar aus dem Wenigsten bestehende Hosenkleid ließ das sehr geschickt im Ungewissen. Aber ich darf nicht vergessen: Die weiße Haut war von schönster Beschaffenheit. Nach ihr geschätzt, war die Frau gewiß keine vierzig Jahre alt; sie hätte auch erst dreißig Jahre haben können.[117]

Sein Chefredakteur, später nur Chefredakteur-Stellvertreter, war Josef Koller. Ich weiß nicht, ob er häßlich war. Er war mittelgroß, sommersprossig, mager, hatte einen aufgeschlitzten Mund, trug sich glattrasiert und gut, aber ungepflegt gekleidet. Vielleicht hätte sein Gesicht an den Stierkalbausdruck erinnern können, den blasse, junge, rotbärtige Männer haben, die vor nicht langem aus Galizien in die Leopoldstadt gekommen sind; aber es war mager, beweglich, auf das lebhafteste bewegt, und scharf grinsend, es war auch immer empört, aber nicht im mindesten jüdisch-aufgeregt, selbst wenn er die Achseln zuckte und einen jüdischen Witz machte, oder sofern diese Lebhaftigkeit aufs erste doch sehr jüdisch war, hatte sie sich mit etwas Wienerisch-Gassengeschreihaftem vermengt. Man sah ihm sofort die Intelligenz und Gutmütigkeit an und schon unsere erste Begegnung hatte in mir eine Sympathie erregt, die fortdauerte.

Einen Tag später: Ich habe mich an Kollers Aussehen zu erinnern gesucht, die gegebene Beschreibung ist falsch und ich möchte vom Gesicht eher das sagen: Es hatte etwas Sarmatisches. Verhältnismäßig breite Bakkenknochen, gespannt-einfallende (wenn man das sagen durfte) Wangen. Auch die Nase war scharf gesattelt. Die Lippen kräftig normal, der Mund breit und von blassem Korallenrot.[118]

Nicht daß einer der beiden Texte literarisch außerordentlich wäre. Es ist das Gesamtverfahren, das Beachtung verlangt, auch wenn es der Perfektion, deren der schreibende Musil fähig ist, eher abträglich scheint. Die Klassifizierung der Ungarin erinnert von fern an die Mentalität gelangweilter k. und k. Offiziere, und im Bildnis des Journalisten Koller wächst sich die Präzision stellenweise ins Preziöse aus: »Vielleicht hätte sein Gesicht an den Stierkalbausdruck erinnern können, den blasse, junge, rotbärtige Männer haben, die vor nicht langem aus Galizien in die Leopoldstadt gekommen sind.« Die zentrale Struktur der Doppelung aber muß im einzelnen beobachtet werden. Die Ungarin wird zunächst ganz schroff vom körperlichen Verfall her gesehen, den sie mit aufdringlicher Färbung verstecken will; das Dirnenhafte ist unverkennbar, nicht nur im offenbaren Anbieten des Körpers, sondern auch in der Unfähigkeit, diesen Körper mit erotischem Takt zu pflegen und anziehend zu machen. Genau diese Aspekte aber kehren sich im zweiten Teil des Textes um. Die Haut, eben noch das widerwärtig Zerstörte, ist nun makellos und rein; die Gestalt »vollkommen«. Und die Reflexion über den Busen, die man mit guten Gründen halb komisch und halb ärgerlich finden mag, hat immerhin die Funktion, daß sie diese Baronin nun doch als eine Frau erscheinen läßt, die sich mit sicherem Flair für die Besonderheiten ihres Körpers ohne Forciertheit schön und angenehm zu machen versteht.

Der Chefredakteur erscheint im ersten Teil des Textes wesentlich bestimmt von etwas durchgehend Zweideutigem. Alles ist angesiedelt auf einer Linie, von der aus es gleich ins sehr Unangenehme ginge. Man muß mit der Möglichkeit rechnen, daß er »häßlich« ist. Jeder Qualität tritt ihre negative Ausprägung zur Seite: »glattrasiert« und »gutgekleidet«, aber »ungepflegt«; »auf das Lebhafteste bewegtes Gesicht«, aber »scharf grinsend«; vor dem »jüdisch Aufgeregten«, was immer das sein mag, hält ihn ein Einschlag von »Wienerisch-Gassengeschreihaftem« wohltuend, wenn auch knapp genug noch zurück. Im zweiten Ansatz ist dem gegenüber alles eindeutig. Selbst die Wendung »etwas Sarmatisches« ruft eine präzise Vorstellung hervor, – mindestens seit es üblich geworden ist, Lenins Gesicht mit diesem Begriff zu charakterisieren. Das vorher durchgehend Bewegliche ist nun einer ruhigen, großzügigen Plastizität gewichen. Ein Bildhauer könnte ihn modellieren.

Die Wendung, die den zweiten Teil einleitet, daß nämlich »die gegebene Beschreibung falsch« sei, hebt das erste Porträt nicht auf. Musil hätte es ja streichen können. Indem er es stehen läßt, setzt er die beiden Deskriptionen in einen Bezug, der vom Leser zu verarbeiten ist.

Von einer handfesten Alltagspsychologie aus möchte man vielleicht sagen, das sei doch die Erscheinungsform von Unsicherheit, eines skrupulösen Kontrollzwangs der eigenen Meinung gegenüber, welcher notgedrungen zu deren mehr oder minder gründlicher Revision führe. Dem steht aber das Dezidierte, die Urteilssicherheit entgegen, die den Texten in beiden Phasen gleichermaßen eignet. Es waltet da eine literarische Strategie, die nicht kurzbündig psychologisiert werden darf. Der Autor dieser Sprachstücke bewegt sich behutsam und wortlos auf einen Punkt völliger Balance zwischen gleichermaßen wahrscheinlichen Möglichkeiten zu und hält dort inne. Damit gewinnt er eine Art metaphysischen Niemandslands: die beiden Wahrheiten neutralisieren sich gegenseitig genau dort, wo er sich befindet. Es ist nicht ein Zweifelzustand im landläufigen Sinn – in der Art: »Ich komme einfach nicht dahinter, wie die Frau tatsächlich ist« –, sondern ein kalkulierter Zweifel, ein Zweifel, der den Zweifelnden nicht zersetzt, wie es sonst der Fall ist, sondern ihm eine Art sublimen Freiraums, Atemraums gibt. Dieser Zweifelnde, wenn man am Wort festhalten will, würde vielmehr von einer einfach-eindeutigen, ohne ihr Gegenteil daherschreitenden Wahrheit um seine Standfestigkeit und Seelenruhe gebracht.

Für das moderne literarische Gesicht aber ist daraus zu schließen, daß die Beschreibungsverfahren des bürgerlichen Jahrhunderts im Porträt überleben können, sobald sie in einer wie auch immer reflektierten oder verfremdeten Weise zur Anwendung gelangen. Reflexion meint dabei nicht eine umständliche Überlegung des Autors, sondern einen dem künstlerischen Akt immanenten Gestus, der ablesbar wird an der Form.

Heinrich Mann und Hitler: entartete Kunst als Waffe

Es kann als ein Nebenergebnis der bisherigen Untersuchungen gelten, daß die Faszinationskraft des literarischen Bildnisses in der Regel steigt, wenn der Abgebildete zum Autor in einer gespannten persönlichen Beziehung steht. Ein Fluidum von Gereiztheit oder anderweitig unbereinigten Gefühlen scheint künstlerisch produktiver zu sein als Verehrung oder ungebrochene Zuneigung. Das findet sich, in unerhörter Steigerung, bestätigt in dem Bild, das Heinrich Mann kurz vor dem Krieg von Adolf Hitler gegeben hat.

Der Text, in dem das Porträt auftaucht, ist kurz, halb Essay, halb Flugblatt, eine Kampfschrift jedenfalls, in Frankreich geschrieben für die Deutschen zu Hause und noch immer, noch 1939, von der Hoffnung angeweht, die deutschen Arbeiter würden das Regime stürzen und einen demokratischen Volksstaat gründen. Einsicht und Abscheu wären dazu die natürlichen Triebkräfte. Beides zu steigern versucht Heinrich Manns Schrift. Sie ist erschienen im Sammelband »Mut«, 1939 in Paris, der Titel lautet: »Die Rede«. Anlaß ist einer der rhetorischen Spektakelauftritte Hitlers. Der Text beabsichtigt, mit den höchstentwickelten Mitteln der Polemik und grotesken Satire das widerwärtige Schauspiel in seiner wahren Beschaffenheit zu zeigen. Es ist zweifellos ein Spitzentext des deutschen Widerstands, geschult an der kämpferischen Schreibkultur der Lessing, Börne, Heine, möglicherweise einzigartig im Feld dessen, was man Exilliteratur nennt – aber zur Wirkungslosigkeit verurteilt allein schon durch seine schiere literarische Qualität. Wen dieser Text betroffen machte, der mußte längst seine Schwierigkeiten haben mit Hitler. Wer diesen Text in seiner zugeschliffen-vertrackten Bösartigkeit aufzufassen verstand, wurde ohnehin nicht verzückt und verwandelt durch die Führerreden. Die Bewunderung, die einem diese Schrift abnötigt, hat deshalb auch ihr Deprimierendes. Wie »Guernica« und die »Svendborger Gedichte« hat dieses Stück Literatur geradewegs auf die Zeitgenossen wirken wollen. Es ist von ungeheuerlich-extravagantem Witz, und dieser will volkstümlich sein. Eben das aber ist aussichtslos einer Herrschaft gegenüber, welche die systematische Vereinfachung aller politischen und sozialen Dinge zum hauptsächlichen Propagandamittel gemacht hat und der verunsicherten Bevölkerung die widerspruchsfreie Durchschaubarkeit der Gegenwart als tägliches Geschenk ins Haus liefert. Es gehört zur Fatalität der Kunst, daß sie so komplex sein muß wie der Gegenstand, von dem sie handelt, während, was die Wahrheit zu unterschlagen beabsichtigt, immer schon den Vorteil hat, in Hemdsärmeln daherkommen zu können und sich selbst als gesunden Menschenverstand, die komplizierte Welt hingegen als Konstruktion verworrener Köpfe hinzustellen.

Das Hitler-Porträt bildet den zweiten Abschnitt der Schrift »Die Rede«, und es hebt sich ab vom Vorhergehenden durch eine merkwürdige syntaktische Umschaltung. Nachdem zunächst die Ankündigung der Führerrede und die Art, wie man ihr entgegenblickte, skizziert worden ist, springt, mit dem Beginn des Porträts, das Reden über den Diktator unverhofft in ein Reden des Diktators selber über. Vorher hat eine sachliche Ironie geherrscht: »Die lange erwartete Rede des deutschen Führers ist erwartet worden, ohne daß man etwas von ihr erwartet hätte. (...) Er wird sich auf Einzelheiten nicht einlassen (...) Das Wesentliche bleibt: er hat die Macht ergriffen, gedenkt sie zu behalten, und sie soll immer größer werden, nur seine, seine, seine Macht soll auf Erden bestehen (...). Sich selbst hat er nur Segen gebracht.« Darauf folgt, im Verlauf eines unvergleichlich widersinnigen Satzes, der erwähnte Umschlag:

Es muß ein herrliches Gefühl sein, wenn schon um acht Uhr früh sämtliche Militärkapellen die schönste Musik anheben, weil ich um ein Uhr reden will. Ein Anderer würde darüber den Faden verlieren, anders ich. Denn ich habe keinen zu verlieren. Ich mache einfach mein Führergesicht, es ist bösartig, hat aber auch wieder etwas Ulkiges, das entwaffnet. Ich mache ganz, ganz böse Augen, die unartigen Kinder sollen sich vor Schreck verunreinigen. Pallenberg konnte das. Ich klebe mir übrigens die aufgeworfene Nase großen Formates, wie er sie als braver Soldat Schwejk trug. Ich ziehe die Winkel meines Mundes so tief herunter, daß er mit dem Doppelkinn zusammen im Kreis verläuft. Hierdurch entsteht eine viel zu große Oberlippe, die ich mit einem Gewächs ausfülle; es sieht wie eine Maus aus, kann aber nicht laufen. Schöner wäre noch, es säße mal hier mal dort. Drohende Züge, die gleichzeitig komisch sind, haben nun die sonderbare Wirkung, daß ich aussehe, als hätte ich vor mir selber Angst. So blicke ich als das gelungene Schreckgespenst meiner selbst in die Welt, die erstens dies bemerkt. Außerdem verweilt sie bei dem künstlerischen Einschlag meines Wesens. Ich rühme mich einer Anordnung meiner Haare, wie nur verkrachte Malermeister sie fertig bringen, lockere Strähnen in der Stirn, und auf dem Gipfel des Hauptes eine Fülle. Es muß etwas daran sein. Menschen der Macht, die nichts weiter sind, haben Kahlköpfe. Ich bin ein Genie.[119]

Was soll die Ich-Form? Wozu der Anschein eines Monologs, der doch keinen Augenblick lang als Denkweise Hitlers aufgefaßt werden kann? Sichtbar gebiert der erste Satz diese seltsame Redegestalt, sichtbar insofern, als der logische Fehler dieses Satzes so auffällig wie nur möglich hingesetzt wird: »Es muß ein herrliches Gefühl sein, wenn die Militärkapellen anheben, weil ich reden will.« Das hat den Effekt einer Dissonanz, zustandegebracht mit den Mitteln der Grammatik – wie ein mißglückter Posaunenstoß. »Es muß ein herrliches Gefühl sein« ist vom Autor gesprochen, der sich in Hitler hineindenkt; »weil ich reden will«, ist von Hitler gesagt. Die formal korrekte Koppelung der beiden Aussagen ergibt zuerst eine empfindliche Lesestörung, Dissonanz eben, dann, beim dadurch provozierten zweiten Lesen, erkennt man den Satz als ein linguistisches Trompe-l'oeil, – wie auf den Bildern von Maurits Cornelis Escher. Und dieser Vergleich mit einem Verfahren der bildenden Kunst aus dem Umkreis der Surrealisten erschließt denn auch die Regeln des ganzen Textes. Was als linguistisches Trompe-l'œil beginnt, setzt sich bis zum Ende konsequent als ein inhaltliches fort. Hitler redet, aber was er sagt, kann nur ein unversöhnlicher Beobachter Hitlers sagen. Und das ist noch nicht alles. Die lange Folge vernichtender Charakterisierungen wird so vorgetragen, als wäre sie des Sprechers großer Stolz. Ließe der Autor Hitler einfach einmal die Wahrheit über sich sagen (»Ich sehe aus wie ein verkrachter Malermeister...«), dann wäre dies ein kabarettistischer Einfall von möglicherweise interessanter Wirkung, den Effekt der andauernden Augentäuschung hätte es nicht. So aber wird der Duktus des großartig selbstbewußten Sprechens durchgehalten, und im gleichen Zug mit einer Bedeutung angefüllt, die damit unvereinbar ist. Grammatikalisch regelrecht gebaut, streben Redeform und Inhalt immerzu voneinander weg. Das kann sich nicht fügen und ist doch fixiert. Das will auseinander, je an seinen rechtmäßigen Ort – dort der Prahler mit den hohlen Worten, hier der Beobachter mit der scharfen Analyse; dort einer, der sich an seiner Gestik berauscht, hier der andere, der diese Gestik als billige Schauspielerei aufdeckt. Die Sprache, das Vehikel der Wahrheit oder, wo gelogen werden soll, eben der Lüge, betreibt hier ein Drittes, das es bislang gar nicht gegeben hat. Es ist nicht einfach Ironie im Sinne des Ausdrückens einer Sache durch ihr Gegenteil. Wenn Hitler sagt: »Ich mache mein Führergesicht«, meint er damit nicht, ironisch, etwas anderes, sondern ein anderer meint damit aus seinem Munde genau das. Es wird aber noch vertrackter. Hitler sagt – welch ein Satz! –: »Ich rühme mich einer Anordnung meiner Haare, wie nur verkrachte Malermeister sie fertigbringen, lockere Strähnen in der Stirn, auf dem Gipfel des Hauptes eine Fülle.« Da klebt an den Begriffen ein klassizistisches Pathos, und verkommene, pervertierte Reste eines einst authentischen »hohen Sprechens« hausen ja tatsächlich in der Hitlerschen Rhetorik. Aber wie es sich vorhin nicht einfach um Ironie handelte, handelt es sich hier nicht einfach um Parodie. Die Parodie würde etwa sagen: »Ich rühme mich einer charaktervollen Anordnung meiner Haare«, Schluß und Gelächter. So aber – »wie nur verkrachte Malermeister sie fertigbringen« – wird die Parodie mitten in ihrem Vollzug aufgebrochen, wird vom wütenden Ernst auf die Tatsächlichkeit hin durchlöchert, ohne daß doch das Sprachspiel verpuffte. Denn dieses Sprachspiel beruht gerade auf der unsinnigen Durchdringung unterschiedlicher Formen des Redens, und es dürfte der dergestalt manifest werdende Unsinn sein, der den ernsten Sinn des Verfahrens abgibt. Die denkbare Deutung, hier werde Sprache zerstört, um die Prostituierung der deutschen Sprache durch den Nationalsozialismus zu versinnbildlichen, würde zu kurz greifen. Solches nämlich könnte jede übliche Parodie auch vermitteln. Der Text legt durch seine bloße Form viel mehr frei. Zum Beispiel die wahrhaft schauerliche Tatsache, daß eine Rede Hitlers nicht parodierbar ist, weil sie alle äffende Verzerrung bereits enthält. Oder die nicht minder beängstigende Tatsache, daß das Phänomen Hitler unter anderem von einer entsetzlichen Einfachheit ist, so einfach wie die Indianerphantasien Halbwüchsiger, die Herrengebärden eines Zirkusdirektors, die moralischen Urteile eines amerikanischen Wanderpredigers. In dieser entsetzlichen Einfachheit aber liegt die spezifische Schwierigkeit. Die totale Durchschaubarkeit widersetzt sich am zähesten der Analyse. Dieser Redner macht es dem kritischen Beobachter so leicht, daß er in Gefahr gerät, es sich selbst zu leicht zu machen. Also muß, wo von Hitler gehandelt wird, ein Widerstand in die Sprache eingebaut werden. Der Leser soll zu tun haben, soll arbeiten, denken müssen am Text. Nur so gelangt er aus dem Bereich der tödlich-illusionären Einfachheit heraus. Das geschieht durch die Strukturüberlagerung mit ihrem Trompe-l'œil-Effekt.

Je mehr ein Text dem Leser von Abschnitt zu Abschnitt zu tun gibt, um so weniger eignet er sich als Kampfschrift. Das sollte explodieren und braucht Zeit. Explosive Pamphlete zu schreiben, wäre für Heinrich Mann ein leichtes. Sie träfen das Offenkundige an Hitler. Der wahre Schrecken bliebe ausgespart. Dieser aber muß gesehen und bewußt gemacht werden, soll seine Vernichtung je möglich sein. In der formalen Komplexheit des Textes steckt eine kummervolle Warnung: Man nehme das aus lauter Banalitäten Gefügte um Himmels willen nicht als Banalität!

Wie steht der Text nun da innerhalb der literarischen Reihe der Gesichtsbeschreibung? Man hätte denken können, in einer Situation, wo das Gute und das Schlechte, das Ehrenhafte und das völlig Wüste so klar geschieden sind und wo es um die Denunziation des Repräsentanten menschlicher und politischer Verworfenheit geht, würden die alten Verfahren unmittelbar wertenden Beschreibens ganz selbstverständlich wieder aufgegriffen. Die Gleichsetzung 1:1 von Gesicht und moralischer Beschaffenheit, so ließe sich vermuten, drängte sich da als bewährtes Mittel polemischer Personenanalyse auf. Schließlich müssen jetzt die Dinge hörbar beim Namen genannt werden. Die aufgeworfene Nase, die Weitung der Augen, der kleine Schnurrbart und die Haarsträhne: das sollte sich alles im Akt des Benennens schon aggressiv-physiognomisch auswerten lassen. Literarisch wäre das der Rückgriff auf eine verläßliche Tradition zu einem Zeitpunkt, zu dem sogenannte Literatenspiele fehl am Platz sind.

Heinrich Manns Hitler-Porträt ist ein Beweis, daß es in der Literatur das einfach richtige Schreiben als unverändert andauernde Möglichkeit nicht gibt. Selbst hier, wo ihm nichts weniger am Herzen liegt als die ästhetische Gebärde um ihrer selbst willen, steht der Autor unter der Gesetzlichkeit aller Kunst: nicht zurückzukönnen hinter den einmal erreichten Ort. Wie Picasso sein gemaltes Requiem »Guernica« nicht plötzlich im fettigen Realismus gründerzeitlicher Historienmalerei anfertigen kann (weil es jetzt »ernst« sei, die »Experimente« fehl am Platz, und nur noch »einfach richtig« gearbeitet werden dürfe), so kann auch Heinrich Mann den gehaßten und verachteten Gegner nicht in der Bildungsprosa des 19. Jahrhunderts abschildern. Obwohl es ihm um breite Wirkung geht, um die »deutschen Arbeiter«, wie er im Verlauf der

Schrift deutlich sagt, arbeitet der Autor, über die erwähnte Trompe-l'œil-Struktur hinaus, noch mit weiteren spezifisch modernen Mitteln des literarischen Porträts. Die Geste physiognomisierenden Deutens kommt vor, aber verfremdet, zum Nonsens verschärft und damit als Zitat eines nicht mehr möglichen Verfahrens: »Ich rühme mich einer Anordnung meiner Haare, wie nur verkrachte Malermeister sie fertigbringen.« Das ist die vielgeübte Bezugsetzung von Gesicht und Arbeit, wie Musil sie im Porträt des Zimmermanns Moosbrugger auf die Spitze, besser: zum Umschlag getrieben hat. Hier jedoch wird sie zur reinen Absurdität. Während man noch ungefähr nachfühlen kann, daß einer, der nach Harz und Holz riecht, den Eindruck eines braven Menschen erweckt, setzt dieser Satz, beim Wort genommen, voraus, daß Malermeister nach dem Konkurs eine allgemein bekannte Art des Haarschnitts pflegen. Indem so das moderne Verfahren ein abgelebtes zitiert und in unmöglicher Weise in den eigenen Ablauf hereinholt, definiert es sich selbst in seinem geschichtlichen Raum und reflektiert wortlos die Unmöglichkeit, Weisen der Kunst zu reproduzieren, die einst aus anderen Bedingungen entstanden sind, selbst wenn eine breite Leserschaft sie heute noch als »richtig« und »eigentlich normal« betrachten, ja wünschen sollte.

Ähnlich verhält es sich mit der verblüffendsten Passage des Textes: »Ich ziehe die Winkel meines Mundes so tief herunter, daß er mit dem Doppelkinn zusammen im Kreis verläuft. Hierdurch entsteht eine viel zu große Oberlippe, die ich mit einem Gewächs ausfülle; es sieht wie eine Maus aus, kann aber nicht laufen. Schöner wäre noch, es säße mal hier mal dort.« Das könnte kein anderer geschrieben haben. Das ist ganz und gar Heinrich Mann, der Autor, von dem die Expressionisten einst ihre Satzmuster und Verkürzungstechniken lernten und der auch nach längst verwehtem Expressionismus gelassen und folgerichtig seine Prosa der harten Kanten, der Brüche und Sprünge, seine riskante Kompression des Redens weiter kultiviert. In dem zitierten Abschnitt durchdringen sich drei unterschiedliche, aber je signifikante Vorgänge. Zunächst ist da die Geometrisierung des Gesichts, dem Verfahren Musils in seinem Rathenau-Porträt nicht unähnlich. Der Kreis, der aus Mundwinkel und Doppelkinn angeblich entsteht, hat keine weitere Bedeutung, keine Aussagekraft als eben die, ein Kreis, eine mathematische Figur zu sein. Er macht aus Hitler kein »Vollmondgesicht« oder Ähnliches. Sein Wesen ist Konstruierbarkeit.

Insofern steht er zwischen dem Text, der sich selbst vom ersten Satz an als kalkulierbares Konstrukt präsentiert, und dem Gegenstand, der Hitler-Visage, die vom ganzen Prosastück konsequent als auf ihre Weise Konstruiertes, künstlich Angefertigtes dargestellt wird. Wie in einem Satyrspiel auf die ehrwürdigen Lehren des Idealismus, wonach der Geist es sei, der sich den Körper baue, wird hier Hitler vorgeführt als einer, der sich sein Menschengesicht anfertigt wie ein wildgewordener Maskenbildner. Das geht eine Strecke weit schön schlüssig voran: »Ich klebe mir die aufgeworfene Nase großen Formates«; »Ich ziehe den Winkel meines Mundes...« Danach kommt es zu einem erneuten Sprung. Hitlers Schnäuzchen wird zwar immer noch als Ergebnis seiner Selbstanfertigung hingestellt, löst sich jedoch gleich darauf aus diesem Zusammenhang und wird zu einer selbständigen Größe, die sich sowohl von den andern Elementen des Gesichts wie auch von den bisherigen Regeln der Textstruktur emanzipiert. Jetzt rutschen alle Ordnungen. Die Metapher – »eine Maus« – wird zur Sache selbst. Die Vorstellung entsteht, es laufe ein Tierchen über das Gesicht hin und setze sich bald da, bald dort fest. Das ist als Sprachgeschehen – das Bild wird autonom; das Abgebildete verdämmert – aus der modernen Lyrik bekannt. Trakl hat es bei Rimbaud gelernt, noch für Celan ist es grundlegend. Daß es hier, fernab von aller hermetischen Poesie, im politischen Kampf auf Tod und Leben zur Anwendung gelangt, beweist unter anderem die Entschlossenheit verbindlicher Kunst (die um ihre »Schwierigkeit« wohl weiß), sich selbst und ihre Arbeitsweise nicht deshalb aufzugeben, weil der Adressat sie nicht anerkennt. Dem Bücher- und Bilderverbrenner wird hier trotzig mit der verfemten Technik selbst geantwortet. Das Hitler-Porträt ist »entartete Kunst« in reiner Ausprägung.

Zum Problem des artifiziellen Selbstporträts

Das literarische Porträt als ein vorgeblicher Monolog des Abgebildeten findet sich bei Heinrich Mann merkwürdigerweise schon sehr früh, mehr als dreißig Jahre vor dem Hitler-Text. Auf diese Weise hat er 1905 Flaubert dargestellt. Er läßt ihn als einen, der in der Nacht vom eigenen Werk gequält wird, zu sich selber redend sich abbilden.

Betrachte Dich: wie es Dich schon zurichtete! In Deinem kuttenähnlichen Rock haben Deine Schultern sich gewölbt; Dein Gesicht mit dem gallischen Schnurrbart war rund und fest, nun ist es zerfetzt durch die sich windende Seele; es hat sich, rot von den Ausschweifungen der Arbeit, gesenkt um die Augen her; Deine Lider liegen in Falten vom Hohn auf das groteske Leben, und Dein Blick ist so müde, als wäre dies Gelächter schwere Arbeit gewesen; eine Braue krampft sich die kahle Stirn hinan; und als übriggebliebene Lüge von Jugendmut fallen Dir romantische Locken über die Ohren. Du bist vierzig, und es ist keine Hoffnung, von dieser Galeere noch einmal zu entkommen.[120]

Das ist nicht Fiktion im üblichen erzähltheoretischen Sinn. Heinrich Mann schiebt keineswegs in seinen Essay eine Art Künstlernovelle ein, in der Flaubert zur literarischen Figur würde. Der hier den Romancier reden läßt, ist nicht jener »Geist der Erzählung«, zu welchem der berühmte Auftakt von Thomas Manns »Erwähltem« den erfindenden Autor verklärt. Der Monolog bleibt durchaus Element einer biographischen Abhandlung. Der Leser weiß, hier spricht Heinrich Mann über Flaubert; hier wird unter der Wahrheitsverpflichtung eines pragmatischen Textes das Gesicht Flauberts geschildert; die Gebärde des fiktionalen Redens steht ganz im Dienst des Sachberichts. Es geht um verbindliche Informationen über das Antlitz des vierzigjährigen Flaubert.

Warum dann die Umstände? Wieso wird das Porträt in den Monolog einbezogen und nicht unabgewinkelt vor den Leser hingestellt, so etwa: »Flauberts Gesicht war zersetzt durch die sich windende Seele; es hatte sich, rot von den Ausschweifungen der Arbeit, gesenkt um die Augen her; seine Lider lagen in Falten vom Hohn auf das groteske Leben...«? Es ist unverkennbar, daß der Text, in direkte Sprache verwandelt und also formal sachlicher gemacht, wie ein Abschnitt aus einem schlechten Künstlerroman wirkt. Womit hängt das zusammen? Die Antwort führt auf frühere Ausführungen zurück. Es ist unmöglich, ein Gesicht unmittelbar zu beschreiben, ohne gleichzeitig ein moralisches Wertsystem mitzuliefern, auf welches die einzelnen Elemente bezogen werden können. Solange Autor, Leser und Abgebildeter *einer* verbindlichen Sittlichkeit unterstellt sind, die als naturhafte Wahrheit erfahren wird und keineswegs als das wandelbare Produkt einer geschichtlichen Gesellschaft, funktioniert diese Porträtierweise widerstandslos. Mit dem Ende dieser Voraussetzungen ergibt sich eine fundamentale Krise der Gesichtsbeschreibung. Es kommt zu vielfältigen Lösungsversuchen und damit zu der merkwürdigen Skala je anders konzipierter literarischer Gesichter in der Moderne. Wenn Heinrich Mann die objektive Beschreibung in einen Scheinmonolog verwandelt, kann er die Relationen zwischen Körperlichem und Seelisch-Moralischem frei spielen lassen, denn das Bezugssystem ist in diesem Fall Flauberts eigenes, nur ihm zugehöriges. Die Augenfalten sind nicht an sich höhnisch, sondern sie sind es in der Optik von Flauberts Selbsterfahrung, sie kommen *ihm* als Symptome seiner Bürgerverachtung vor. Der Leser ist frei, diese Deutung zu übernehmen; er gewinnt aber gleichzeitig die nötige Information über das tatsächliche Aussehen. Die monologisierende Gesichtsbeschreibung, die Heinrich Mann entwickelt hat, ermöglicht ihm also, zusammen mit dem Bericht über die physiognomische Wirklichkeit eines Menschen dessen Denkweise zu vermitteln, aber diese erweiterte Möglichkeit verdankt sich zunächst einmal der Notsituation, in die das moderne Schreiben dem menschlichen Gesicht gegenüber sich versetzt sieht. Die künstliche Umschaltung in eine Selbstbeschreibung erscheint damit als ein Mittel ähnlicher Art wie Musils Verdoppelung des Gesichts.

Das bedeutet nun aber auch, daß die Monologisierung im Hitler-Bildnis nicht primär im Dienst der Satire steht. Satire kommt erst nachher herein. Denn die gleiche Form transportiert im Flaubert-Porträt das Gegensätzlichste: Verehrung, ja Verklärung des Abgebildeten zu einem Leidenden antiken Zuschnitts. Beide Male wird überdies das Gesicht als etwas gezeigt, das nicht schlicht mit der Person gegeben ist, sondern erst zustandekommt. Man wohnt der Entstehung bei und gewinnt Kenntnis von den Kräften, die da wirksam sind. Aber dies ist auch schon der Punkt, wo das Hitler- und das Flaubert-Bildnis kraß auseinandertreten. Während der Romancier registriert, was die jahrelangen Leiden des Kunstmachens in seiner äußeren Erscheinung angerichtet haben, richtet sich der Diktator eigenhändig sein Gesicht an, durchaus wie ein Koch etwas »anrichtet«, wissend, daß den Leuten der Appetit erst kommt, wenn, was sie essen sollen, auf ihre Schaulust hin arrangiert worden ist.

Es ist aufschlußreich, diesen artifiziellen Selbstporträts ein tatsächliches gegenüberzustellen. Dabei wird nämlich deutlich, wie sehr jene im Dienste einer Autorstrategie stehen und eine gezielte Information übermitteln sollen, während durch das authentische Selbstporträt in der Regel eine ganz andere Bewegung läuft: der bei keinem Menschen je ganz zum Stillstand kommende Pendelschlag zwischen Selbsterhöhung und Selbstverachtung. Bertolt Brecht schreibt am 17. Juni 1921 in sein Tagebuch:

Als ich heut vor dem Spiegel Kirschen fraß, sah ich mein idiotisches Gesicht. Gegen die geschlossenen, schwarzen Kugeln, die im Mund versanken, wirkte es noch ungebundener, lasziver und widerspruchsvoller. Es hat viele Elemente von Brutalität, Stille, Schlaffheit, Kühnheit und Feigheit in sich, aber nur als Elemente, und es ist abwechslungsvoller und charakterloser als eine Landschaft unter wehenden Wolken. Deshalb können viele Leute mein Gesicht nicht behalten (»es sind zuviele«, sagt die Hedda).[121]

Es ist verblüffend, wie da einer über den Akt der Selbstbeschimpfung – »mein idiotisches Gesicht« – das psychische Recht erlangt, die eigene Außenseite ins Prachtvolle zu stilisieren – »eine Landschaft unter wehenden Wolken«. Das Motiv der schwarzen Kirschen verleiht dem Porträt eine starke, malerische Qualität, die als solche schon in Konkurrenz tritt zur signalisierten Verachtung. In ähnlicher Ambivalenz erscheint dann die »Charakterlosigkeit«, das berühmte Hauptelement von Brechts Selbstdefinition. Sie wird zunächst durchaus verurteilt. Die schönen Kirschen, ganz eindeutig in Form und Farbe, sollen das unwürdig Formlose der sichtbaren Person unübersehbar machen. Gleichzeitig aber wächst im Text eine solche Begeisterung über den charakterlosen Charakter, daß die Metapher aus dem Bereich großer Natur dem Leser zuletzt ganz folgerichtig erscheint, obwohl sie im offenen Widerspruch zum Auftakt des Textes steht. Doppeldeutigkeiten solcher Art kann es im Porträt, das als artifizieller Monolog konzipiert ist, nicht geben.

Else Lasker-Schülers Doktor Benn: Annäherung an das heilige Chaos

Man kann, was Else Lasker-Schüler auf ihrer Prosaseite über Gottfried Benn macht, mit nichts ohne weiteres vergleichen in der deutschen Literatur. Nach Rang und Radikalität der Spracharbeit muß man, will man Ähnliches finden, wohl bis zu Gertrude Stein gehen, zu deren »Portraits«, obwohl die poetischen Verfahren der beiden Frauen je selber wieder verschieden sind wie, sagen wir, die Malweise des frühen Chagall und die Malweise Mondrians. Von jener bruchlosen Perfektion, von der fast leuchtenden Kühle des nur Gefügten, des aus ganz einfachen Teilen rhythmisch Gebauten, die Gertrude Steins Bildnisse kennzeichnet, ist die Lasker-Schüler-Prosa unendlich entfernt, und doch steht sie ihr wiederum ganz nah unter dem Aspekt des zugleich Neuen und Vollkommenen. Zunächst allerdings mutet das poetische Reden der Deutschen vertrauter an als das der Amerikanerin, dichterisch in einem gewohnteren Sinn, wenn auch sprunghafter, unberechenbarer, als man es etwa erwartet. Wie seit je, scheint es, wird da halt mit Metaphern und Natursymbolen gearbeitet, und der Überschwang ist eben expressionistisch. Die genaue Untersuchung zeigt indessen, daß dies nur vom Anfang und vom Schluß des Textes gilt. In seinem Hauptteil werden die angestammten Regeln des poetischen Redens mit fast wilder Entschlossenheit außer Kraft gesetzt. Die Logik der Metaphernbildung löst sich auf; die Zeichen *für* etwas werden selbständig, der Verweischarakter ist nur noch als diffuse Möglichkeit, mehr atmosphärisch als präzise faßbar vorhanden. Dafür pflanzen sich die Bilder selber fort, eines aus dem andern, in einer wuchernden Zellteilung.

Dennoch emanzipiert sich der Text wiederum nicht so gänzlich von seinem Gegenstand, wie es denkbar wäre und anderswo in der zeitgenössischen Kunst geübt wird. Der Beschriebene, Abzubildende bleibt gegenwärtig und ist weit mehr als nur der Anlaß zu einem Kunstspiel. Das jammert ja um ihn wie eine Arme Seele.

Entscheidend wichtig am Ganzen ist nicht die Stimmung und auch nicht der biographische Hintergrund einer kurzen Liebesgeschichte, die für Gottfried Benn wenig und für Else Lasker-Schüler viel zu viel bedeutete, sondern der Vorgang, der sich als die wesentliche Struktur des Textes herausstellt: daß die Schreibende und der Beschriebene als Personen von festem Umriß sich gleichermaßen langsam auflösen, daß ihre Identität wie eine Hülle wegfällt und einer dampf- oder wolkenähnlichen, immerzu sich verändernden Gestalt Platz macht, für welche keine gegebenen Maße mehr existieren. Es ist dies der gleiche Vorgang, den Else Lasker-Schüler in ihrem Kokoschka-Essay mit unheimlich schwindligen Sätzen erfaßt: »Er berührt die Menschen wie Dinge und stellt sie, barmherzige Figürchen, lächelnd auf seine Hand. Immer sehe ich ihn wie durch eine Lupe, ich glaube, er ist ein Riese.«[122] Da wird nicht einfach ein Mensch normalen Ausmaßes mit dem alten rhetorischen Mittel der Hyperbel vergrößert, sondern zunächst schrumpfen die Menschen um ihn herum zu winzigen Gestalten zusammen, die Autorin, muß man annehmen, inbegriffen, worauf *er* unverhofft zum käferhaft Verkürzten wird, den man durch die Lupe studiert. Als Ergebnis solchen Studiums kommt schließlich heraus, daß der Kleine ein Riese sei. Diese Paraphrase tönt absurd, und sie ist auch insofern falsch, als sie die Selbstverständlichkeit, mit der die zwei Sätze laufen, verwischt. Dennoch hat diese Selbstverständlichkeit ihren Sinn nur in der Spannung zum Überhauptnichtverständlichen, zu dem sie führt. Schreiberin und Beschriebener treten in ein alogisches Verhältnis. Das will nicht heißen, sie entrönnen der Wahrheit in eine unverbindliche Scheingegend, es will vielmehr heißen, daß sie, befreit von den Erkenntniszwängen der Gesellschaft, erstmals zu einer Wahrheit gelangen, die nur für sie beide ist. Der Leser aber muß wählen, ob er ein solches Geschehen anerkennen will – mit welchem Akt er die Relativität seiner eigenen Tagesnormen eingestehen würde –, oder ob er, um seine Wirklichkeit zu retten, den Text als poetische Kapriole abtut. Ähnlich verhält es sich nun mit dem Benn-Porträt.

Doktor Benn

Er steigt hinunter ins Gewölbe seines Krankenhauses und schneidet die Toten auf. Ein Nimmersatt, sich zu bereichern an Geheimnis. Er sagt: »tot ist tot«. Dennoch fromm im Nichtglauben liebt er die Häuser der Gebete, träumende Altäre, Augen, die von fern kommen. Er ist ein evangelischer Heide, ein Christ mit dem Götzenhaupt, mit der Habichtnase und dem Leopardenherzen. Sein Herz ist fellgefleckt und gestreckt. Er liebt Fell und liebt Met und die großen Böcke, die am Waldfeuer gebraten wurden. Ich sagte einmal zu ihm: »Sie sind allerleiherb, lauter Fels, rauhe Ebene, auch Waldfrieden, und Bucheckern und Strauch und Rotrotdorn und Kastanien im Schatten und Goldlaub, braune Blätter und Rohr. Oder Sie sind, Erde mit Wurzeln und Jagd und Höhenrauch und Löwenzahn und Brennesseln und Donner.« Er steht unentwegt, wankt nie, trägt das Dach einer Welt auf dem Rücken. Wenn ich mich vertanzt habe, weiß nicht, wo ich hin soll, dann wollte ich, ich wäre ein grauer Samtmaulwurf und würfe seine Achselhöhle auf und vergrübe mich in ihr. Eine Mücke bin ich und spiele immerzu vor seinem Angesicht. Aber eine Biene möcht ich sein, dann schwirrte ich um seinen Nabel. Lang bevor ich ihn kannte, war ich seine Leserin; sein Gedichtbuch – Morgue – lag auf meiner Decke: grauenvolle Kunstwunder, Todesträumerei, die Kontur annahm. Leiden reißen ihre Rachen auf und verstummen, Kirchhöfe wandeln in die Krankensäle und pflanzen sich vor die Betten der Schmerzensreichen an. Die kindtragenden Frauen hört man schreien aus den Kreißsälen bis ans Ende der Welt. Jeder seiner Verse ein Leopardenbiß, ein Wildtiersprung. Der Knochen ist sein Griffel, mit dem er das Wort auferweckt.[123]

Das Prosastück beginnt zunächst nur als emphatische Beschreibung. Der sezierende Benn ist ein »Nimmersatt«, weil er eben viel wissen will, und er ist ein Atheist mit einer Vorliebe für alte Sakraldinge. »Augen, die von fern kommen« – das meint wohl Götterfiguren, wie sie den Doktor faszinieren. Die eigentümliche Verwandlung der Rede beginnt im nächsten Satz, genaugenommen mit der Aussage: »ein Christ mit dem Götzenhaupt«. Der auslösende Gedanke war, Benn empfinde christlich und heidnisch zugleich; die Wortverbindung »evangelischer Heide« bezeugt dies. Eine bekannte Vorstellung also, fast schon ein Klischee. Dieser Gedanke könnte nun mit dem Bildmaterial, auf das die Autorin zur Illustration zurückgreift, sinnvoll nur so veranschaulicht werden, daß Benn als ein Christ hingestellt würde, der Götzen huldigt, ein Christ *vor* dem Götzenhaupt. Indem die Rede ihn zum Götzen selber macht, zum Christen mit dem Götzenhaupt, setzt sie sich vom Gedanken frei und überantwortet sich einer andern Logik.

Dies vollendet sich im gleich anschließenden Sprachgeschehen, wo nicht mehr ein weiterer Gedankenschritt einen neuen Vergleich produziert, sondern wo der reine Wortton ein Echowort, das Bild ein Echobild, ja Ketten von Echo- und Spiegelbildern hervorruft, »fellgefleckt« führt über den rein phonetischen Widerhall zu »gestreckt«. Und weil »Fell«, als Tongestalt wie als Vorstellung, im Augenblick so richtig ist, muß es nochmals in die Verlautung. »Sein Herz ist fellgefleckt und gestreckt. Er liebt Fell...« Die Wiederholung widerspricht auffällig störend den Regeln stilistischer Abwechslung. »Er liebt Pelz«, würde der Schulmeister korrigieren. Der dissonante Bruch mit den stilistischen Gebräuchen aber erweist »Fell« als magisches Wort. Es pflanzt sich unterirdisch weiter. Zunächst bewirkt sein e-Klang, daß aus dem eröffneten Bereich von Urzeit und Jägern ein anderes e-Wort geholt wird, »Met«, dann produziert die semantische Aura um »Fell« die »großen Böcke« und mit ihnen, als neue Bilderreihe, den Wald: »Er liebt Fell und liebt Met und die großen Böcke, die am Waldfeuer gebraten werden.« Dieser Wald aber zweigt nun nicht einfach vom

Kernwort »Fell« als etwas Neues gleichwertig ab, sondern wird diesem deutlich untergeordnet über das für den Augenblick geschaffene Wort »allerleiherb«. »Allerleiherb« stammt ab von »Allerleihrauh«, was, gemäß dem gleichnamigen Grimm-Märchen, soviel heißt wie: aus vielen Fellen zusammengesetzt, »rauh« heißt im Deutschen auch »pelzig«. Dadurch steht alles, was anschließend aufgezählt wird, weiterhin im Bannkreis des Begriffs Fell. Die Verwandlung von »Allerleirauh« zu »allerleiherb« ist eine großartige Verdichtung im genauen Sinne der Traummechanismen. Der zweite Sinn von »rauh« – roh, hart – führt zu »herb«. Das Weiche ist so gleichzeitig das Harte. Damit wiederholt sich die vorgängige Überlagerung von Pelztier und Pelzjäger, er ist und er jagt »Fell«. Und wie »herb« aus seiner Bedeutungsnachbarschaft zu »rauh« entspringt, beschwört es selbst nun wieder, über seine Identität mit der lateinisch-romanischen Wortwurzel »herb-«, die ganze prächtige Bilderreihe aus der Sphäre von Wald und Vegetation. So werden über Wortklänge und Homonymien neue Wege des Sagens aufgetan und begangen; dennoch bleibt, was einmal da war, weiterhin wirksam, als gäbe es keine Zeitfolge und kein Nacheinander. Fortbewegung und Am-Ort-Bleiben sind eins. Die Götzenverehrung ist plötzlich wieder da im Donner, das Pflanzenhafte in Löwenzahn und Brennessel, der Leopard in der Verbindung »Goldlaub, braune Blätter«. Der große Götze selbst schließlich ragt aus der Mitte dieser tumultuösen Omnipräsenz aller Dinge als Riesengestalt, steinerner Atlas: »Er steht unentwegt, wankt nie, trägt das Dach einer Welt auf dem Rücken.«

In der Konsequenz dieses im ehrwürdigsten Sinne chaotischen Diskurses liegt es, daß, wenn die Autorin selbst darin erscheint, wenn die Redende in die Rede tritt, dies wiederum über eine Art Zellteilung aus dem Hauptwort und Hauptbild »Fell« heraus geschieht: »ich – ein grauer Samtmaulwurf«. Dieser Samtmaulwurf, ein von Pelztieren gejagtes Pelztier, ist ebenso nah den »erlegten Böcken« wie er, als ein scheu verborgenes Wesen, jenem »Rauhtierchen« aus dem Märchen »Allerleirauh« verwandt ist. Der kolossale Gott und der Maulwurf, aus zwei inkommensurablen Bildzonen kommend, finden geisterhaft zusammen in der Aussage, daß das Tierchen des Gottes Achselhöhle aufwerfe. Der Widerspruch, daß der Gott längst da ist und doch erst gebildet wird, ist nur so lange einer, als an Zeit, Raum und Kausalität als zwingenden Ordnungsstrukturen denkend und redend festgehalten wird. Eben diese aber setzt der Text außer Kraft, und darin eignet ihm eine authentisch anarchische Gewalt. Bestätigt wird dieser Vorgang durch die Erscheinung, daß die grammatischen Formen, mit deren Hilfe wir Realität von Unwirklichkeit, Gegenwart von Zukunft unterscheiden, äußerlich korrekt eingehalten werden, im Inhaltlichen aber auf keine Zeit- und Realitätsdifferenzen mehr verweisen: »dann wollte ich, ich wäre ein Samtmaulwurf – eine Mücke bin ich – aber eine Biene möcht' ich sein«. Hier würde die Logik in dem Moment selber absurd, wo sie ihre eigenen Regeln zur Anwendung brächte und sagte: Da ist eine Mücke, die gelegentlich ein Maulwurf, meist aber eine Biene sein möchte. Wie Benn Götzendiener und Götze zugleich sein kann, so gleitet auch das redende Ich durch die Identitäten wie durch Spiegelräume. Was schon an den Sätzen über Kokoschka auffiel, wiederholt sich hier. Die Raumdimensionen sind völlig liquid geworden. Das Objekt der Rede, Doktor Benn, kann unverhofft ins Riesige wachsen und das Subjekt, das Ich, ins Winzige. Wie sich solche Verhältnisse aber auch umzukehren vermögen, zeigt ein Gedicht auf Benn, das in den unmittelbaren Umkreis dieses Prosastücks gehört. Da ist der angesprochene Mann der Tiger, ein großes, ein gewaltiges Wesen gegenüber der Redenden, der in der dritten Strophe unvermittelt als das winzige Junge erscheint, das sie, nun plötzlich selber Tigerin, als Raubtiermutter herumträgt:

Giselheer dem Tiger

Über dein Gesicht schleichen die Dschungeln.
Oh, wie du bist!

Deine Tigeraugen sind süß geworden
In der Sonne.

Ich trag dich immer herum
Zwischen meinen Zähnen.
(...)[124]

Das ist nun also wichtig: Mit den Ordnungsprinzipien von Zeit, Raum und Kausalität hebt sich zugleich der feste Umriß der Person auf, die Identität als jene Kontur des Menschen, die ihn sich selbst und den andern gegenüber dauerhaft und kommunikationsfähig macht. Das menschliche Gesicht, das »bedeutende«, »vielsagende«, »sprechende« Antlitz, ist die höchste sinnliche Erscheinungsform der gesicherten Person. Sobald die Sicherungen springen, kann auch das Gesicht nicht mehr abgebildet, nicht länger »getreu« nachgeschaffen werden. Die Nachrichten, die aus dem Text »Doktor Benn« über dessen konkretes Gesicht zu gewinnen sind, nehmen sich aus wie eine Flucht durcheinandergleitender Gestaltungen. Selbst die scheinbar einfachste Aussage – »mit der Habichtnase« – löst sich im Kontext sogleich auf und meint etwas ganz anderes, als was man umgangssprachlich damit bezeichnet. Die Stellung des Wortes zwischen den Begriffen Götzenhaupt und Leopardenherz legt es nämlich auf den tatsächlichen Tierschnabel fest, der einem barbarischen Idol bedrohlich aufsitzt.

So wenig wie in Rilkes Rodin-Bildnis darf man hier die Benennung des Gegenübers als etwas, das zugleich gegenwärtig und uralten Zeiten angehörig, alternd und todlos ist, für poetisch ausschweifende Umtriebe nehmen. Wie der einzelne Mensch in der Gesamtheit seiner Psyche sich selbst nicht als sterblich erfährt, sich selbst sterblich zu glauben nicht fähig ist – auch wenn er sich mittels seiner Vernunft immer dahingehend belehrt –, so kann einer mit der Gesamtheit seiner seelischen Erfahrungskräfte auch den andern nicht als sterblich und nichts weiter begreifen. Rodin, der Flußgott, Prophet, Kathedralenbauer, und Benn, der Steinzeitjäger, Götze, Kolossus – beide sind das alles wahrhaftig und tatsächlich, und beide sind überhaupt nur von Bedeutung, insofern in ihnen diese uralten Wirklichkeiten so schreckend wie rettend wieder auftreten.

So war ja auch Prinz Jussuf nicht eine Maskerade der Frau Else Lasker-Schüler, sondern in Gestalt und Kleidung der Frau Else Lasker-Schüler trat Prinz Jussuf leibhaftig in die Gesellschaft des 20. Jahrhunderts und vor die Ämter, Schalter, Verlagsbüros und Polizeistellen, die alle unsäglich schwer von Begriff waren.

Die Heroen und die Virtuosen: Stefan Zweigs Dostojewski, mit einer Anmerkung zu Hofmannsthals Heldenverehrung

Daß es das gibt, literarische Virtuosität, ist noch nie bezweifelt worden. Worin sie jedoch besteht und ob die feine Verachtung, die dieser Begriff einschließt, berechtigt ist, dürfte weniger leicht auszumachen sein. Im Zusammenhang dieser Untersuchung stellt sich die Frage dringlich bei Stefan Zweig. Man könnte ihn weglassen – er gilt ja nicht überaus viel dieser Tage, obwohl er sich ungebrochen vielfach verkauft. Es ist aber so, daß kein anderer Autor in diesem Jahrhundert seine Schreibleidenschaft und seine Schreibfertigkeit so versammelt und gebündelt immer neu auf die literarische Nachbildung historischer oder zeitgenössischer Gesichter verwendet hat. Da stellt sich die Frage, wie das zugeht, was sich ereignet in solchen Texten, wenn doch, wie gezeigt worden ist, die Gesichtsbeschreibung eine der heikelsten, riskantesten Aufgaben moderner Schriftstellerei darstellt. Tatsächlich kommt Zweig, wo andere ins Zögern geraten und sich unverhofften begrifflichen und schreibtechnischen Nöten ausgesetzt sehen, erst so richtig in Fahrt. Das schnalzt und schnellt in purem Schreibbehagen, getragen vom Empfinden, daß Mittel, Gegenstand und Aufgabe des Schreibens hier ganz und ohne Reibung ineinandergreifen. Das Dostojewski-Porträt soll das Beispiel abgeben, das auf seine konstituierenden Arbeits- und Denkregeln hin zu befragen ist. Der Text findet sich im Essayband »Drei Meister. Balzac, Dickens, Dostojewski«, der 1920 als Zweigs erste größere Publikation nach dem Ersten Weltkrieg erschien und den Auftakt zu den verschiedenen historisch-monographischen Studien des Verfassers bildete, deren weitläufigste die Bücher über Fouché, Marie-Antoinette und Maria Stuart, deren prägnanteste die famosen »Sternstunden der Menschheit« werden sollten. Damit ist ein literarischer Kontext bezeichnet, der über Zweig hinausreicht. Die literarisch-monographischen Studien über große Einzelne, ragende Figuren »des Geistes«, wie man zu sagen liebte, oder der Geschichte, bilden eine auffällige Familie in der Literatur der Zwischenkriegszeit, eine epochenspezifische Gattung wie vielleicht nur der Kriegsroman es in ähnlicher Profilierung ist. Die Grenzen vom Essayistischen zum Romanhaften sind dabei fließend, ja das Hin und Her zwischen diesen beiden Bereichen gehört wesentlich zum Typus. Der Thomas-Mann-Titel von 1935 – »Leiden und Größe der Meister« – ist thesenhaft sprechend für die ganze Richtung, und Hofmannsthals Reden auf Beethoven (1920) und Napoleon (1921) lassen sich als deren vielleicht konzentrierteste Ideo- und Psychogramme lesen.

Wegen dieser ihrer pathetisch-eindeutigen Ausprägung sind die Arbeiten Hofmannsthals als Ausgangspunkt und Hintergrund für die Untersuchung des Zweig-Porträts besonders geeignet. Was in den Prosa-Hymnen auf Beethoven und Napoleon gerettet werden soll, ist der Begriff des »großen Einzelnen« als eines zeitlosen, von keiner Geschichte und keiner Gesellschaft determinierten Phänomens, das den einzigen Maßstab in einer nur noch chaotisch erfahrenen politisch-historischen Situation abzugeben hat. In verblüffend einfacher Konstruktion arbeitet Hofmannsthal in der Beethovenrede mit der Dreiteilung: »das Volk« – »die Einzelnen« – »der Heros«. Der Heros stammt aus dem Volk, aber das Volk ist zu beschränkt, um ihn zu begreifen. Dazu bedarf es der Einzelnen, worunter der Redner zunächst einmal sich selbst versteht. »Er hatte«, heißt es von Beethoven, »was das Volk als Ganzes nicht kennt und was die Vielen nicht kennen, die das Wort meist trüglich im Mund führen: geistige Leidenschaft«.[125] Diese Aussage gibt ihre Pointe erst frei in der Kombination mit den Sätzen, die anderthalb Seiten später fallen und in denen der gleiche Begriff der geistigen Leidenschaft nun zum Charakteristikum der Einzelnen wird: »...so liegt sie (d. h. die Nation, P. v. M.) da, ihres eigenen Daseins nicht mächtig und mit fremden, verworrenen Gedanken wie ein Krankes. Aber die Einzelnen sind des Hohen noch eingedenk, und noch tragen sie in sich aufgebaut den Thron der geistigen Leidenschaft«.[126] Das leitet schließlich über zum rhetorischen Finale, in dem »das Volk« endgültig außer Sicht gleitet und nur noch »sie«, jene »Einzelnen«, und ein zum Totem gesteigerter Beethovenkopf abgeben, was gesellschaftlich zählt: »In diesem feierlichen Augenblick treten sie ernst zueinander, und wo ihrer nur zwei oder drei beisammen sind, da ragt über ihnen ein Haupt, unausdeutbaren Ausdruckes, störrisch und fromm zugleich – templum in modum arcis – ein Gottestempel in Gestalt einer Burg: Beethovens Haupt.«[127] Das Christus-Zitat (»Wo zwei oder drei in meinem Namen versammelt sind, da bin ich mitten unter ihnen«) rückt diese »Einzelnen« so deutlich wie unverfroren in Analogie zu den zwölf Aposteln.

Es wäre ungerecht und verfälschend, wollte man diese steile Selbstapotheose einer im Grunde furchtbar verunsicherten Intelligenz nun als das Fundament aller monographischen Bemühungen um die Großen, um die Meister in Kunst und Geschichte erklären, die in den Zwanziger- und ersten Dreißigerjahren an die Öffentlichkeit gelangen. Es ergeben sich innerhalb dieses Genres Unterschiede, die sehr wesentlich sind. Thomas Manns Goethe-Studien lassen sich ebenso wenig darauf reduzieren wie die monumentale Ausprägung in Heinrich Manns »Henri IV«. Dennoch zieht sich ein süchtiges Heimweh nach der »Größe« und den »Großen«, die allein durch sich und nichts anderes die Werte bestimmen, durch die meisten Spielarten der Gattung. Daß es hypnotisch begabten Kriminellen gelingen konnte, die politische Macht zu übernehmen, vollständig, ungedämpft und undosiert, hängt mit solchen Sehnsüchten mindestens insofern zusammen, als ein demokratisch-würdiger Begriff vom einzelnen Menschen durch die Verklärung der angeblich »mythischen Figuren«, die »außerhalb der Sittlichkeit stehen« (so Hofmannsthal über Napoleon), grundsätzlich in Frage gestellt wird. »Denn die mythischen Figuren sind gleich den Sternbildern: sie zeigen durch ihr Aufsteigen und Absinken den Wechsel der Zeit.« Was denn wohl nicht viel anderes heißen kann, als daß man, bei gesunkenem Sternbild, nichts tun könne als auf eine dereinst wiederkommende »Figur« zu warten.

Wie falsch das Konzept einer solchen »aktiven mythischen Gestalt«[128] als politischer Größe ist, läßt sich nur ablesen aus dem Verhältnis, das die »tausend Einzelnen« nach Hofmannsthals Behauptung zu ihr »in sich tragen«: »...zwischen Schauder und, trotz allem, Liebe; magischer Hingezogenheit und Sich-geschlagen-Fühlen«. Ebenso deutlich zeigt sich das schief Gedachte als ein künstlerisches Versagen im literarischen Bildnis Napoleons:

Von seiner körperlichen Erscheinung sind zwei Bilder fortwirkend. Das eine mager, mit römischem Profil, brennenden Augen, wirrem kurzem Haar, unzählig oft gemalt und idealisiert zum Typus des jungen Genius der Tatkraft und Herrscherschaft. Das andere noch wirklicher, aus den späteren Lebensjahren (aber er war noch nicht sechsundvierzig, als er von der Weltbühne abging), gedrungen, feist, die Gesichtsfarbe gelblich ungesund; das Auge verhältnismäßig klein im gefüllten, undurchdringlichen Gesicht, aber der Blick von rasender Kraft, wenngleich eiskalt; die Stirne immer gespannt, wie in Zorn oder Ungeduld; die Arme gewaltsam ruhig gekreuzt über der von riesenmäßigen Spannungen erfüllten Brust: die ganze Erscheinung beinahe bürgerlich, ganz unromantisch, scheinbar höchst faßlich, in Wirklichkeit aber unzugänglich – der Analyse widerstrebend, ganz unmittelbar –, außer eben durch die Vision.[129]

Wenn man zuschaut, wie »Größe« hier sprachlich zustande kommt, wird das Leere, nur süchtig Gewünschte dieses Begriffs evident. Das Grundschema ist zwar ein hergebracht Bewährtes: körperliche Unvollkommenheit soll mit der geistigen Gewalt, die sie birgt, in aussagemächtige Spannung gesetzt werden. »Gedrungen, feist, die Gesichtsfarbe geblich ungesund« – da zeichnet sich tatsächlich etwas ab von der Wirklichkeit des alternden Napoleon. Aber sobald nun das ganz Andere zur Sprache kommt, wofür die angeschlagene Leiblichkeit nur Kulisse sein soll, wird der große Stilist banal, gleitet er ab in die Großspurigkeit von Sportreportern, die den Radfahrer auf der Zielstrecke, von Heimatromanciers, die den Helden im Fels beschreiben. »Der Blick von rasender Kraft, wenngleich eiskalt«: das transportiert nichts außer dem Superlativischen und jener infantilen Verehrung des Mitleidlosen, die sich mit dem Gebrauch des Begriffs »eisig«, »eiskalt« als moralisch-ästhetischer Kategorie in den dreißiger Jahren bis zum Fatalsten verbinden sollte. Desgleichen bedeutungsarm und scheinhaft die »von riesenmäßigen Spannungen erfüllte Brust«. Was der Text im Leser bewirken möchte, die unmittelbare Anschauung von Größe, ist er in Wahrheit nicht imstande zu vermitteln; er führt als reine Behauptung mit sich, was Resultat der gestalteten Sprache, der Kunst eben, sein sollte. So steht denn auch ganz folgerichtig am Schluß des Porträts, das Wirklichkeit und Vision Napoleons in einem geben will, die Mitteilung, er sei nur durch »Vision« zu erfassen. Hätte der Text erreicht, was er erstrebt, würde sich eben diese Aussage erübrigen, ja als störender Selbstkommentar sogar verbieten.

Die Wertskala, die hier sichtbar wird, die einschießt in den Text, ist eine Kette von bloß quantitativen Kategorien. Damit reduziert sich das postulierte Mythische aber auf Gewalt, auf Bereitschaft, Fähigkeit, Lust zu Gewalt. Der erhoffte politische Führer, dessen Modell hier deutlich genug entworfen wird, findet sich im Munde des sensiblen Poeten einzig definiert als der Gewalttätige. Der Hintergrund des Vorgangs ist durchsichtig genug. Es ist die Kränkung durch die Niederlage im Krieg. Was dieser Napoleon in Wahrheit sein sollte, ist ein Rächer, nichts als ein starker, fürchterlicher Rächer für das »große Volk in der Erniedrigung«. Die seltsame Leere des Textes füllt sich sogleich auf, wenn man ihn versuchsweise auf den Begriff des Rächers bezieht. In der Beschreibung selbst darf das nicht ausgesprochen werden. Rache und Rächer sind das Tabu des Textes, aus dem er sich herleitet, ohne es eingestehen zu dürfen. Denn mit dieser seiner geheimen Wahrheit würde alles Raunen vom »europäisch Titanischen«, von der »höchsten, seltensten Synthese« als die bloße rhetorische Verzierung aufgedeckt, die es in Tat und Wahrheit ist. So ehrenhaft Hofmannsthals Verzweiflung über den Untergang der Monarchie ist, so falsch ist doch diese Prosa, die sich aus jener Verzweiflung indirekt herleitet.

Damit ist eine Linie gegeben, auf die das Dostojewski-Porträt von Stefan Zweig bezogen werden kann und von der aus es genauer zu begreifen und zu bewerten sein sollte. Auf Politisches weist es mit keinem Wort. Ihm geht es allein um den »Meister«, den gewaltigen Künstler. Bevor Zweig zum Bildnis ansetzt, gibt er in einem kurzen Satz ein theoretisches Signal, das den Leser über die Bedeutung des Gesichts für Erkenntnis und Erfahrung eines Großen grundsätzlich instruieren soll: Dostojewski »hat keine Zeugen, keine anderen als des Künstlers mystische Dreieinheit in Fleisch und Geist: sein Antlitz, sein Schicksal und sein Werk«.

Der Satz verblüfft. Er sagt unter anderem nicht weniger als: das Gesicht des großen Dichters sei so sprechend wie sein Werk. Erhärtet wird die These durch die Analogie zur Dreifaltigkeit. Auch wenn nicht auszumachen ist, was nun von Antlitz, Schicksal und Werk dem Vater, dem Sohn und dem Heiligen Geist entsprechen soll, bleibt doch die feste Aussage, *daß* sie sich zueinander verhalten wie die Personen der Trinität. Eine gewichtigere Rechtfertigung für das literarische Porträt hat es wohl noch nie gegeben. Wäre sie wahr, die Literaturforscher hätten einiges nachzuholen. Dem Autor Zweig aber ermöglicht sie, über Dostojewskis Gesicht ganz groß anzusetzen.

Das Antlitz

Sein Antlitz scheint zuerst das eines Bauern. Lehmfarben, fast schmutzig falten sich die eingesunkenen Wangen, zerpflügt von vieljährigem Leid, dürstend und versengt spannt sich mit vielen Sprüngen die rissige Haut, der jener Vampir zwanzigjährigen Siechtums Blut und Farbe entzogen.

Rechts und links starren, zwei mächtige Steinblöcke, die slawischen Bakkenknochen heraus, den herben Mund, das brüchige Kinn überwuchert wirrer Busch von Bart. Erde, Fels und Wald, eine tragisch elementare Landschaft, das sind die Tiefen von Dostojewskis Gesicht. Alles ist dunkel, irdisch und ohne Schönheit in diesem Bauern- und beinahe Bettlerantlitz; flach und farblos, ohne Glanz dunkelt es hin, ein Stück russische Steppe auf Stein versprengt. Selbst die Augen, die tief eingesenkten, vermögen aus ihren Klüften nicht diesen mürben Lehm zu erleuchten, denn nicht nach außen schlägt klar und blendend ihre gerade Flamme, gleichsam nach innen ins Blut hinein brennen zehrend ihre spitzen Blicke. Wenn sie sich schließen, stürzt der Tod sofort über dies Gesicht, und die nervöse Hochspannung, die sonst die mürben Züge zusammenhält, sinkt nieder ins lethargisch Unbelebte.

Wie sein Werk ruft dies Antlitz erst das Grauen vom Reigen der Gefühle auf, dem sich zögernd Scheu und dann leidenschaftlich, in wachsender Bezauberung, Bewunderung gesellt. Denn nur die irdische Niederung, die fleischliche, seines Antlitzes dämmert hin in dieser düster-erhabenen naturhaften Trauer. Aber wie eine Kuppel, weißstrahlend und gewölbt, hebt sich ragend über dem engen bäurischen Gesicht die aufstrebende Rundung der Stirne: aus Schatten und Dunkel steigt blank und gehämmert der geistige Dom: harter Marmor über den weichen Lehm des Fleisches, das wüste Dickicht des Haares. Alles Licht strömt in diesem Antlitz nach oben, und blickt man in sein Bild, so fühlt man immer nur sie, diese breite mächtige, königliche Stirne, sie, die immer strahlender leuchtet und sich zu weiten scheint, je mehr das alternde Antlitz in Krankheit vergrämt und vergeht. Wie ein Himmel steht sie hoch und unerschütterlich über der Hinfälligkeit des gebrestigen Körpers, Glorie von Geist über irdischer Trauer. Und auf keinem Bilde leuchtet dies heilige Gehäuse des sieghaften Geistes glorreicher als von jenem des Totenbetts, da die Lider schlaff über die gebrochenen Augen gefallen sind, die entfärbten Hände, fahl und doch fest, das Kreuz gierig umfassen (jenes arme kleine Holzkruzifix, das einst eine Bäuerin dem Zuchthäusler schenkte). Da strahlt sie wie von morgens die Sonne über nächtiges Land nieder auf das entseelte Antlitz und kündet mit ihrem Glanz die gleiche Botschaft wie alle seine Werke: daß der Geist und der Glaube ihn erlösten vom dumpfen niederen und körperlichen Leben. In letzter Tiefe ist immer Dostojewskis letzte Größe: und nie spricht sein Antlitz stärker als aus seinem Tod.[130]

Das orgelt, – wie das orgelt! Prächtig im Wechsel der Töne vom Murmeln bis zum Dröhnen, fährt diese Prosa daher.

Man darf sie nur nicht befragen.

Das soll nicht einfach höhnisch gesagt sein. Zu den Merkwürdigkeiten dieses Textes, der auf seine Weise Respekt verdient, gehört eine Leseerfahrung besonderer Art. Sie beruht auf linguistisch benennbaren Gegebenheiten des Satzbaus, ohne daß es aber der Lektüre deutlich würde. Der Lesevorgang ist bestimmt durch eine außergewöhnliche Präzipitation, eine erhöhte Geschwindigkeit des Aufnehmens, des Vorwärtslesens. Diese Geschwindigkeit kommt zustande durch die Satzmuster, die alle einerseits vertraut, also widerstandsarm sind, andererseits durchgehend von der Art, in der rhetorisch-stilistische Steigerungen üblicherweise zustande kommen. Das heißt: Was in der Prosa sonst von Zeit zu Zeit passiert, die Klimax aufgrund erhöhter inhaltlicher Wichtigkeit, ein stärkeres Drängen in Tempo und Pathetik, das ist hier die Norm. Als Folge davon nimmt der Leser, der sich auf lauter Stromschnellen versetzt fühlt, nicht mehr genau wahr, was nun Gedanke und was Metapher ist, wie ein Gedanke in den andern übergeht und wie es mit den Begründungen bestellt ist. Blanke Behauptung läßt sich nicht mehr von rationaler Argumentation unterscheiden. Es herrscht eine Art Tumult, der dominiert wird von pittoresken Anschaulichkeiten: Steppe, Steinbrocken, Stücke urtümlich unkultivierter Natur, Lichtphänomene bald greller, bald düster flackernder Art, dann, im zweiten Teil, die weiße Kuppel, die vor vielfache Schatten gerückt wird und sich mit lauter hohen Worten verbindet: Geist, Glorie, Glaube, Größe...

Durch die Verbindung von Konkretheit und unklarer logischer Struktur gewinnt der Text für die spontane Leseerfahrung einen surrealen Einschlag, was ihm, zusammen mit dem reichlich ausgeschütteten Gefühl, das attraktiv Frappante verleiht. Es ist, im doppelten Wortsinn, blendende Prosa. Denn dieses reizvoll Surreale bestätigt sich einer bedächtigen Betrachtung keineswegs. Was sich zuerst als kühne Anordnung intensiver Wirklichkeitsfragmente ausnimmt, erscheint dem ruhigen Blick bald einmal als schlichte Vergleichsstruktur mit vielen zweifelhaften Behauptungen und Schlußfolgerungen. Man sehe nur zu, wie die Argumentation läuft. Auf die These, das Gesicht scheine »das eines Bauern« zu sein, folgt die Begründung, es gleiche nämlich einer Landschaft. Nun gibt es gewiß Gesichter, die man spontan als Bauerngesichter definiert, und man kann mit guten Gründen Dostojewskis Gesicht so sehen. Aber die implizite Annahme, daß das Gesicht eines Bauern der Landschaft gleiche, in der er arbeitet, ist ein auf reinen Effekt gemachter Gedanke. Der Schriftsteller kann auf solcher Basis wie der Artist auf dem Zirkuspodium phantastische Figuren schlagen. Da kommt bald alles ins Spiel, was man sich unter russischen Steppen denkt, Lehm natürlich, knietief im Frühling und mit Karrengleisen eingedorrt im Sommer, das Flache auch und die legendäre »Schwermut der Ebenen«. Immerhin, hielte Zweig sich an diesen Lehm, an die Kategorie Lehm als eine phänomenologisch-physiognomisch erfühlte, gewitterte Gegebenheit – wie Rudolf Kassner so etwas machen konnte – und würde er auf sie alles andere zurückführen, von ihr alles herleiten, man könnte der poetischen Vision die Achtung nicht versagen. Das genügt ihm aber nicht, oder wohl besser: er hat nicht Zeit, das durchzudenken. Kaum hat er es exponiert, kommt er auch schon mit anderen Naturteilen daher. Nur ist es jetzt Allerweltsnatur, Steinblöcke, Busch, Fels, Wald, und auch dem muß er noch kommentierend anhängen, was denn doch dem Leser zu merken aufgegeben sein sollte. Wie von einer Etikette liest man die Verstehensanweisung: »Eine tragisch elementare Landschaft«. In grotesker Weise überschlägt sich diese Metaphernartistik endlich dort, wo er die unterschiedlichen Landschaftsteile kurzerhand aufeinanderbeigt: »ein Stück russische Steppe auf Stein versprengt«.

So hat er denn auch die Besinnung nicht, das Phänomen der Stirn, dieser zweifellos unerhörten Schädelgestalt, aus ihren eigenen Voraussetzungen zu entwickeln und erkennend zu vermitteln. Der nächstbeste Vergleich genügt: eine Kuppel! Damit kann wieder gearbeitet werden. Dom, Marmor, Lichteinfall, die Qualitäten der Härte und Glätte, alles steht da gleich zur Verfügung und setzt Effekte frei. Man darf's nur nicht befragen. »Gehämmert« nämlich kann ein Dom nun einmal ganz und gar nicht sein, aber es ist ein tönendes Wort und zudem in einen fast regelrechten Hexameter verpackt – »...Schatten und Dunkel steigt blank und gehämmert der geistige Dom« –, wie sollen da noch Wünsche offen bleiben? An *einer* Stelle wird ihm die Metaphorik, offenbar ohne daß er den Unterschied merkt, original: der Dom im weichen Lehm. Das ist ein Bild, das den Leser bedrängen kann. Es weckt die Vorstellung eines so langsamen wie rettungslosen Versinkens. Ohne Fundamente, schräg, geht da florentinische Architektur in die Tiefe. Aber diese Ausdeutung ist Leserzutat. Der Text selbst weiß mit der einzigen Stelle, wo er Unvertrautes berührt, nichts anzufangen. Im Gegenteil, der Dom genügt schon wieder nicht mehr, es wird zu einer extensiven Lichtregie angesetzt, worauf schließlich diese Stirn, die als eine Kathedrale eigentlich schon groß genug gewesen wäre, noch die Ausdehnung des Himmelsgewölbes zugesprochen bekommt.

Ebenso inflationär ist, was auf der Ebene der Reflexion geschieht. Wo keine Metaphern und Vergleiche sind, da sollen wenigstens große Worte fallen. Selbst »Geist« ist zu schlicht, muß also noch gesteigert werden: »Glorie von Geist«, »sieghafter Geist«. Und zu welchem Widerspruch er auch führen mag, ein Superlativ rechtfertigt sich selbst. »In letzter Tiefe ist immer Dostojewskis letzte Größe« – dies als Fazit von Ausführungen, welche das Gesicht Dostojewskis zum Triumph des Himmelhohen über alles Niedrige erklärt haben.

Unzweifelhaft verdankt sich die Virtuosität dieses Redens der Tatsache, daß es immerzu dem Gedanken entläuft. Die Überhitztheit, das penetrant Superlativische spiegelt eine Anstrengung der Idee vor, die doch, wäre sie vorhanden, solche Effekte gar nicht nötig hätte.

Der nächste Schritt müßte in die blanke Trivialität führen. Triviale Kunst ist ja nie unbeholfen. Vielmehr gehört zu ihr wesentlich die Fertigkeit des Herstellens, gehört zu ihr Virtuosität auf *einem* eng begrenzten Feld. Solcher Virtuosität entspricht dann in der gesellschaftlichen Wirkung der Erfolg. Von trivialer Kunst zu sprechen, wo kein Erfolg in Verkauf oder Verehrung vorhanden ist, erübrigt sich. Das rundum Unbeholfene und von niemandem Respektierte mag erbärmlich sein oder rührend oder unfreiwillig komisch, trivial ist es nicht, sonst verliert der nützliche Begriff seinen Umriß und seine Funktion.

Dennoch fällt Virtuosität mit Trivialität nicht zusammen. Sie verhält sich zu dieser vielmehr wie die Versuchung zum Sündenfall. Es gibt da eine Grenze, eine Grenzzone genaugenommen, von ansehnlicher Breite. Auf diesem Streifen bewegt sich dieser Text.

Das ist rein stiltypologisch argumentiert. In diesem Sinne virtuos können Texte aus allen Zeiten sein: die eine und andere Schiller-Ballade ist es ebenso wie das eine oder andere Stück aus dem »Buch der Lieder« oder Rilkes »Cornet« oder manches Erzählende von Heyse bis Siegfried Lenz. Das Dostojewski-Porträt hat indessen auch einen historischen Bezug und muß in dieser Perspektive ebenfalls gesehen werden. Er wird deutlich in der Parallele zum Hofmannsthal-Text. Was dort als Eklat sich ereignet, ist hier die durchgehende Überzeugungslage: der »Große« ist elementar, unbedingt, ein lotrecht in die Gesellschaft gestürztes Absolutes. Er kann im letzten nur bewundert und verehrt werden. Schon ihn verstehen zu wollen, trägt die Gefahr in sich, sich gegen ihn zu vergehen. Wohl ist der Große groß durch seine Tätigkeit auf bestimmten Gebieten: Napoleon auf den Schlachtfeldern, Dostojewski in der Literatur. Aber, und dies ist ausschlaggebend, die Qualität dieser Größe darf nicht auf das Metier begrenzt werden. Vielmehr ist die Leistung im Metier nur der Beweis für die Größe an sich. Im gleichen Jahr wie Hofmannsthals Beethoven-Rede und Stefan Zweigs »Drei Meister« erscheint Friedrich Gundolfs »George«. Dort heißt es, seit dem Ende des Mittelalters sei der »Ewige Mensch« nur fünfmal in reiner, unverstellter Gestalt erschienen, in »Goethe, Hölderlin, Napoleon, Nietzsche, George«.[131] Der feierliche Unsinn soll hier weiter nicht diskutiert werden. Wenn man ihn ernst nähme, wäre er zuerst einmal eine Frechheit Mozart gegenüber. Wichtig daran ist nur, daß Napoleon in die Reihe der Poeten und Autoren gefügt wird. Dadurch wird das Tätigkeitsfeld als nebensächlich erklärt. Es ist einer nicht ein großer Dichter, Philosoph oder Menschentöter (und daneben vielleicht sehr jämmerlich in manchen Sparten), sondern es ist einer ein Großer an sich, Größe ist seine fundamentale Qualität. Ob sie sich auf Papier oder vor Austerlitz manifestiert, ist nebensächlich.

Das hat seine politischen Konsequenzen. Da Größe die einzige Qualität ist, auf die es ankommt, und da sie auf kein Metier beschränkt sein kann, sondern das jeweilige Metier je schon übersteigt, muß die Folgerung lauten: Wir warten nicht auf einen großen Staatsmann, sondern auf den Großen als Staatsmann. Und umgekehrt: Wie tüchtig einer auch als Staatsmann sein mag, wenn er nicht groß genug ist im absoluten Sinn, ist er belanglos. Für Gundolf ist Napoleon als politischer Kopf belanglos, entscheidend ist ihm die »Kraft«, welche nicht nur riesenhaft, sondern gleich auch noch die der ganzen Antike ist: »Da fährt von einer unerschöpflichen Insel her die verschollene Kraft der Antike, zu einem riesigen Menschen verdichtet, in die Bestürzung, Zertrümmerung und Zersetzung der niederen und der unreiferen Menschheit hinein und zwingt sie eine Weltstunde lang als *Herr* und *Sieger.*«[132] So mag auch Nietzsche ein Autor sein dem Beruf nach, wesentlich ist er erst darüber hinaus als »der rasende Kampf des Einsamen gegen das Milliardensame«[133] (sic!). Das Vokabular ist hier wie dort aus einem Schoß: mit »rasend« und »riesenmäßig« operiert auch Hofmannsthal, auch bei ihm ist »Kraft« ein Begriff, der sich selbst rechtfertigt. Ohne es zu wissen, formulieren und verklären diese Konservativen hier die Basiswahrheit des Industriezeitalters, das sie so verabscheuen, daß nämlich die Macht hat, wem die Energie gehört. Die Energie als blinde, gespeicherte Potenz.

Sprachlich führt das allerdings nicht weiter als bis zum Superlativ. Wo es um diese Größe geht, bleibt die Rede immerzu in der grammatikalischen Steigerung stecken, – mit hilflosen Signalen, daß sie auch diese noch überklimmen möchte. Die Folge sind Blähungen. Was groß sein soll, erscheint bloß aufgetrieben. Die Unfähigkeit, den einzelnen Menschen von Rang, von durchaus singulärem Rang, gleichzeitig als einen zu sehen, der daneben die Gebrechlichkeit der Natur brüderlich mit jedem andern teilt, macht die eminenten Stilisten unfähig, von diesen ihren Großen ein Bildnis anzufertigen, das, mit dem alten, doppeldeutigen Wort für die Wahrheit eines Porträts, »treu« wäre.

Testfall I:
Grass und die Nase eines Politikers

Wie ist das nun? Soll das zuletzt heißen, daß man in der Gegenwart, in der von einem allgemeinen Konsens als das Kontinuum »Moderne« betrachteten Epoche, mit den Mitteln der Sprache kein einfaches, wahres, getreues Bildnis geben könne von einem andern Menschen?

Das soll es tatsächlich heißen.

Die urbildliche Situation, daß einer sagt: »Ich kannte den, so war er und so sah er aus…«, die Situation des Zeugen, der zum verbindlichen Bericht anhebt, versetzt den Autor, der aus dem Bewußtseinsstand und mit dem Kunstinstrumentar seiner Zeit schreibt, tatsächlich in einen Notstand, aus dem ihm nur die Versammlung aller seiner Fähigkeiten heraushilft. Man glaubt das nicht gern, obwohl kaum einer bestreitet, daß Literatur schon lange nicht mehr über einen Akt der Zustimmung des Autors zum offiziellen Wertsystem der Gesellschaft entsteht, vielmehr über einen Akt der Ablehnung. In diesem Grundgestus moderner Kunst spiegelt sich auch der Abstand, der das offiziell propagierte Wertsystem der globalen Öffentlichkeit von den Normen trennt, welche die politische und ökonomische Praxis tatsächlich regeln.

Wäre der Notstand nicht spezifisch für das kleine Genre des literarischen Porträts, man müßte einen Text wie die Beschreibung, die Günter Grass vom Gesicht eines politischen Freundes, des SPD-Politikers Egon Bahr, gibt, als nur noch ausgefallen und abstrus bezeichnen.

Wir trafen ihn und seine Frau wenige Tage vor unserer Abreise im Regen. Zur Zeit ist er Sonderbotschafter und wird aus Prinzip verdächtigt. Auch er wollte mal paar Tage nichts machen, nur Pause und den Bretonen Chateaubriand lesen.

Mit einer Nase, wie sie in Tropfsteinhöhlen wächst: läuft ohne Schützer, braucht keinen Schoner. Bruno griff nach ihr, nannte sie komisch. (Bei Sterne gäbe sie ein Kapitel her. Sein Onkel Toby hätte sie als Fliege, Lichtenberg wie seinen abgerissenen Hosenknopf angesprochen: empfindsam.) Bruno hat recht. Als Clown hätte er weniger Feinde. Sogar die Bayern könnten ihn mögen, weil seine Nase – ein lustiger Fall trauriger Vereinzelung – so absolut vorherrscht.[134]

Das kurze Sprachstück gibt dem Leser lange zu tun. Es verlangt einen ausgewachsenen philologischen Kommentar. Aber es ist weder ausgefallen noch abstrus. Was den Text bedingt, ist eine genau nachweisbare Notwendigkeit. Das Gesicht des Abzubildenden wird von einer auffällig gestalteten Nase dominiert. Wie immer das nun formuliert wird, es hat bestimmte Konsequenzen für die Person. Unmöglich scheint es, das Gesicht zu charakterisieren, ohne den Mann als »einen mit einer komischen Nase« hinzustellen. Geschieht dies aber so schlankweg, dann begibt sich der Autor damit auf ein erbärmliches Niveau. Nicht nur gehört er dann zu denen, die die Leute nach Nasen klassifizieren, sondern er übernimmt auch unausgesprochen die plattesten Bezugsetzungen zwischen Nasen und Charakteren. Der Text ist spannend wegen der Strategien, mit denen solches vermieden wird. Grass greift zu einem doppelten Hilfsmittel. Das eine ist die Hyperbel. Er übertreibt mit dem Stalaktiten-Vergleich so ungeheuerlich, daß das banale Denkschema gesprengt wird. Das andere ist die Reflexion auf dieses Denkschema selbst. Es wird dargestellt als die Betrachtungsweise eines Kindes, Brunos. Dem Leser verbietet sich damit das unbedachte Einrasten in diese Optik, ja es wird ihm handfest mitgeteilt, solche Betrachtungs- und Deutungsweise sei so plump wie ein Griff ins Gesicht: ein infantiler Akt. Mit den ersten zwei Sätzen also gelingt es Grass, sowohl die Sachinformation zu vermitteln – der Körperteil hat beachtliche Ausmaße – als auch die konventionelle Reaktion darauf zu blockieren. Die nächstliegende Deutung mit ihren Kurzschlüssen – eine »komische Nase«, folglich ein »komischer Typ«... – wird gesperrt. In die entstehende Lücke setzt der Autor seine eigene Deutung. Sie ist anspruchsvoller Art, charmant, aber auch sehr ernsthaft. Er schlägt über eine literarische Assoziation die Brücke zu zwei der größten Autoren der Aufklärung, Sterne und Lichtenberg, und damit zur Idee von Aufklärung überhaupt. Dies ist zu erläutern.

»Bei Sterne gäbe sie ein Kapitel her. Sein Onkel Toby hätte sie als Fliege, Lichtenberg wie seinen abgerissenen Hosenknopf angesprochen: empfindsam.« Laurence Sterne hat tatsächlich im Roman »Tristram Shandy« ein gewaltiges Kapitel über Nasen geschrieben, so grotesk wie geistreich, so geistreich wie anzüglich. Mit der Erwähnung Onkel Tobys, einer Hauptfigur dieses Romans, tritt neben das nur Witzige der Aufklärung auch ihre komplementäre Dimension: Herzlichkeit und Mitgefühl mit allen Geschöpfen. Die Szene mit Onkel Toby und der Fliege, auf die hier angespielt wird, hat einst, und das ist wörtlich zu nehmen, ein halbes Jahrhundert zu Tränen gerührt. Im 12. Kapitel des II. Buches fängt Onkel Toby eine Fliege, die ihn lange Zeit belästigt, ja gequält hat (»tormented«), geht mit ihr zum Fenster und sagt gütig: »Go, poor devil, get thee gone, why should I hurt thee? – This world surely is wide enough to hold both thee and me.« (Der Jean-Paul-Leser Grass kennt wohl auch die unheimliche Verkehrung dieser Stelle im 1. Band, 6. Kapitel, der »Flegeljahre«: »Ich weiß, daß er Fliegen, die ihn plagten, *einen* Flügel ausrupfte und sie auf die Stube warf mit den Worten: ›Kriecht, die Stube ist für euch und mich nicht weit genug.‹«)

Worauf spielt nun aber die zweite Hälfte des Satzes an: »Lichtenberg hätte sie wie seinen abgerissenen Hosenknopf angesprochen«? Es ist eine Passage im Brief Lichtenbergs an Johann Christian Dietrich vom Februar 1773, ein Prosatext von höchstem Rang, wie ihn nur Lichtenberg in einem Brief verschleudern konnte. Ein sternischer Text ist's durchaus, da hat Grass recht, »empfindsam« in jenem Sinn, den Lichtenbergs und Sternes Jahrhundert mit dem Wort verband: gefühlsfähig auch noch dem verachtetsten Teil der Schöpfung gegenüber. Der Text ist viel umfangreicher als das Porträt, dessen eines Element er erläutert. Dennoch muß er hier zitiert werden. Die paradoxe Unverhältnismäßigkeit, die damit entsteht, hängt mit dem

Hauptproblem durchaus zusammen.

Ich weiß nicht, ob Du den großen gelben Hosenknopf gekannt hast, den ich voriges Jahr zu oberst an meinen Hosen trug. Es war der einzige metallene an meinem ganzen Leibe. Er hat mich nie verlassen, seit 1769 versah er diese Stelle mit einer für einen Hosenknopf bewundernswürdigen Treue und Ernst. Da ich hier merkte, daß ihm der Dienst sauer wurde, so adjungierte ich ihm einen neuen Modeknopf, der ehmals auf Swantons Uniform gesessen hatte, das Regiment liegt jetzt in Minorca. Dieses nahm er übel. Im Dezember fing er an zu klagen und den Kopf zu hängen, und gestern nachmittag zwischen 3 und 4 zerriß das Band das uns über 3 Jahre aneinander geknüpft hatte, ich meine die Saite im Holz, und er lag vor mir auf der Erde. Ich nahm den armen Teufel auf und sah ihn eine Zeitlang an mit einem Mitleid, als wenn er mein Neben-Geschöpf gewesen wäre. Habe Dank, sagte ich ihm, erster unter den Knöpfen, für Deine Dienste. Wer weiß, ob ich nun nicht ewig die Hosen heben muß. Ruhe sanft, ein Philosoph erkennt Deinen Wert, und damit flog er in einen Bach, der unter meinem Fenster wegfließt, so dichterisch als je einer in einem Liedchen gemurmelt oder gerieselt hat.

Wandrer, sieh diesen Hosenknopf, den treuesten seines Geschlechts, an, statt über dieses Lob zu lachen, so fühle erst, ob Dir der Deinige noch festsitzt, und gehe weiter.[135]

Sterne und Lichtenberg treten also nicht als blasse literarhistorische Schemen in diesem Porträt auf, nicht als müde Bildungszitate. Beide Namen werden in Verbindung zu bestimmten Textstellen gebracht. Erst über deren spezifischen Gehalt legitimiert sich der geschichtliche Verweis. Dieser spezifische Gehalt aber ist jene Dimension der Aufklärung, die es historisch am schwersten hatte: ihre unpathetische, gefühlsstarke Humanität, fern von klassizistischer Steilheit und starrem Rationalismus, aber begabt mit skeptischem Vertrauen in die Verbesserungsfähigkeit der Menschen.

Diese Vorstellung erscheint im Porträt des Politikers genau an der Stelle, an der die traditionelle Gesichtsbeschreibung den Schluß von der Körperform auf den Charakter zieht. Weil Grass vorher die physiognomischen Konventionen als infantil deklariert und damit aus der eigenen Argumentation ausgeschaltet hat, gewinnt er hier einen kleinen, von Denkzwängen freien Raum, in welchem er auf neuartige Weise vom Gesicht aus das intellektuelle und politische Profil des Abgebildeten entwerfen kann. Die Klammer, in der der entscheidende Satz steht, bringt diese Operation sogar noch graphisch zum Ausdruck.

Der Schluß des Porträts wiederholt die Verfahren des Anfangs:

»Bruno hat recht. Als Clown hätte er weniger Feinde. Sogar die Bayern könnten ihn mögen, weil seine Nase – ein lustiger Fall trauriger Vereinzelung – so absolut vorherrscht.« Da fällt der Begriff »Clown«, aber gleich schon zusammen mit der Feststellung, daß nur ein Kind das sagen könne. Auch die Sachinformation über die Nasengröße wird wiederholt – »absolut vorherrschend« – und erneut verhindert ein Kunstgriff den primitiven Rückschluß. Diesmal besteht er in einem politischen Wortspiel. Den Bayern wird eine Vorliebe für »absolute Herrscher« nachgesagt, was dortzulande also eine Zuneigung zu diesem Gesicht bewirken müsse... Daß mit dem »*lustigen* Fall« von Einzelherrschaft auf einen andern, weniger lustigen und spezifisch bayrischen Fall angespielt wird, die Machtfülle von Franz Josef Strauß, ist die letzte Subtilität dieses gleichzeitig grotesken und ernsthaften Verfahrens. Wie Strauß in Bayern regiert die Nase in diesem Gesicht. Das erlaubt das Gelächter – über Nasen zu lachen, dürfte eines der ältesten Vergnügen der Menschheit sein – und lenkt es doch von den unwürdigen Denkverbindungen weg auf andere Ziele.

Denkbar ist folgender Einwand: es sei nicht richtig, einen Text von Günter Grass heranzuziehen, wenn die Behauptung bewiesen werden solle, daß es keine gleichbleibend gültigen Sprachmittel für die Beschreibung des menschlichen Gesichts gebe, daß so etwas wie das einfach-sachliche Mitteilen, unberührt von den Wandlungen und Moden der literarischen Verfahren, diesem Gegenstand gegenüber unmöglich sei. Denn Grass sei ein notorischer Manierist; er meide ohnehin die schlichte Rede. Ihn als Zeugen aufzubieten, stelle einen Trick dar.

Zugegeben, im Vergleich etwa zur Prosa von Max Frisch nimmt sich die Sprachgestalt bei Grass wie die typologisch reine Ausprägung des »asianischen Stils« gegenüber dem »attizistischen« aus. Gustav René Hockes Definition dieser beiden Begriffe aus der antiken Rhetorik kann geradewegs als Differentialdiagnose der Satzarchitektur bei Frisch resp. Grass gelesen werden: »Attizistisch bedeutet in der antiken Rhetorik: bündig, konzentriert, knapp, kunstvoll, wesentlich. Asianisch weist auf das extrem Gegenteilige hin, auf Übermaß, Vieldeutigkeit, gekünsteltes Beginnen mit dem Unwesentlichen und listiges, wortreiches Umzingeln des Kerns, subjektives, bewußt ›täuschendes‹ Darstellen«.[136]

Testfall II: Frisch und die Entblößtheit des Bertolt Brecht

Wenn diese Bestimmung zutrifft – und daß sie zutrifft, muß jeder Leser der beiden großen Romanciers zugeben –, drängt sich Frisch als Testfall auf. Neben den Grass-Text soll deshalb das Brecht-Porträt von Max Frisch gestellt werden. Es findet sich im »Tagebuch 1966-1971«, im Teil 1966, und zwar in der genauen Mitte einer Folge von je in sich geschlossenen kleinen Prosastücken, die den Titel trägt »Erinnerungen an Brecht«. Frisch nimmt hier aufs genaueste die Rolle ein, die oben als »Situation des Zeugen« beschrieben wurde, »der zum verbindlichen Bericht anhebt«. Um den Text richtig aufzufassen, insbesondere seinen ersten Satz, muß man wissen, daß er sich nicht, wie es im Zitat den Anschein erweckt, auf eine vorher schon einmal gegebene Beschreibung von Brechts Erscheinung bezieht. Er präzisiert nicht bereits gelieferte Informationen über dieses Gesicht, obwohl er mit »plötzlich... wieder« beginnt.

Plötzlich, bei einem nächsten Zusammentreffen, hatte er wieder das Häftlingsgesicht: die klein-runden Augen irgendwo im flachen Gesicht vogelhaft auf einem zu nackten Hals. Dabei konnte er grad sehr munter sein. Ein erschreckendes Gesicht: vielleicht abstoßend, wenn man Brecht nicht schon kannte. Die Mütze, die Joppe: wie von dem prallen Dessau entliehen; nur die Zigarre steckte authentisch. Ein Lagerinsasse mit Zigarre. Man hätte ihm ein dickes Halstuch schenken mögen. Sein Mund fast lippenlos. Er war sauber, nur unrasiert; kein Clochard: kein Villon. Nur grau. Sein Haarschnitt wirkte dann wie eine Maßnahme gegen Verlausung oder wie eine Schändung, die ihm angetan worden ist. Sein Gang: da fehlten Schultern. Sein Kopf erschien klein. Nichts von Kardinal, aber auch nichts von Arbeiter. Überhaupt sah Brecht nie wie ein Arbeiter aus, das wäre ein Mißverständnis seiner Tracht; eher so, wie Caspar Neher etwa einen Handwerker stilisieren würde, Tischler vielleicht: mit einem Kopf, daß die Römische Kirche nur in ihren Fundus hätte greifen müssen, um einen sehenswerten Kardinal zu haben. Jetzt aber, wie gesagt, war da nichts vom Kardinal, und man ging neben einem Brecht, der einen verlegen machte wie ein Beschädigter. Er klagte über nichts, im Gegenteil, er rühmte die Giehse. Wir saßen im Café Ost, das es heute nicht mehr gibt, gegenüber einem leeren Stammtisch mit studentischem Couleur-Firlefanz. Was macht einen Schauspieler aus? Man überlegte, als habe Brecht nie eine Zeile darüber geschrieben. Er hatte Zeit, Lust zu sprechen, im Gespräch war er wach und lebhaft, alles andere als ein Geschädigter, denklustig. Erst draußen auf der Straße ging er wieder wie einer, der unser Mitleid erweckt, wie ein Geschundener, die graue Schirmmütze in die Stirne gezogen. Vor allem der Hals: so nackt. Er ging geschwind, aber die Arme machten nicht mit. Die graue Farmer-Jacke: als habe man ihn aus Beständen einer Anstalt eingekleidet, und nur das Bündel von Schreibstiften, die er immer in der oberen Tasche trug, war privat, die Zigarre unerläßlich, sonst wußte er nicht, wohin mit den Händen, und schob sie dann wie etwas Entblößtes flach in die Rocktaschen.[137]

Ist das nun nicht einfaches, unverrenktes Beschreiben des Gesichts: »... die klein-runden Augen irgendwo im flachen Gesicht vogelhaft auf einem zu nackten Hals«? Es wäre es, gäbe es da nicht den merkwürdigen Auftakt: »Plötzlich, bei einem nächsten Zusammentreffen, hatte er wieder das Häftlingsgesicht«. Dieser Auftakt regiert den ganzen Text, ohne daß das mit einem Wort erläutert würde. Was in diesem knappen Satz steckt, als Information, ist provokant und irritierend. Die anschließende deskriptive Feinarbeit scheint die Aufgabe zu haben, die wortlose Information dieses ersten Satzes zu unterbauen. Das ganze, hochkonzentrierte, rhythmisch durchstrukturierte Prosastück beschreibt gemäß der Aussage dieses Auftakts nicht *das* Gesicht Brechts, sondern *ein* Gesicht, das Brecht »plötzlich« haben konnte. Es geschah dies offenbar von Zeit zu Zeit, sonst könnte es nicht heißen: »hatte er *wieder* das Häftlingsgesicht«. Diese Aussage, an der der Text wie an einem Nagel hängt, weckt eine Frage. Der Leser kann sich ihr nicht entziehen, er muß die Antwort suchen – ohne daß sie aber ihm gegeben würde, ja ohne daß er nur einen Wink bekäme, in welcher Richtung sie zu finden wäre. Diese Frage lautet: Ist das Häftlingsgesicht nun das wahre Gesicht Brechts, oder ist es eine von mehreren Masken? Die Tatsache, daß Frisch nur dieses eine Gesicht beschreibt, könnte als Indiz für die erste Möglichkeit genommen werden, wenn nicht verräterische Wendungen auftauchten wie: »nur die Zigarre steckte authentisch«. Das heißt doch wohl: außer der Zigarre und dem Winkel, in dem sie zum Gesicht steht, ist in dieser Erscheinung nichts (um die Duden-Synonyma für »authentisch« zu zitieren) »echt, zuverlässig, verbürgt, glaubwürdig«.

Bleibt der zweite Schluß: eine Maske, ein Kostüm. Brecht konnte demnach auf viele Arten verkleidet daherkommen, eine davon war die Häftlingsvariante. Das aber leuchtet auch wieder nur solange ein, als man aus dem Ganzen bloß die Elemente herausgreift, die von Natur aus zum Kostüm tendieren: Mütze, Jacke, Haarschnitt, Rasur. Darüber hätte sich in zwei Sätzen alles sagen lassen, während der Text, der alles andere als geschwätzig ist, sich doch so offenkundig schwertut, die Erscheinung genau zu fassen. Bei aller Perfektion, die Frischs Prosakultur anstrebt und erreicht, bleibt ein Widerstand spürbar. Die Mühe seines Zustandekommens hängt atmosphärisch noch an jedem Wort dieses Textes, jene Mühe, die bei Stefan Zweig so signifikant abwesend war. Um ein Kostüm mit Make-up zu beschreiben und nichts weiter, bedürfte es des großen Aufwandes nicht.

Dazu kommt noch mehr. Das Porträt enthält Elemente, die gar nicht schauspielerisch angenommen oder weggelassen werden können: »klein-runde Augen«, »flaches Gesicht«, »Mund fast lippenlos«. Auch das Nichtsynchronisierte von Körper- und Armbewegungen scheint keine gespielte Gestik zu sein – der Text bleibt hier allerdings zweideutig. Weit mehr noch fällt ins Gewicht, daß dieser »Häftling« von einer entsetzlichen Intensität der Erscheinung ist. Er läßt nicht einfach an einen Gefangenen denken, sondern er beschwört im Begleiter alle krassen Assoziationen an die Bildberichte aus den Konzentrationslagern: ein »Beschädigter«, »Geschundener«, von »Schändung« Gezeichneter, – und so sehr ist er das alles, daß man nicht nur Mitleid hat, sondern Widerwillen, den hilflosen Abscheu vor den unverhüllten Narben eines Amputierten, und daß es einem an seiner Seite in der Öffentlichkeit peinlich wird: »man ging neben einem Brecht, der einen verlegen machte wie ein Beschädigter«.

Läßt sich das wirklich spielen? Ist solche Mimikry überhaupt möglich – »negative Mimikry« müßte man sagen, denn Brecht nimmt ja offenbar eine Gegengestalt, eine Gegenfärbung zur jeweiligen Umwelt an –? Die Frage ist ebenfalls dem Text immanent, wird vom Text, der sie doch beantworten sollte, dem Leser aufgedrängt. Von ihr aus erhellt sich zum Beispiel die Funktion der eingeschobenen Szene im Café Ost. Da haben wir den gleichen Brecht im Gespräch, präsent, spontan, in jeder Hinsicht ungefiltert. Das verbietet zweifellos den Schluß auf eine verlarvte Existenz. Allerdings – und da wird Frisch selbst so verschlagen dialektisch, wie sonst nur Brecht es sein konnte – das Gespräch, in dem er allen Schein und alles Gespielte verliert, handelt vom Wesen des Schauspielers!

So heftig und bedrängend ist die Zuchthäuslererscheinung, daß sich der einfache Begriff des Kostüms verbietet. Irgendwo, das legt der Text nahe, schlagen von Gewandung und Gestik des Lagerinsassen Wurzeln durch in die Person. Und doch wäre nichts verkehrter, ja lächerlicher, als etwa die Folgerung: mitleidend mit den ungezählten Geschundenen seiner Zeit, habe Brecht deren Gestalt angenommen, in somatischer Empathie, wie es in der Mystik die Stigmata gibt aus der puren Einfühlung in ein Geliebtes. Diese Spekulation wird vom Text in der Passage widerlegt, wo von Brechts zeitweiliger Annäherung an eine Proletariergestalt die Rede ist. Der Abschnitt hebt an als bloße Eingrenzung der Häftlingserscheinung und greift dann unerwartet aus: »Nichts von Kardinal, aber auch nichts von Arbeiter. Überhaupt sah Brecht nie wie ein Arbeiter aus, das wäre ein Mißverständnis seiner Tracht; eher so, wie Caspar Neher etwa einen Handwerker stilisieren würde, Tischler vielleicht: mit einem Kopf, daß die Römische Kirche nur in ihren Fundus hätte greifen müssen, um einen sehenswerten Kardinal zu haben. Jetzt aber, wie gesagt, war da nichts vom Kardinal ...« Gibt es einen Leser, der hier nicht stolpert, über den dreifachen Kardinal stolpert, wo doch vom Arbeiterkostüm die Rede sein soll? Man meint sich verlesen zu haben. Dann glaubt man, Frisch habe sich im Schreiben verheddert. Gedankengang und Formulierung sind indessen völlig logisch. Das Stolpern zwingt zur Reflexion, genau in dem Moment des Textverlaufs, wo man sich eingespielt fühlt und alles glatt zu laufen scheint. Nur wer zu rasch liest, sieht zwischen den beiden Wendungen »nichts von Kardinal« und »einen sehenswerten Kardinal« einen Widerspruch. Denn die Aussage ist klar: Wenn Brecht das Häftlingsgesicht hatte, wirkte er nie wie ein Kardinal, während er in der stilisierten Arbeitertracht unweigerlich an einen solchen denken ließ. Man kann an der Stelle sehr schön die Differenz studieren zwischen virtuoser und perfekter Prosa. Die virtuose setzt alles auf den glatten, geölten Leseverlauf und verdeckt so ihr gedankliches Defizit. Die perfekte Prosa verzichtet bei aller Lust am Geschliffenen nie auf die Forderung nach der Gedankenarbeit des Lesers. Deshalb baut sie Brems- und Holperstellen ein, die einem das Lesevergnügen in dem Augenblick stören, wo es zum bloßen Lustgewinn zu verkommen droht. Die Stelle ist denn auch ihre Lesermühe wert. Sie überblendet nämlich für eine Sekunde drei Brecht-Köpfe: Häftling, Handwerker und Kardinal. Die letzteren zwei sind miteinander verbunden über die

Vorstellung einer entsprechenden Figurine des Bühnenbildners Caspar Neher. Aber auch in dieser imaginären Zeichnung ist die Spannung zwischen kleinbürgerlicher Schlichtheit und feudalspektakelmäßiger Repräsentation enthalten. Die fast würgende Intensität der Erscheinung eines Geschundenen verbietet alle mokanten Vorwürfe in der Richtung preziöser Schauspielerei; die behauptete Ähnlichkeit zu Figurinen Caspar Nehers wiederum unterbindet den feierlichen Respekt vor einem, der sich bis in die lebendige Haut hinein zum Bruder aller Erniedrigten und Beleidigten gemacht hätte.

Einmal mehr also arbeitet sich das literarische Porträt des modernen Autors vor bis zu einer zitternden Balance zwischen zwei gleichermaßen verneinten Möglichkeiten. Brecht wird vergegenwärtigt, wird sinnlich vor Augen gerückt, aber alles geschieht unter der paradoxen Perspektive: So, wie er war, war er keineswegs.

Wie im Grass-Text verblüfft auch hier die scheinbare Leichtigkeit, mit der alle physiognomischen Rückschlüsse vom Körpermerkmal auf das Moralische, auf den »Charakter«, vermieden werden. Was immer der Leser an solchen Erwartungen mitbringt, was er zu diagnostizieren nur allzu gerne bereit ist, wird durch die Grundregel dieses Prosastücks – *ein* Brecht sah so aus – neutralisiert. Die Überzeugung, daß das moralische Gesicht des Menschen, der Charakter, und das physiologische, das Antlitz, in einem festen Verhältnis zueinander stünden, wird von diesem Text grundsätzlich der Kritik unterzogen. Beide, Gesicht und Charakter, verwandeln sich von substantiell gegebenen zu funktionalen Größen, die veränderlich sind und von ihrerseits variierenden Determinanten abhängen. Das autonome, geschlossene, aus sich selbst bestimmte Ich, zur Erscheinung kommend in seinem unverwechselbaren Gesicht, verliert den Rang der verläßlichsten menschlichen Gegebenheit. Es wird zu einer liquiden Gestalt für sich und die andern und setzt damit alle eingespielten Regeln der Selbsterfahrung und der zwischenmenschlichen Verständigung außer Kraft. Frischs Brecht-Porträt markiert eine Grenzlinie in der Literaturgeschichte des menschlichen Gesichts, die selten in solcher Schärfe deutlich wird. Wenn man nämlich versuchsweise die Position des Zeugen und Beobachters, aus der der Text sich entwickelt, aufgibt, und die Stelle des beschriebenen Subjekts einnimmt, dann streift einen etwas von der unheimlichen Konsequenz, auf die der Text in seiner allgemeinen Bedeutung zielt.

Mein lebendiges Gesicht ist mir ein Fremdes, lautet die Erfahrung, mehr noch: ein Vielfaches. Es verschiebt sich und gestaltet sich um unter der Einwirkung von Kräften, die außerhalb meiner Reichweite liegen. Instanzen der Gesellschaft und der nichtbewußten psychischen Regionen treiben hier ein bildnerisches Spiel, das ich zur Kenntnis nehmen kann auf die Gefahr hin, die eigene Standfestigkeit zu verlieren, oder das ich leugnen kann auf die andere Gefahr einer *illusionären* Standfestigkeit hin mit den entsprechenden Konsequenzen verzerrten und verkehrten Handelns, Redens, Liebens.

Unter diesem Gesichtspunkt nun gewinnt das Motiv des Nackten, Entblößten, das Frischs Brecht-Porträts so auffällig rahmt, eine zusätzliche Bedeutung. Die Identität des Einzelnen, des autonomen Subjekts – nach dem Glauben des bürgerlichen Jahrhunderts der je schon gegebene Kern der Person, »geprägte Form, die lebend sich entwickelt« – ist hier das Ungesicherte schlechthin, das schutzlos Ausgesetzte. Es sucht immerzu seine Gehäuse und schirmenden Panzerungen, die es um der eigenen Wahrheit willen doch wieder verlassen muß. Am Ende des Porträts erscheinen die Hände Brechts in lautloser Zeichenhaftigkeit als etwas, das keinen Ort hat, für welches mit der Zigarre ein künstlicher Halt geschaffen werden muß – »die Zigarre war unerläßlich, sonst wußte er nicht, wohin mit den Händen, und schob sie dann wie etwas Entblößtes flach in die Rocktaschen«.

Diese Nacktheit gehört nicht zur »Tracht«. Sie deutet vielmehr auf einen Raum hinter allen Masken und Rollen. Er kann mit den Mitteln der Sprache nicht erfaßt werden. Nur indirekt, über Bilder und Zeichen, fällt ein diffuses Licht dorthin. Man glaubt ein hilfloses Neugeborenes zu sehen.

Fünfter Teil
Das Gesicht im Erzähltext

In den folgenden Ausführungen kann es nur um eines gehen: die *Funktion* des Porträts im Erzähltext. Das muß geklärt werden. Es ist wichtig, für jede Geschichte und jeden Roman. Nicht aber soll eine Parade erzählter Gesichter um ihrer bloßen Vielfalt willen gegeben werden. Die Klärung der Funktion im Erzähltext zeigt nämlich, daß und warum die Beschreibung des erfundenen Gesichts ein viel weniger riskantes Unterfangen ist als die Gesichtsbeschreibung aus der Position des zur Wahrheit verpflichteten Zeugen.

Die Unnötigkeit des Porträts: Don Quijote

An sich braucht es in der Erzählung die Gesichtsbeschreibung nicht. Ihr anscheinender Hauptzweck, uns, den Lesern, mitzuteilen, wie der Held und seine Freunde und seine Widersacher aussehen, ist ohne alle epischen Umstände mit zwei, drei Allerweltswörtern zu erreichen. Das berühmteste Gesicht der Weltliteratur, Don Quijote, das man so aus- und durchgearbeitet vor sich sieht, als wäre es eine mit dem feinsten Stichel geschaffene Radierung, wird von Cervantes nie anders als mit einem oder zwei kahlen Adjektiven vorgestellt. Im ersten Kapitel der Tieck-Übersetzung: »Er war von starker Konstitution, mager, von dürrem Gesichte, ein großer Frühaufsteher und Freund der Jagd«. Den Rest haben die Leser selber getan, das unübersehbare Kollektiv von Cervantes-Lesern, hoch in seinem vierten Jahrhundert bereits und unverwandt in Heiterkeit ergriffen. Diese nach- und fertigschaffende Einbildungskraft hat sich von Zeit zu Zeit verdichtet in den Arbeiten großer Maler und Zeichner – Daumier, Doré, Picasso –, und sie haben wiederum die Phantasie der Leser genährt. Heute kann keiner mehr sagen, wo er sein präzises Bild von Don Quijote her hat; man weiß nur, daß man den Ritter auf der Straße sogleich erkennen würde, auch ohne Sancho Pansa und den Hengst Rosinante.

E. T. A. Hoffmanns Warnung und Inkonsequenz

Es gibt in dieser Sache sogar ausgesprochene Warnungen, und zwar von erfahrener Seite. Nicht nur der Theoretiker Lessing, auch der Praktiker E. T. A. Hoffmann hat sich mahnend vernehmen lassen, letzterer im »Ersten Abenteuer« des »Meister Floh«: »Es tut selten gut, wenn der Autor sich unterfängt, dem geneigten Leser genau zu beschreiben, wie diese oder jene sehr schöne Person, die in seiner Geschichte vorkommt, ausgesehen, was Wuchs, Größe, Stellung, Farbe der Augen, der Haare betrifft, und scheint es dagegen viel besser, demselben ohne diesen Detailhandel die ganze Person in den Kauf zu geben.«[138]

Allerdings, unmittelbar anschließend, tut Hoffmann das genaue Gegenteil. Er setzt selber zu einem umfangreichen »Detailhandel« über Gestalt und Aussehen des »zierlichen Frauenzimmers« an und rückt damit seine feierliche poetologische Deklaration in ein etwas zwiespältiges Licht.

Offenbar sind die Funktionen des ausführlichen Porträts im fiktionalen Text nicht so eindeutig, wie man es sich zunächst denkt.

Auffällig ist nicht nur, daß Hoffmann sich an seine Warnung im gleichen Erzählaugenblick schon nicht mehr hält, auffällig ist auch, beispielsweise, die Kultur breithinwachsender Gesichtsbeschreibungen beim *Erzähler* Thomas Mann, der eine fast peinliche Zurückhaltung beim *Essayisten* Thomas Mann gegenübersteht, – obwohl dieser Essayist sonst so vokabelfreudig ist wie der Romancier. Während beispielsweise seine vielen Goethe-Studien kaum mehr als einige Hinweise über Goethes Gesicht geben, bricht im Roman »Lotte in Weimar« die Abschilderung dieses Antlitzes förmlich aus (im 8. Kapitel), über nahezu zwei Seiten hin, wie etwas lange Angestautes. Das deutet auf ungeklärte Unterschiede zwischen der narrativen und der reflektierenden Rede. Daß, umgekehrt wiederum, bei Kafka die Gesichter im Erzähltext unauffällig-konventionell, im Tagebuch aber eine literarische Innovation von Grund auf sind, ist früher schon klargemacht worden.

Das erzählte Gesicht und die Leser-Arbeit

Der Unterschied beruht zunächst einmal auf der Tatsache, daß im Erzähltext die Verantwortung vom Autor teilweise auf den Leser übergeht. Der Druck von Zeugenschaft und Wahrheitsverpflichtung, der die dokumentarische Gesichtsbeschreibung im 20. Jahrhundert zu einem so faszinierend schwierigen Unterfangen macht, wird dem Erzähler weitgehend abgenommen. Was der Autor liefert, ist eine Handvoll Determinanten. Zu diesen treten als zweite Determinantengruppe die physiognomischen Vorstellungen des jeweiligen Lesers, *sein* Katalog von erinnerten Gesichtern. Die Interaktion zwischen diesen beiden Feldern ereignet sich blitzschnell und unreflektiert im Leseakt und produziert das Phantasma eines Gesichts, das grundsätzlich nicht nur bei jedem einzelnen Leser anders ist, sondern sogar in der Erst-, Zweit- und Drittlektüre je unterschiedlich ausgestaltet wird. Für dieses Phantasma gibt es keine Prüfstelle. Es ist nicht das Abbild von etwas irgendwo tatsächlich Vorhandenem, an dem es gemessen und korrigiert werden könnte. Auch ist es keineswegs so, daß der Leser nach Möglichkeit die ursprüngliche Vorstellung des schreibenden Autors zu gewinnen hätte und daß er, wenn es ihm gelänge, darüber außertextliche Informationen aus Entwürfen, Tagebüchern usw. zu finden, diese in seine Lesetätigkeit einbeziehen müßte. Was der Autor sich beim Schreiben vorstellt und ausmalt, ist nicht, ist ganz entschieden nicht das, was vom Leser aus dem fiktionalen Text heraus wieder rekonstruiert werden muß. Einem Erzähltext gegenüber hat der Leser die gleiche kreative Autonomie des Ausphantasierens wie der Autor.

Deshalb bildet die Tatsache, daß das menschliche Gesicht grundsätzlich »unbeschreiblich« ist, daß die Mittel der Sprache nur eine ungelenke Annäherung an das gestatten, was in der Begegnung leibhaftig wirkliches Vis-à-vis ist, für den Erzähler kein Problem. Wo der Schriftsteller als Zeuge sich aufs Äußerste gefordert sieht, fühlt sich der Schriftsteller als Erzähler sehr behaglich. Was dem Zeugen nie ganz gelingen kann, gelingt dem Erzähler unter Umständen schon mit einem Wort. Wenn der Leser die Informationen des Zeugen über ein Gesicht falsch konkretisiert, hat dieser als Schreiber versagt. Die Informationen des Erzählers über ein Gesicht können höchstens unvollständig, nicht aber falsch konkretisiert werden. Das hängt mit der fundamentalen, gleichzeitig unheimlichen und großartigen Tatsache zusammen, daß ein Erzähler nicht lügen kann. Er kann moralisch verlogen sein oder logisch inkonsequent, aber lügen in dem einfachen Sinne, daß, was er sagt, nicht wahr wäre, kann er in dieser Rolle und Redeweise nicht.

Aufgabe des geschichten- und romaneschreibenden Autors ist es also nur, von Fall zu Fall jene sprachlichen Maßnahmen zu treffen, die den Leser erfahrungs- oder erwartungsgemäß dazu bringen, ein für den gegebenen Zusammenhang dienliches Menschengesicht zu imaginieren. Falls der gegebene Zusammenhang nicht mehr verlangt, als was sich mit zwei Worten sagen läßt, gilt die Regel E. T. A. Hoffmanns: die »ganze Person ohne Detailhandel in den Kauf geben«. Die sprachliche Verkürzung, die dies zur Folge hat, kann einfach bis zum Nichtssagenden sein, sie kann aber auch ans großartig Lapidare rühren. Ein schönes Beispiel ist der erwähnte Satz aus Tiecks Don-Quijote-Übersetzung. Er ist nicht ganz wörtlich übertragen; Cervantes hat zwei Sätze gemacht. Was immer auch die Philologen einwenden mögen, Tieck schafft hier einen deutschen Prosasatz von energischer poetischer Gestalt: »Er war von starker Konstitution, mager, von dürrem Gesichte, ein großer Frühaufsteher und Freund der Jagd.« In ähnlicher Prägnanz präsentiert Gottfried Keller die famose Züs Bünzlin: »Die Person selbst hatte dünne rötliche Haare und wasserblaue Augen, welche nicht ohne Reiz waren und zuweilen sanft und weise zu blicken wußten.«[139] Hier, bei Keller, sind allerdings auch schon Mehrdeutigkeiten in die Simplizität gemischt, und es flimmert um die Aussagen von allerlei Nebensinn.

Die Funktion des erzählten Gesichts in Vorausdeutung und Sympathieführung

Hoffmanns Regel, so darf man feststellen, gilt nur so lange, als der Erzählmoment nicht mehreren Funktionen gleichzeitig gerecht werden muß. Das heißt, vom Autor her gesprochen: »ohne Detailhandel« geht es nur dann ab, wenn die momentanen Strategien des Erzählens es gestatten. Die häufigsten dieser Erzählstrategien, die auf die fiktionale Gesichtsbeschreibung einwirken und Ausführlichkeit verlangen, sind Vorausdeutung und Sympathieführung. Diese beiden narrativen Verfahren berühren sich, aber sie sind nicht identisch. Die erzählerische Vorausdeutung, d. h. die spannungssteigernde Information des Lesers, daß gewisse Dinge sicher oder möglicherweise geschehen werden, kann die rein quantitative Ausdehnung der Gesichtsdeskription bedingen. Wenn von mehreren Figuren eine eingehender beschrieben wird, weiß man, daß von ihr einiges zu erwarten ist und, was für den Erzähler besonders zählt, daß auf die Mitteilungen über sie von nun an besonders geachtet werden muß. Zu einer dergestalt exponierten Person kann der Erzähler seine Bemerkungen noch so nebenhin fallen lassen, der Leser weiß, daß er sie besonders zu gewichten hat, ja daß er sie u. U. gegen die demonstrative Nonchalance des Erzählers aufwerten muß.

Aus diesem Hinweis darf man nicht schließen, daß die Helden in Novellen und Romanen jederzeit ausführlicher porträtiert würden als die Nebenfiguren. Da spielen wieder die unterschiedlichsten Zusatzregeln herein. Sehr oft und ganz auffälligerweise ist nämlich das Gegenteil der Fall. Man findet die Diener nuancierter abgeschildert als die Herren. Ja es könnte dies sogar als ein eigentümliches Erzählprinzip insbesondere im bürgerlichen Realismus nachgewiesen werden. Der Grund dafür liegt keineswegs in einem besonders ausgeprägten demokratischen Empfinden der Autoren, sondern in einem leserpsychologischen Moment. Jene Figuren, zu denen der Leser in die stärkste gefühlsmäßige Beziehung treten soll, dürfen der Identifizierung am wenigsten Hindernisse bieten. Identifizierung im Leseprozeß aber heißt: die Überlagerung einer literarischen Gestalt mit Tagtraumgestalten des Lesers. Diese Tagtraumgestalten können mehr oder minder ausgeformt vorhanden sein, sie können auch mehr oder minder bewußt sein – wesentlich ist, daß im Lauf der Lektüre der Leser ihnen begegnet als etwas Eigenem oder Verwandtem in der von fremder Hand entworfenen Landschaft. Eine Art von Déjà-vu-Erlebnis ereignet sich, muß sich ereignen, und das setzt voraus, daß die Figur nach Möglichkeit nur im Umriß entworfen worden ist, in einem Umriß, der von der nachschaffenden Imagination nach ihren eigenen Wünschen ausgefüllt und belegt werden kann. Hier stört das körperliche Detail leicht. Es ist ohnehin so, daß das einzelne Element, der einzeln benannte Teil des Gesichts im erzählenden Text von Natur aus tendenziell komisch ist. Er muß schon mit sittlich oder ästhetisch wertenden Attributen versehen sein, soll er der Figur nicht einen etwas ridikülen, im besten Falle rührenden Anstrich geben. Auch da liegt eine signifikante Differenz zum authentischen Porträt vor. Einem zeugenschaftlich verantworteten Text gegenüber spielt der ästhetische Mechanismus, nach welchem das isoliert benannte Körpermerkmal sogleich eine bestimmte Form von Gelächter auslöst, weit weniger selbsttätig. Im Körperlichen sind wir sterblich. Die Benennung des konkret Körperlichen definiert die Figur als eine sterbliche. Das ist beim authentischen Porträt so selbstverständlich, daß daraus kein Funken springt. Die erzählte Figur aber, sobald sie Schicksalsträger ist und nicht nur Begleiterscheinung, hat stets auch Idolcharakter. Sofern sie Idol ist, Verkörperlichung einer psychischen Urform, der zu begegnen einiges in uns immerzu sich sehnt, ist sie unsterblich, soll, muß sie unsterblich sein. Selbst ihr Tod im Erzählablauf ändert daran nichts. Wir reden von ihr ja nicht zufällig auf alle Zeit im Präsens. Bei dieser geisterhaften Belebung des Eigenen im Fremden kann das krude Einzelne der Leiblichkeit nicht nur störend wirken, es vermag sogar die seltsame Chemie zum Stillstand zu bringen. Wenn man ganz ausgeprägte Beispiele für solche Differenz in der Ausschilderung der Diener und der Herren, der Niedrigen und der Hohen, der Verachteten und der Verehrten sucht, findet man sie unweigerlich bei C. F. Meyer. Das geht dort bis zum Naiven, wie ja dieser Autor überhaupt ästhetische Naivität und ästhetische Verfeinerung auf unwahrscheinliche Art verbindet. In der Novelle »Die Richterin« wird die Hauptfigur eingeführt in der Konfrontation mit einem Vertreter der niedrigsten Gesellschaftsgruppe. Man vergleiche den Beschreibungsaufwand beim »Lombarden« im ersten und bei der »Richterin« im zweiten der folgenden Texte.

In der niedern Wölbung (des Tores) stand kein junger Held, aber lauernd drückte sich dort ein armseliger Pickelhering.

Das Mädchen brach in ein enttäuschtes Gelächter aus und trat beherzt der Fratze entgegen. Es war ein Lombarde, das erriet sie aus den ziegelroten Nesteln seiner schmutzig-gelben Strümpfe. In die schreiendsten Farben gekleidet, wie sie Armut und Zufall zusammenwürfeln, trug der Kleine einen langausgedrehten pechschwarzen Spitzbart, der mit den gezackten Brauen und dem verzerrten Gesichte eine possierliche Maske schuf.[140]

Der so detailreich eingeführt wird, Rachis ist sein Name, übt in der Handlung nur eine bescheidene Nebenfunktion aus. Die Hauptgestalt des Werks aber tritt kurz darauf folgendermaßen in die Szenerie:

»Ein glaubhafter Schwur!« sprach eine weibliche Stimme. Rachis wendete sich erschrocken und bog das Knie vor einer behelmten Frau mit strengen Zügen, die den Speer, den sie in der Hand getragen, einem bewaffneten Knechte reichte.[141]

Daß von solchen Differenzen aus die Bestimmung der ideologischen Überzeugungen, die eine Erzählung unausgesprochen transportiert, besonders präzise geführt werden kann, ist leicht einzusehen. Damit in Zusammenhang steht auch die Gegebenheit, daß eine entsprechende Unterschiedlichkeit im Porträt, wie sie sich bei Herren und Dienern, Hohen und Niedrigen zeigt, auch zwischen dem Guten und dem Bösen festzustellen ist. Schurken haben in der Regel nuancenfreudig ausgeschilderte Gesichter. Wo für den guten Menschen das blaue Auge hinreicht, erfordert der schlechte einiges an Gräben und Wülsten, Krümmungen, Hohlformen und Asymmetrien. Meyers Lombarde kann auch dafür als Beispiel dienen.

Damit ist schon teilweise zur Sprache gekommen, wie sich in der Gesichtsbeschreibung die zwei Erzählstrategien der Vorausdeutung und der Sympathieführung gelegentlich durchdringen. Es gehört zu den Vertracktheiten des Spiels zwischen Erzähler und Leser, daß dieser in der Meinung gehalten sein will, er nehme eine Geschichte unbestechlich zur Kenntnis und bilde sich im Verlauf des Lesens sein Urteil über die Figuren und deren Treiben, daß aber andererseits der Leser diese Empfindungen des gerechten Beurteilens nur gewinnen und genießen kann, wenn ihm der Autor die Gefühle kräftig vorspurt. Das heißt in der Mehrzahl aller Fälle nichts anderes, als daß mit der Präsentation, im ersten Porträt schon, ein ziemlich unverblümtes Sympathie- oder Antipathiemuster geliefert wird, über welches der Leser dann Taten und Leiden der Figur verfolgt und beurteilt und begrüßt und betrauert, – so voreingenommen, wie man es nur sein kann, wenn man nicht weiß, daß man es ist.

In diesem Vorgang von Sympathieaufbau und Sympathieführung spielen nun jene Prinzipien eine entscheidende Rolle, die in der Untersuchung der nichtfiktiven literarischen Porträts zutage getreten sind. Da es nicht möglich ist, ein Gesicht ohne sittlichwertenden Einschlag zu beschreiben, wird der sittlich-wertende Einschlag vom Leser kaum mehr als solcher, als im Grunde fremde Zutat, erkannt. Da man es nicht anders sagen kann, wächst dem Parteilichen der Anschein des Unvoreingenommenen zu, und der Leser schluckt fröhlich, was er, würde es ihm klar gemacht, sehr wohl als Gängelung von sich weisen möchte.

Eine der berühmtesten Figuren des literarischen 20. Jahrhunderts, Gustav Aschenbach, wird der Leserschaft in einer Weise veranschaulicht, die für die Technik der Vorausdeutung und der Sympathieführung ebenso exemplarisch ist wie für die Kunstfertigkeit der Schriftsteller, diese Praktiken zu verschleiern. Man muß bei dem Bildnis beachten, wie betont es sich längere Zeit im steckbriefhaft Sachlichen hält. Es setzt kühl informierend ein, hält diese Redeweise zweieinhalb Sätze lang durch und gleitet dann unmerklich über ins emotional Beteiligte. Schon im sechsten Satz ist dann eine massive Verklärung des Helden zu einem christusähnlich Leidenden möglich. Die Wendung: »... dies meist leidend seitwärts geneigte Haupt« zitiert unüberhörbar die Passionsgeschichte. Dies ist die Art und Weise, wie Erzählzukunft geschaffen wird: Man weiß nun, daß eine Passion zu erwarten ist und daß der Held, was immer geschehen mag, grundsätzlich Verehrung verdient, so wie ja auch, von der Beschreibung der Stirn an, kein Zweifel gelassen wird, daß es sich um einen durchaus ins Erhabene ragenden Menschen handelt, einen »Großen« und »Edlen« ganz und gar, mit jenen Stellen von Schwäche und Weichheit, die ihn uns, den Gewöhnlichen, einfühlbar und liebenswert machen (was ein Moment der Sympathieführung ist), die aber gleichzeitig dem Schicksal einen Ansatzpunkt bieten (und dies ist ein Moment der Vorausdeutung). Das läßt sich alles Wort für Wort dem Text ablesen:

Gustav von Aschenbach war etwas unter Mittelgröße, brünett, rasiert. Sein Kopf erschien ein wenig zu groß im Verhältnis zu der fast zierlichen Gestalt. Sein rückwärts gebürstetes Haar, am Scheitel gelichtet, an den Schläfen sehr voll und stark ergraut, umrahmte eine hohe, zerklüftete und gleichsam narbige Stirn. Der Bügel einer Goldbrille mit randlosen Gläsern schnitt in die Wurzel der gedrungenen, edel gebogenen Nase ein. Der Mund war groß, oft schlaff, oft plötzlich schmal und gespannt; die Wangenpartie mager und gefurcht, das wohlausgebildete Kinn weich gespalten. Bedeutende Schicksale schienen über dies meist leidend seitwärts geneigte Haupt hinweggegangen zu sein, und doch war die Kunst es gewesen, die hier jene physiognomische Durchbildung übernommen hatte, welche sonst das Werk eines schweren, bewegten Lebens ist. Hinter dieser Stirn waren die blitzenden Repliken des Gesprächs zwischen Voltaire und dem Könige über den Krieg geboren; diese Augen, müde und tief durch die Gläser blikkend, hatten das blutige Inferno der Lazarette des Siebenjährigen Krieges gesehen.[142]

Es ist staunenswert, wie hier die entschiedenste Parteinahme, das unverstellte Gefühlsdiktat an den Leser, zusammengeht mit einer an Flaubert geschulten Schau von außen. Während das durchgezogene Nebeneinander von aktiven und passiven Elementen im Gesicht – »wohlausgebildet«, aber »weich gespalten« das Kinn; die Nase »gedrungen, edel gebogen«, aber der goldene Bügel schneidet ihr »in die Wurzel« – dem Leser nahelegt, er sei der Schiedsrichter, der bei gleicherweise gehäuften Argumenten und Gegenargumenten zu entscheiden habe, wird doch kein einziger Anhaltspunkt gegeben, von dem aus die Heroisierung in Zweifel gezogen werden könnte. Der emphatische Parallelismus: »diese Stirn« – »diese Augen« besiegelt die monumentalen Dimensionen der Gestalt. Gleichzeitig wird der Leser dadurch endgültig verpflichtet, im Künstler nicht nur den Produzierenden, sondern weit mehr noch den beispielhaft Leidenden zu sehen – den einzigen authentischen Märtyrer der bürgerlichen Gesellschaft, den säkularisierten Heiligen, dessen Vita der Schicksalskurve mythischer Geschundener und Gekreuzigter folgt.

Das Gesicht in der Figurenperspektive: Simplizissimus und Sandmann

Dieser Sicht auf den Helden kann man sich um so weniger entziehen, als es nicht eine andere Figur oder ein fiktiver Erzähler ist, der das Porträt liefert, sondern der Autor selbst, die oberste und letzte Instanz im novellistischen Raum, jene raunende Zunge, die, nach der Königsregel des Geschichtenerzählens, nicht lügen kann und gegen die keine Appellationsmöglichkeit besteht. Damit ist nun aber eine weitere Differenz zwischen dem fiktionalen und dem authentischen Porträt zur Sprache gebracht. Die Gesichtsbeschreibung im Erzähltext variiert mächtig je nach der Perspektive, in der sie steht. Daß das erzählte Gesicht als von einer ihrerseits erzählten Figur gesehen und gedeutet erscheint, ist ein altehrwürdiges Verfahren. Dazu gehört unweigerlich, daß das Porträt sowohl den Abgebildeten wie den Betrachter charakterisiert und daß der Leser vor die Aufgabe gestellt wird, die Wahrheit über den Porträtierten herauszufinden, indem er alle Verzerrungen, die sich aus der einseitigen Optik des Betrachters ergeben, rückgängig macht. Diese Aufgabe kann äußerst spannend sein, insbesondere deshalb, weil das Bildnis aus der Perspektive einer andern erzählten Figur auch über diese neue Informationen bringt, so daß notwendigerweise ein ungelöster Rest bestehen bleibt. Schematisch gesprochen: Das erzählte Gesicht ist abhängig von der Verläßlichkeit jener Figur, aus deren Blickwinkel es gesehen wird; die Verläßlichkeit dieser Figur aber läßt sich ihrerseits erst aus der Wahrheitstreue bestimmen, mit der sie das Gesicht vermittelt. Schon Grimmelshausen wußte aus dieser Erzählsituation kostbare Momente zu gewinnen. Als der kleine Simplizissimus in den Wald flüchtet, begegnet er dort dem Einsiedler, der, in charakteristischer Perspektivenüberlagerung, so abgebildet wird:

Da wurde ich eines grossen Mannes gewahr / in langen schwartzgrauen Haaren / die ihm gantz verworren auff den Achseln herumb lagen / er hatte einen wilden Bart / fast formirt wie ein Schweitzer-Käß / sein Angesicht war zwar bleich-gelb und mager / aber doch zimlich lieblich / und sein langer Rock mit mehr als 1000. Stückern / von allerhand Tuch überflickt und auffeinander gesetzt / umb Hals und Leib hatte er ein schwere eiserne Ketten gewunden wie S. Wilhemus, und sahe sonst in meinen Augen so scheußlich und förchterlich auß / daß ich anfienge zu zittern / wie ein nasser Hund / was aber meine Angst mehret / war / daß er ein Crucifix ungefähr 6 Schuh lang / an seine Brust druckte / und weil ich ihn nicht kennete / konte ich nichts anders ersinnen / als dieser alte Greiß müßte ohn Zweiffel der Wolff seyn / davon mir mein Knan kurtz zuvor gesagt hatte.[143]

Die Struktur ist hier noch ganz klar. Was sich der Optik des Kindes verdankt, ist ohne Schwierigkeiten abzuheben von dem, was für den Leser verbindliche Wirklichkeit sein soll. Das große Kruzifix, das den Mann als heiligen Anachoreten kenntlich macht, ermöglicht jene indirekte Information über den Knaben, die zu den Hauptfunktionen der Perspektivenüberlagerung gehört. Das Kind zeigt sich in dramatischer Weise als ahnungslos den einfachsten Dingen der Religion gegenüber. Sein »Naturzustand« im alten, vorrousseauischen Sinne wird hier bildhaft definiert. Ungeschult in den ersten und letzten Dingen des Lebens, bleibt einer nicht nur von den Pfaden der Erlösung ausgesperrt, sondern wird auch noch terrorisiert, in animalischen Schrecken versetzt durch das, was für den Gelehrten und Geschulten die Bannung aller Ängste bedeutet. Wo sich die Gefahr einer Perspektivenverschmelzung ergibt und damit einer für den Leser unentscheidbaren Situation, wird der

Text sogar übervorsichtig. »In meinen Augen«, betont er, habe der Einsiedler »scheußlich und förchterlich« ausgesehen. Trotzdem bleibt gerade an diesem Punkt eine Spur von Ungelöstem zurück. Auch wenn man als Leser keine Zweifel hegt, daß der Mann im Walde fromm und gütig ist und nichts weiter, muß man doch mit der Möglichkeit rechnen, daß er selbst für einen gefestigten Christen schaudervoll anzusehen sein könnte. Eine eigentliche Verunsicherung entspringt daraus aber nicht. Das Entscheidende ist eindeutig. Der Schreck des Kindes weist, als Moment der Vorausdeutung, auf den dringlich anstehenden Bildungsprozeß hin, der nun beginnen wird. Und die eingebaute Aussage, daß das Gesicht »doch zimlich lieblich« sei, setzt die Sympathie des Lesers auf einem hohen Niveau fest.

Zu solcher Durchsichtigkeit des Perspektivenbaus die grundtypische Gegenform gibt das Gesicht in der phantastischen Literatur ab, obwohl es sich äußerlich um eine Realistik nicht minder detailfreudiger Art bemüht. Während im Grimmelshausen-Text alles darauf abzielt, die Überblendung unterschiedlicher Sehweisen in ihrem Vollzug auch schon wieder zu trennen und dem Leser die beiden Deutungen des einen Antlitzes als kunstvoll verknüpfte Doppelinformation zu überantworten, geschieht in der Beschreibung des Advokaten Coppelius in E. T. A. Hoffmanns »Sandmann« das genau Gegensätzliche. Die Rahmensituation ist in mancher Hinsicht ähnlich. Auch hier begegnet ein Kind einem mächtigen Erwachsenen, der Gewalt und Wissen besitzt. Wie der Einsiedler ist Coppelius ein Eingeweihter, mindestens insofern, als sein Denken und Treiben dem Knaben grundsätzlich nicht einsichtig sind und deshalb schrecklich, ja terrorisierend wirken. Was dort Kette und Kruzifix des Einsiedlers, sind hier die unbegriffenen Praktiken des alchimistischen Experiments. Während aber jener Anachoret als Heiliger und der erschreckte Simplizissimus als Einfältiger feststehen, ist es in Hoffmanns Coppelius-Porträt unmöglich, die Perspektive des Kindes von einer »Wirklichkeit« abzuziehen, über die sich Autor und Leser, hinter dem Rücken des Kleinen und quasi augenzwinkernd, verständigten. Weit mehr und länger als im »Simplizissimus« nimmt man hier die Beschreibung als verbindliche Nachricht. Ja, erst ein Nachdenken, das die vielen sensationellen Effekte der Erzählung willentlich neutralisiert und sich den Fragen stellt, die dahinter und daneben ganz leise ausgesprochen werden, kann dazu gelangen, das Gesicht zuletzt sogar umzudeuten, umzulesen, die satanische Fratze versuchsweise in das Antlitz eines ehrwürdig-unheimlichen Seelenführers zu verwandeln. Eine Entscheidung allerdings ist nicht möglich. Je tiefer die Reflexion in das Werk eindringt, um so bewegter wird das Gesicht des Coppelius. Die radikal negative Zeichnung erscheint immer ungesicherter, ohne daß man doch je einen Anhaltspunkt fände, der hinter dem manifesten Scheusal einen latenten Freund hervorziehen ließe.

Aber die gräßlichste Gestalt hätte mir nicht tieferes Entsetzen erregen können als eben dieser Coppelius. – Denke Dir einen großen breitschultrigen Mann mit einem unförmlich dicken Kopf, erdgelbem Gesicht, buschigten grauen Augenbrauen, unter denen ein Paar grünliche Katzenaugen stechend hervorfunkeln, großer, starker über die Oberlippe gezogener Nase. Das schiefe Maul verzieht sich oft zum hämischen Lachen; dann werden auf den Backen ein paar dunkelrote Flecke sichtbar und ein seltsam zischender Ton fährt durch die zusammengekniffenen Zähne. Coppelius erschien immer in einem altmodisch zugeschnittenen aschgrauen Rocke, ebensolcher Weste und gleichen Beinkleidern, aber dazu schwarze Strümpfe und Schuhe mit kleinen Steinschnallen. Die kleine Perücke reichte kaum bis über den Kopfwirbel heraus, die Kleblocken standen hoch über den großen roten Ohren und ein breiter verschlossener Haarbeutel starrte von dem Nacken weg, so daß man die silberne Schnalle sah, die die gefältelte Halsbinde schloß. Die ganze Figur war überhaupt widrig und abscheulich; aber vor allem waren uns Kindern seine großen knotigen, haarigten Fäuste zuwider, so daß wir, was er damit berührte, nicht mehr mochten.[144]

Es ist offensichtlich: Wenn die Stelle aus dem Funktionsgeflecht des Erzählganzen gelöst und für sich allein angeschaut wird, nimmt sie sich ganz eindeutig aus, übereindeutig bis zum Tendenziösen. Kein noch so winziges Signal gestattet einen Zweifel. Wohl ist das der Blick von unten, vom Kind her, aber der das berichtet, ist erwachsen und hält doch ungebrochen an der alten Deutung fest. Die Beschreibung, die er liefert, ist teilweise im Präsens geführt. Erst in Kleidung und Perücke wird der einstige Coppelius vorgestellt. Dies bestätigt und befestigt das Zusammenfallen der damaligen und der jetzigen Sicht. Der Aufwand, der mit der Beschreibung der Perücke getrieben wird, steht im Dienst einer indirekten Beweisführung. Wenn eine Einzelheit so skrupelhaft genau geschildert werden kann, muß auch das andere – »stechende Augen«, »hämisches Lachen«, »schiefes Maul« – unbestechlich berichtet sein.

Der mögliche Gegensinn von Coppelius' Gesicht wird von der Beschreibung also mit keinem noch so winzigen Zeichen signalisiert. Dazu muß hier etwas weiter ausgeholt werden. Die romantische Relativierung des Gesichts, die sich hier abzeichnet, ist nämlich zu wichtig, insbesondere in ihrem Vorweis auf die Moderne, als daß es bei einer bloßen Feststellung sein Bewenden haben dürfte. Für das spontan naive Lesen ist und bleibt Coppelius ein Unhold, der einen guten Menschen ins Verderben treibt. Ein schärferes Beobachten, zusammen mit der Kenntnis von Hoffmanns übrigen Werken, läßt die Novelle jedoch als Tragödie eines gescheiterten Erlösungs- und Selbstfindungsprozesses erscheinen, als die tödlich mißglückende Emanzipation eines Begabten und Beseelten aus der erstickenden Philistrosität des deutschen Biedermeiers. *Weil* der Prozeß scheitert, bleibt dessen Initiant, Coppelius, eine negative Gestalt. Ohne ihn wäre es nicht zum gräßlichen Ende gekommen; ergo ist er der Diabolus, das verkörperte Teuflische. Aus andern Werken Hoffmanns aber wissen wir, daß sich Figuren von gleicher Unheimlichkeit und Strenge zuletzt als große Seelen- und Lebensmeister entdecken: immer dann, wenn der Prozeß des Ausbruchs aus dem ideologischen und ökonomischen Käfig deutscher Kleinbürgerei, den sie im Helden auslösen, glückt. Sobald man mit diesem Wissen und einem entsprechenden Verdacht an die Sandmann-Novelle herantritt, stößt man auf Anzeichen, die auch da für die Vermutung sprechen. Das kann hier im einzelnen nicht referiert werden. Entscheidend ist, daß eine solche Hypothese begründet ist und daß sie als solche schon diesem Gesicht die Eindeutigkeit nimmt. Das Porträt wird nicht einfach falsch, es gerät vielmehr zu einem Bildnis, das *möglicherweise* ganz anders anzuschauen ist. Die physiologischen Fakten stehen nicht zur Diskussion: der »unförmlich dicke Kopf« und das »erdgelbe Gesicht« bleiben so oder anders, was sie sind. Nicht aber bleiben sie so oder anders, was sie bedeuten. In der Optik des armen Helden und des naiven Lesers belegen sie kurzerhand als körperliche Scheußlichkeiten die moralische. Einer gegenläufigen Deutung aber zeigen sie sich als die zwangsläufige Mißbildung, in welcher das Richtige in einer falschen Welt erscheint, die keine Ahnung von der eigenen Schiefheit, Verkümmerung und Verwachsenheit hat. Da der vorsichtig mißtrauische Modus des Verstehens bei dieser Novelle nie zur eindeutigen Gegenauslegung gelangen kann, sondern zuletzt zur Unentscheidbarkeit als dem eigentlichen Ergebnis führt, wird auch das Gesicht, konkreter: der Text, der den Coppelius porträtiert, zu einer Sache, deren Hauptinformation der Zweifel ist. Wenn so entschlossen und selbstgewiß Berichtetes wie diese Coppelius-Visage auch völlig anders betrachtet werden könnte, möglicherweise anders gesehen und gedeutet werden *muß*, dann zielt dieser Text in seiner tiefsten Tendenz auf etwas, das erst die moderne Literatur ganz offen thematisiert: das Gesicht als variable Konstruktion, als ein Produkt aus gesellschaftlichen und individual-psychologischen Projektionen, die von jedermann für das unmittelbar und naturhaft Gegebene genommen werden. Was dem späteren C. F. Meyer nicht mehr (und noch nicht wieder) möglich ist, gelingt dem radikalen Romantiker Hoffmann auf eine im deutschen Sprachbereich seiner Zeit singuläre Weise: das Gesicht zur Erfahrung zu bringen als ein Gebild von Menschenhand – den Ort, den noch keiner gesehen hat, wie er »an sich« ist.

Das Gesicht im modernen Erzählen des Erzählens

Mehr als eine ausführliche Anmerkung kann zum Gesicht im Erzähltext im Rahmen dieser Studie nicht gegeben werden. Der Grund ist deutlich genug. Die Wechselwirkungen zwischen Beschauer/Beschreiber und Porträt sind im novellistischen Text dermaßen komplex, vexierend und alle Verläßlichkeit relativierend, daß die gründliche Untersuchung des einzelnen Textes sehr rasch vom Bildnis weg in die Werkanalyse und damit in eine nur noch monographisch zu bewältigende Breite führt. Deshalb kann es auch in den folgenden Ausführungen zu einem exemplarisch modernen Text um nicht mehr gehen als um den Nachweis einer weiteren Funktion, die maßgeblich ist für ein breites Feld von literarischen Arbeiten.

Vom Erzähler E. T. A. Hoffmann laufen mehrfache Linien über ein Jahrhundert hinweg zu den modernen Autoren. Zu ihnen gehört die Kultur des Nachdenkens über das Erzählen während des Erzählens, des Redens über die poetische Arbeit in deren Vollzug selbst. Nicht selten legt Hoffmann von einer Szene verschiedene

Varianten vor und diskutiert mit dem Leser, welche wohl die geeignetste sein möchte. Damit entdeckt und definiert sich die berichtete Welt als eine konstruierte. Das Erzählen wird von einem Medium, das gesicherte Wirklichkeit vermittelt, zu einer Tätigkeit, in der eingestandenermaßen etwas aufgebaut und angefertigt wird. Was so bei Hoffmann begonnen hat, insbesondere in den großen Spätwerken »Meister Floh« und »Prinzessin Brambilla«, behutsam noch, als eine dichterische Aktion, die erst ein leises Schüttern in den metaphysischen Fundamenten der erzählten Welt auslöst, das kann im modernen Erzählen zur großen Konstitutionsregel werden. Da schimmert dann die Tätigkeit des Erzählers nicht nur da und dort in der erzählten Szenerie auf, sondern sie ist ebensosehr durchgezogener Gegenstand des Berichts wie die Geschichte/Fabel/Story selbst. Man pflegt solches ein »Spiel« zu nennen, dort ein romantisches, hier ein avantgardistisches, und unterstellt damit, daß die betreffenden Autoren eines Tages schon wieder zum »richtigen Erzählen« zurückkehren würden. In Wahrheit aber bewegt dieses angebliche Spiel meist der höhere »Ernst« als die richtig und tüchtig erzählten Schicksalsläufe nach vertrauten Mustern. Das »solide Erzählen«, wie es eine zwischen Treuherzigkeit und Arroganz schwebende Kritik und eine mit den »berechtigten Wünschen unserer Leser« vertraute Verlegerschaft fordern und fördern, ist in Wahrheit dem mechanistischen »Spiel« näher, als es selbst je zugeben würde. Denn es operiert mit längst ausprobierten Erzählmustern und gewinnt seine Effekte allein über das ungewohnte Zusammensetzen gewohnter Teile.

Welche Funktion hat nun das erzählte Gesicht in einem literarischen Unternehmen, das von sich selbst im gleichen Maße handelt wie von andern Dingen – das also, um Berühmtes als Gegenbeispiel heranzuziehen, nicht erst *anschließend* an einen »Doktor Faustus« noch die »Entstehung des Doktor Faustus« nachliefert, sondern von Anfang an seine eigene Entstehung so innig zum Thema hat wie die Schicksale seiner Helden?

In Max Frischs Roman »Mein Name sei Gantenbein« findet sich ein Doppelporträt, durchgeführt in furioser Deskriptionslust, gestreckten Erzähllaufs, mit prasselnden Details, ohne jegliches Zögern im Hin und Her zwischen den Gesichtern und Charakteren, ein Doppelporträt, das sich über anderthalb Seiten erstreckt und das doch, bei genauem Zusehen, einen einzigen syntaktischen Bogen zieht.

Einmal angenommen, Svoboda sehe ungefähr so aus, wie ich mir vorstelle: – ein baumlanger Böhme, breitschultrig, rundschultrig, etwas zu baumlang für die grazile Lila, finde ich, selbst auf ihren höchsten Absätzen reicht sie ihm gerade bis zur Schulter, und wenn sie barfuß ist, erscheinen sie als Paar fast ungehörig, ein schwerer Mann, dabei unfett und keineswegs schwerfällig, sportlich, ein Mann übrigens, den man sofort als blond bezeichnen würde, obwohl er eigentlich eine vollkommene Glatze hat, die aber nicht als Haarausfall erscheint, sondern zu seinem männlichen Gesicht gehört wie Kinn und Stirn, ein guter Kopf, ein Kopf, der auch einem Russen gehören könnte, ein harter Kopf, ein Kugel-Kopf, ein eigentümlicher Kopf, aber er tritt ungern vor den Spiegel, denn er versteht nicht, was die Frauen an ihm finden, Svoboda im Smoking ist ergreifend, das weiß er, dabei ein guter Tänzer, ein Mann, der meistens schwitzt und nie friert, trinkfest, dabei nicht laut, außer wenn er einen dreistündigen Koller hat, sonst eher wortkarg, Pfeifenraucher, ruhig und ein angenehmer Lacher in Gesellschaft, brillenlos, sicherlich ist er ein famoser Koch, Melancholiker, ein Bär, schwer, aber beweglich, linkisch nur aus dem Bedürfnis (insbesondere in Gegenwart von Lila) seine Kraft nicht zu zeigen. Lila hat Angst vor ihm, obschon er sie noch nie geschlagen hat... Einmal angenommen, Svoboda sehe so aus, dann läßt sich erraten, wie er sich seinerseits diesen Enderlin vorstellt: – ein schlanker und zierlicher Intellektueller, nicht gerade hühnerbrüstig, aber zierlich. Kein Bär. Eher ein Vogel. Kein Böhme. Eher ein spanischer oder französischer Typ, allenfalls Italiener, jedenfalls schwarzhaarig (was nicht stimmt) mit einer zierlichen Habichtnase (was ebenfalls nicht stimmt) unter einer klassisch-rechteckig-niedrigen Stirn, wie man sie bei Mittelmeervölkern eben findet. Der Name klingt zwar alemannisch, aber davon läßt Svoboda sich nicht einen Augenblick lang täuschen; er kennt ihren Typ. Kein Kugel-Kopf. Er versteht. Ein schmaler Kopf mit einem immer wieder erstaunlichen Wissen auf allen Gebieten, somit unterhaltsam. Vielleicht hat er einen homosexuellen Zug, so daß Svoboda ihn auf der Straße nie erraten würde, vielleicht einen Hund. Kein Geck, aber gepflegt; sicherlich hat er nie schwarze Fingernägel. Auch keine Sommersprossen. Schwarzhaarig, ein Typ, der nie eine Glatze bekommen wird, das steht fest. Unsportlich, dafür geistreich. Es kann sein, daß er die Frauen anzieht, gerade weil er eine gewisse Mühe hat. Das kann durchaus sein. Aber es muß nicht sein. Jedenfalls ist er ein Intellektueller. Hochbewußt. Arm in Arm mit Lila hat er einen jungenhaften Gang, Baskenmütze. Jedenfalls ist er jünger, das steht fest, und gebildeter als Svoboda. Kein Koch. Und ratlos, wenn eine Steckdose kaputt ist; kein Handwerker. Lila hat keine Angst vor ihm. Sicherlich liest er sieben Sprachen, angefangen mit Griechisch. Im Badeanzug ist er bleich wie Wachs, jedoch nicht unmännlich und schwarzhaarig jedenfalls. Und witzig in jeder Lebenslage. Kein Geschichtenerzähler, aber witzig. Im Bett benimmt er sich wie in einem französischen Film. Politisch? Wahrscheinlich halblinks. Wenn Lila ihm seine Corbusier-Brille abnimmt, ein eher weiches Gesicht, aber mager. Kein Trinker. Kein Koloß. Nicht schwächlich; er trägt ihren Koffer, ohne größer zu sein als sie. Kein Tänzer. Was Lila fasziniert, weiß sie natürlich selbst nicht – es war ungehörig zu fragen... Einfach der Typ. Das Unböhmische. Das mußte einmal kommen. Das Schwarzhaarige. Das Romantische. Ein Torero, schlank und großäugig, ein Typ, den Svoboda seit eh und je, wenn auch bisher nur im Spaß, für die Gefahr gehalten hat, schwarzhaarig nicht nur auf dem Kopf, sondern auch an den Beinen –

Ich werde Svoboda enttäuschen![145]

Das ganze lange Prosastück, eine eigenständige Etüde geradezu, ist in den Rahmen einer einzigen Aussage gefaßt: »Angenommen, Svoboda sehe ungefähr so aus, wie ich mir vorstelle – – – dann läßt sich erraten, wie er sich seinerseits diesen Enderlin vorstellt – – – aber ich werde Svoboda enttäuschen.« Die Logik, die dergestalt das Doppelporträt strukturiert, ist nicht ohne weiteres durchsichtig, auch wenn man weiß, daß dieser Svoboda ein Gatte ist, der von einem Verhältnis seiner Frau mit einem Mann namens Enderlin erfahren hat. Das »Ich« des Textes ist der Autor in seiner Rolle als Romanschreiber, als eingestandener Erfinder des Gatten Svoboda, welcher an den Nebenbuhler Enderlin denkt. Was nun an der erwähnten Logik des Ganzen irritiert, ist die Tatsache, daß beide Gestalten, Svoboda wie Enderlin, gleich präzis geschildert werden, daß sie als demonstrative Pendants gesetzt sind, mit zahlreichen Parallelen und Umkehrungen und motivischen Echos, obwohl sie doch wesentlich nicht der gleichen Wirklichkeitsebene angehören. Svoboda ist eine Vorstellung des Autors; Enderlin ist eine Vorstellung Svobodas. Deshalb kann der Autor diesem gelegentlich dreinreden – »was nicht stimmt« – und zuletzt einen Enderlin ankündigen, der sich ganz und gar nicht mit Svobodas Entwurf decken wird. Das heißt, als Gebilde des erfindenden Erzählers ist Svoboda so wirklich und wahr wie die der Kategorie der Lüge grundsätzlich entzogene literarische Fiktion es eben ist. Enderlin dagegen, als Gebilde des phantasierenden Svoboda, kann grundsätzlich an der vom Autor gesetzten Erzählwirklichkeit überprüft werden. Svobodas Phantasie vom Aussehen seines Nebenbuhlers ist in dem Moment falsch, als der Autor kraft seiner Machtvollkommenheit diesen Enderlin mit einem anderen Aussehen in die Romanwirklichkeit hineinmarschieren läßt.

Das Rätsel, das der Text als Ganzes aufgibt, besteht nun in folgendem. Angesichts der fundamentalen Differenz in der Wirklichkeitsstruktur – leibhaftiger Mensch (Svoboda) vs. dessen Phantasma (Enderlin) – wäre zu erwarten, daß der leibhaftige so erscheint, wie man in der Literatur einem Individuum zu begegnen gewohnt ist, mit allen Zügen des Einmaligen also, der phantasierte aber mit den gegensätzlichen Merkmalen des Aufgebauten, zusammengesetzt aus Vorurteilen, Denkschemata und projizierten Stereotypen. Die Vorstellung, die sich Svoboda von seinem Nebenbuhler macht, wäre so für ihn selbst aussagekräftig; er denkt, würde man daraus schließen, entweder klischeehaft oder aber nuanciert; er ist ein guter oder schlechter Psychologe; er schätzt seine Frau, indem er ihr diesen Liebhaber zudenkt, höher oder weniger hoch ein. Diese Lesererwartung löst der Text nun aber gerade nicht ein. Beide, der wirkliche Svoboda und der unwirkliche Enderlin, weisen genau die gleiche Mischung von Schematik und Nuanciertheit auf. Beide stammen deutlich aus dem Arsenal vorgefertigter Denkbilder, wie sie bei unkritischen Leuten über die Bewohner anderer Länder und Weltgegenden im Umlauf sind. Beide sind sie gleicherweise gebildet nach den bekannten Grundmustern aus Ernst Kretschmers Typenlehre: Enderlin ist so paradigmatisch der Leptosome, wie Svoboda der athletische Pykniker ist, und beide besitzen schulbuchmäßig die entsprechenden Charakterzüge.

Nun gibt es in Svobodas Phantasie aber Elemente, die dort logischerweise nicht vorkommen dürften. Die Wendung »Kein Kugel-Kopf« in seiner Enderlin-Vorstellung bezieht sich auf die Beschreibung, die der Autor von ihm, Svoboda, gegeben hat: »ein guter Kopf, ein harter Kopf, ein Kugel-Kopf«. Diese Beschreibung kann Svoboda nicht kennen, oder besser: wenn er sie kennte, müßte er sich seiner selbst als einer literarischen Figur bewußt sein.

Dieses Rätsel wird zweifellos durch den Auftakt des ganzen Passus insofern eingeschränkt, als dort der Autor Svoboda offen als seine Vorstellung präsentiert, die auch anders aussehen könnte. Genau von daher aber müßte eine deutlichere Differenz der beiden Porträts entsprechend ihrer unterschiedlichen Wirklichkeitsstruktur erwartet werden. Denn wenn Svoboda, der ja offenbar die Realität Enderlins verfehlt, als Menschenbildner das gleiche Verfahren und den gleichen Nuanciertheitsgrad hat wie der Autor, muß man zuletzt den Schluß ziehen, daß auch dieser Svoboda verfehlt herausgekommen ist, daß wir ihn als eine mißglückte Anfertigung zu nehmen haben, ein Gebilde, das im Artifiziellen hängen bleibt. Wenn dem aber so ist, warum wird uns das alles dann überhaupt mitgeteilt? Was sollen wir mit einem Svoboda, der, nach dem tiefversteckten Selbstkommentar des Textes, gar nicht gilt? Der in dem Maße selbst mißglückt ist, wie ihm der andere mißglückt?

Was wir sollen ist, aus dem einen Schluß auch noch den andern ziehen. Nach der Einebnung der Wirklichkeitsdifferenz zwischen Wahrheit und Vorstellung innerhalb der literarischen Fiktion sollen wir die entsprechende Einebnung auch in unserer scheinbar so handfest-tatsächlichen Wirklichkeit durchführen. Wie jene erzählte Wahrheit sich der illusionären Einbildung kongruent erweist, ist auch die von uns allen leibhaftig erfahrene Wahrheit ein Selbstgebildetes, Eingebildetes. Wer immer mir gegenübertritt, ist auch schon von mir angefertigt. Jeder baut sich den andern auf aus dem großen Vorrat derber oder feinerer Schablonen, der ihm im Verlauf seiner Sozialisation durch Erfahrung und Indoktrination zugewachsen ist.

Das heißt: das Gesicht, das ich sehe, wird im Akt meines Sehens zur austauschbaren Maske.

Aus diesem Grunde ist der Text so witzig.

Nicht sein bitterer erkenntniskritischer und sozialpsychologischer Kern macht nämlich das Spezifische dieses Prosastücks aus, sondern sein Witz. Dieser wird in der Lektüre so unmittelbar evident, daß man sich gar nicht fragt, woher er denn komme. Dabei ist eben diese Herkunft wichtig. Es handelt sich da nämlich um eine völlig andere Humorstruktur als bei jenen erzählten Gesichtern, die üblicher- und traditionellerweise Heiterkeit erregen sollen.

Dazu vorerst eine Zwischenbemerkung. Im traditionell-komischen Gesicht pflegt der Autor das eine oder andere Körpermerkmal vergrößert darzustellen in der Annahme, daß eine solche Abweichung von den durchschnittlichen Proportionen den Leser komisch berühren müsse. Das tut sie denn auch in der Regel, – obwohl sich darin oft genug kalte soziale Verachtung spiegelt. Autor und Publikum mokieren sich erfahrungsgemäß besonders gern über literarische Nebenfiguren, denen es auf die Stirn geschrieben ist, daß sie nie Hauptfiguren, Protagonisten, des Tragischen fähige Helden werden können. Dabei ist es ja der Autor selbst, der ihnen solches auf die Stirn schreibt, – gutmütig und aus ironisch-nostalgischem Feudaldenken etwa bei Theodor Fontane:

(...) links hinter ihm Ordonnanz Baarsch, ein mit einem ganzen Linsengericht von Sommersprossen überdeckter Rotkopf mit übrigens noch röterem Backenbart, auf welchen roten und etwas abstehenden Bart hin Zieten zu versichern pflegte, daß man auch *diesen* Baarsch an seinen Flossen erkennen könne.[146]

– böser schon, hohnvoller auch, Thomas Mann in der autobiographisch eingefärbten Rolle des sozial verunsicherten Professor Cornelius:

Kinds-Anna ist ebenfalls mit eingetreten und mit zusammengelegten Händen an der Tür stehen geblieben: in weißer Schürze, mit öliger Frisur, Gänseaugen und einer Miene, in der sich die strenge Würde der Beschränktheit malt.[147]

Beide Male ist es der Tiervergleich, der die karikaturistische Dominanz eines Körpermerkmals unterstreicht und die Komik irreversibel macht. Der naheliegende Schluß, daß ein Tiervergleich in der Gesichtsbeschreibung an sich schon degradierend sei und unterschwellig inhuman, stimmt allerdings nicht. Es liegt da ein recht kompliziertes, weitgehend unbedachtes System vor, in dem die konventionelle Sympathie resp. Antipathie, die man den einzelnen Tierarten entgegenbringt, auf subtile Weise zur Wirkung gelangt. Gerade deshalb aber, weil hier ein gesellschaftlicher Konsensus über Symbolik und Liebenswürdigkeit der Tierarten tätig wird, ist der Tiervergleich ein Medium, in dem sich Gesichtsbeschreibung und moralisch-gesellschaftliche Wertung besonders auffällig verfilzen.

Auch im Frisch-Text kommt die Tiermetapher vor, im genauen Übergang von Svoboda zu Enderlin: »Kein Bär. Eher ein Vogel.« Aber der Effekt ist hier durchaus nicht der beschriebene karikaturistische. Ordonnanz Baarsch und Kinds-Anna sind komisch durch den beschworenen Kontrast zu einem undeformierten, wenn nicht schönen, so doch ansehnlichen Menschen, einem »richtigen« Menschen, der in diesen Fällen gleichzeitig auch wie selbstverständlich ein Höherklassiger ist. Das Gelächter entspringt da also aus der angeschauten Abweichung von einer gedachten Norm, aus der unverhofften Differenz zwischen Ebenmaß und Verzerrung. Dies gibt es bei Frisch nicht. Weder Svoboda noch Enderlin sind irgendwo aus den Proportionen gewachsen. Keiner wird als teilweise ungestalt geschildert. Im Gegenteil, ein solcher Verdacht, der sich gerade wegen der entsprechenden Denkkonventionen da und dort einzustellen droht, wird jedesmal sorgsam beseitigt: »keineswegs schwerfällig«, »nicht gerade hühnerbrüstig«, »nicht schwächlich« etc. Der eklatante Witz des Textes kann also nicht aus der mehr oder minder drastischen Abweichung von einem Menschenideal herstammen. Svoboda und Enderlin sind zwar Gegensätze, aber sie sind nicht verzeichnet. Ihre Opposition ist nicht von der Laurel-and-Hardy-Art. Es sind zwei Leute, wie jeder sie in seinem Bekanntenkreis hat. Und doch muß ein zentraler Abstand zwischen Idee und Anschauung vorhanden sein. Irgendeine Absetzbewegung von einer spontan als gültig genommenen Idee muß sich im Text augenfällig und dem Leser unerwartet ereignen, sonst könnte er nicht in der eigentümlich knisternden Art amüsieren. Jedes witzige Sprachstück verwirklicht ja in seinem Vollzug auf irgendeine Weise das Gegenteil von dem, wozu es ansetzt. Was kann das hier sein? »So stelle ich mir Svoboda vor«, wird gesagt, und dieser Svoboda wird anschließend beschrieben. »So stellt er sich Enderlin vor«, wird gesagt, und dieser Enderlin wird anschließend beschrieben. Beide Beschreibungen geschehen in solcher Detailtreue, daß der Leser sagen muß: »Das stimmt. Die Sorte kenne ich.« Und genau hier liegt der entscheidende Punkt. Man lernt immerzu nur die Sorte kennen. Je mehr Mühe sich die Schilderung gibt, je genauer sie ins Detail geht, ins Konkrete und immer Konkretere, um so weiter weg gerät sie vom Individuum. Das arbeitet immerzu auf den Einzelnen hin, den unverwechselbar Einmaligen, die Person, die irgendwo das Zeichen des ganz Singulären trüge, aber gewonnen wird immerzu nur, was es mehrfach gibt. Je enger die Deskription ihren Gegenstand eingrenzt, um so mehr Leute kommen dem Leser in den Sinn, auf die sie zutrifft.

Aus einem statischen und einem dynamischen Element also entspringt der Witz. Statisch ist der Abstand – die »Fallhöhe«, um einen geläufigen Begriff aus der Witzforschung zu gebrauchen – zwischen gedachter Individualität und vorgeführtem Typus; dynamisch ist die paradoxe Präzisierung, die immer weiter von dem Ziel weggerät, auf das sie immer eifriger zustrebt. Das wirkt sich im Ganzen wie in den Teilpassagen aus, ist im Ganzen wie in den Teilpassagen nachzuweisen. Schon das Grundmuster der komplementären Kontrastierung läßt den beiden kaum eine Chance wirklicher Individuation. Sie sind so durchgehend gegensätzlich, daß der Effekt der gleiche ist wie bei einer mechanischen Verdoppelung (einem der ältesten Verfahren komischer Entindividualisierung, von Rosencrantz und Guildenstern bis hin zu Gottfried Kellers Zwillingen Weidelich). Das läuft fast spiegelbildlich ab: »ein famoser Koch« – »kein Koch«; »eine vollkommene Glatze« – »nie eine Glatze«; »brillenlos« – »seine Corbusier-Brille«; »trinkfest« – »kein Trinker«; »ein guter Tänzer« – »kein Tänzer«; »blond« – »schwarzhaarig«. Es nimmt sich aus, als wären die Gesetzmäßigkeiten strukturalistischen Erkennens hier zur Produktionsregel gemacht worden.

Auch in den Teilpassagen ist das Prinzip des Ganzen schon enthalten: »...ein guter Kopf, ein Kopf, der auch einem Russen gehören könnte, ein harter Kopf, ein Kugel-Kopf, ein eigentümlicher Kopf...« Da ist die beschriebene List vollständig drin: die Repetition erweckt den Anschein von Präzisierung; die Wendung »ein eigentümlicher Kopf« signalisiert Individualität; aber die Folge »harter Kopf – Kugel-Kopf« arbeitet genau gegensätzlich in die Richtung einer Geometrisierung, einer Körperkonstruktion nach der Art etwa von Oskar Schlemmer. Und schlagend schließlich in ihrer ironischen Logik ist die Aussage, daß der Kopf »auch einem Russen gehören könnte«. Der »Böhme« wird durch das »Russische« spezifiziert, was in Wahrheit keine Spezifizierung, sondern eine Ausweitung ist. Übrigens schillert schon dieser »Böhme« recht verdächtig. Daß er »baumlang« ist, scheint sich ja in erster Linie der stabreimenden Assonanz zu verdanken. Mindestens deutet der anschließende Witz: »etwas zu baumlang« darauf, daß das Klischee als ein solches gesehen und die Kombination »baumlanger Böhme« als konstruktivistischer Handgriff aufgedeckt werden soll.

Die Bedeutung dieses Doppelporträts übersteigt seine Funktion innerhalb des Romans »Mein Name sei Gantenbein« beträchtlich. Seine kritische Potenz richtet sich auf das erzählte Gesicht schlechthin. Denn das zeigt sich nun zuletzt als das große Paradox dieses erzählten Gesichts: daß ihm authentische Individualität in der *unterlassenen* Beschreibung eher gelingt als in der detailreichen Durchführung; daß es über zwei, drei Allerweltswörter einer Stereotypisierung zu entgehen vermag, der das erzählerische Raffinement immer wieder hilflos verfällt. Die fast aufdringliche Brillanz des Frisch-Textes gewinnt ihren Sinn im Scheitern seiner vorgeblichen Absicht. Dieses Scheitern weist allerdings über das Literarische hinaus. So wendig, schlank und glatt, wie sich der Text vor dem Leser aufbaut, hurtig, selbstsicher, von keinem

Zweifel angefochten, so, in solcher Geschwindigkeit und so beinhart entschlossen, ereignet sich außerhalb der Fiktionen, außerhalb alles Geschriebenen die gesellschaftliche Konstruktion des Gesichts, an der jeder täglich hundertfach beteiligt ist, – zu seinen je besondern Zwecken. Es ist das Déjà-vécu, was uns an diesem Text als Witz berührt.

Schluß
Gesicht und Geborgenheit

Kafkas Verstörung vor dem Kindermädchen

Die Gesichtsbeschreibungen Kafkas sind und bleiben einzigartig, – einmalig nicht in dem Sinne, daß ein anderer schlechterdings so nicht schreiben könnte, sondern in dem Sinne, daß nie ein anderer so geschrieben hat. Dies obwohl die Art und Weise des Notierens, die für Kafkas Tagebücher im allgemeinen charakteristisch ist, ihre literarischen Weiterwirkungen gelegentlich gezeitigt hat. Am deutlichsten vielleicht wurde sie von Peter Handke in seinem »Journal« aus den Jahren 1975-1977, »Das Gewicht der Welt«, aufgenommen. Ähnlich beobachtend, bringt Handke das Beobachtete ähnlich zu Papier. Er gesteht die Annäherung an Kafka, den Kafka der Tagebücher, ein: »Beim Lesen von Kafkas Tagebuch: ich merke, daß mich seine Klagen und Selbstbezichtigungen nicht mehr interessieren, nur noch seine Beschreibungen.« Das ist ein Hinweis auf eine Art des Schreibens, deren ästhetischen Wert Handke in dem Maße erkennt, als sie ihn als selber Schreibenden, praktisch, betrifft und seine eigenen Möglichkeiten erweitert. Es gibt tatsächlich viele Sätze in diesem Journal, die wörtlich in Kafkas Tagebüchern stehen könnten. Anders allerdings verhält es sich dort, wo von Gesichtern gehandelt wird. Zwar scheint es gelegentlich auch da gleich zu laufen, *scheint* aber eben nur so. Handke notiert sich zum Beispiel:

Im Spiegel das Abbild der sich vor Lebenswillen blähenden Nasenflügel[148]

oder:

Bei dem Anblick einer Frau mit ungeheuer vorstehenden Augen verschwand meine Gereiztheit[149]

Da wird eine Sache, die für jedermann Nebensache ist, in ähnlicher Art ganz selbstverständlich als Hauptsache genommen, wie man es in Kafkas Notaten überall trifft. Man könnte es nennen: den Kinderblick als Erkenntnisinstrument des Erwachsenen. Für das Kind kann ein Gesicht mit all seinen sprechenden Linien, mit seinem ganzen Lebensausdruck verschwinden neben einem Leberfleck oder einem unerwarteten Ohrläppchen. Das Kind hat die Grundabläufe und Erkenntniszwänge des physiognomischen Verstehens noch nicht zu seiner Natur gemacht. Der Erwachsene, der diesen Kinderblick wieder aufweckt, befreit sich damit zeitweilig von einer Optik, die das gesellschaftliche Zusammenleben lautlos regelt, es gleichzeitig erleichtert und in starren Bahnen hält.

Kafkas schreibende Auseinandersetzung mit dem begegnenden Gesicht geht aber noch einen entscheidenden Schritt weiter. Während das überraschend aufgewertete Detail in Handkes Sätzen die Person zwar von einem seltsamen Blickwinkel aus, aber immerhin als Person zur Erscheinung bringt, bringt das Detail bei Kafka die Person zuletzt um die Erscheinung. Die »Nasenflügel« in Handkes Notiz über sein Spiegelbild verkörpern etwas, das für ihn als ganzen Menschen gilt. Wenn der »Lebenswille« an diesem Punkt so animalisch sichtbar wird, muß er ja wohl auch alles andere durchsetzen. Und die Frau mit den »ungeheuer vorstehenden Augen« ist zwar von einer einzigen Auffälligkeit her benannt, aber dieses Benennen gibt ihr Identität. Sie steht da wie mit dem Namen vorgestellt und würde bei einer späteren Begegnung sogleich wieder erkannt.

Genau dies läuft bei Kafka in der Gegenrichtung. Er notiert sich, zum Beispiel, in der Erinnerung an einen Theaterabend:

> Aus dem zweiten Akt bleibt nur der zarte Hals eines Mädchens, der aus rotbraunbekleideten Schultern zwischen Puffärmeln zum kleinen Kopf sich dehnt und spannt.[150]

Da eröffnet der Teil nicht eine ungewohnte Perspektive auf die ganze Person, sondern er wird zu einem Geschöpf für sich, fast einem Tierlein oder einem jener einmaligen Lebewesen, wie sie in den erzählenden Texten Kafkas verschiedentlich auftauchen. Odradek ist nur das berühmteste von ihnen.

Noch deutlicher wird diese Differenz an der folgenden, zunächst scheinbar so harmlosen Stelle:

> Ihre kleine Nase ging ein wenig schief und warf daher einen ungewöhnlichen Schatten auf die Wange, der mir allerdings nicht helfen könnte, sie wiederzuerkennen.[151]

Hier lügt er. Man kann es nicht anders sagen. Allerdings lügt er auf eine Weise, wie sonst noch keiner gelogen hat. Wenn andere in dieser Situation – einem Gesicht gegenüber – von der Wahrheit abweichen, dann geben sie ihr Objekt ungenau wieder oder in einseitiger Auswahl der Kennzeichen; sie reden von etwas, das es nicht gibt, oder beschreiben etwas, das es gibt, so, wie es nicht ist. Kafka aber beschreibt hier mit dem Gestus des minuziösen Beobachters etwas, *das es gar nicht geben kann*. Kein Mensch vermag den Schatten, den eine Nase auf die Wange wirft, vorauszusagen oder auch nur ungefähr zu erwarten. Die Variationen der Kopfhaltung, der Lichtquellen und erst recht der möglichen Relationen zwischen beiden sind so über alle Zähl- und Berechenbarkeit hinaus vielfältig, daß von einem »ungewöhnlichen Schatten« zu reden – und damit den »gewöhnlichen Schatten« der Nase als jedermann vertraute Erscheinung zu unterstellen – schlechthin realitätswidrig ist. Dazu kommt, daß er das tatsächliche Kennzeichen dieses Gesichts, die leicht schief verlaufende Nase, nur als die belanglose Ursache für das angeblich ganz und gar besondere Phänomen des Schattens hinstellt. Und er tut im weiteren so, als ob dieser Schatten in seiner Ungewöhnlichkeit an dem Mädchengesicht jederzeit sichtbar bliebe, nicht anders als ein Gesichtszug aus Fleisch und Bein. Die Einschränkung: »...der mir allerdings nicht helfen könnte, sie wiederzuerkennen« hebt ja die Aussage nicht auf, sondern bestätigt sie nochmals in einer aberwitzigen Dialektik.

So wenig man bestreiten kann, daß Kafka hier lüge, so deplaziert nimmt sich das Wort doch aus. Man möchte dem anders sagen, besser: man möchte dem anders sagen können. Nur fehlt für den Vorgang das Wort. »Verwandlung« wäre ein anderer Name, auch er allerdings ungenau und unbefriedigend, aber in Kombination mit dem Wort »Lüge« vielleicht doch eine Annäherung. Verwandlung wessen und worauf hin? Verwandlung einer wirklich vorhandenen Sache in eine geschaffene Sache. Verwandlung des Gegenübers in einen Teil der ganz eigenen, durch Sprache und aus Sprache bestehenden Gegenwelt, wo der Text und der Schreiber ein einziges Wesen sind, das aller Wirklichkeit die Stirn bietet und für eine Zeit, eine uhrlose und also nicht zu bestimmende Zeit, den tatsächlichen archimedischen Ort ausmachen.

Solche Verwandlung, die das Fundament des erzählenden Kafka und alles von ihm Erzählten abgibt, geschieht hier nicht vollständig. Sie blitzt nur auf, zeigt sich als Möglichkeit, wie Licht, das durch einen Türspalt fällt. Sie ist ein Ereignis bloß für den Moment, der als ein Akt des Lügens bezeichnet wurde.

Der Kontext, in dem der Satz steht und innerhalb dessen er eine besondere Funktion hat – er bringt ihn praktisch zum Abschluß –, läßt keinen Zweifel, daß die umständliche Auslegungsarbeit berechtigt ist. Am 15. Oktober 1911 reist Kafka nach Radotin zu Verhandlungen mit einem Kontoristen, der seinem Vater gekündigt hat. Er muß im Hof eines Hauses warten, neben einem Wirtshaus, wo eben eine Versammlung abgehalten wird. Ein Kindermädchen schaut von Zeit zu Zeit aus verschiedenen Fenstern, sucht seinen Blick. Später kommt es zu einem Gespräch. Der Bericht über diese Begegnung beginnt im Tagebuch vom 16. Oktober, wird am 17. fortgesetzt, am 19. nochmals aufgenommen und beendet. Am Schluß steht der zitierte Satz, die einzige Aussage über das Gesicht des Mädchens, und eine Bemerkung über den Ort, wo sie herstammte. Wenn man nun genauer zuschaut, wie die Episode beginnt, wird es deutlich, daß die Art, wie sie endet, wie sie schreibend beendet wird, nicht zufällig sein kann. Am Anfang nämlich steht eine Identitätsdiffusion des Wartenden, ausgelöst allein durch die Augen des Mädchens, eine Identitätsdiffusion, die trotz der belanglosen Situation ernst zu nehmen aller Grund besteht.

Auf und ab im Hof des Herrn H., ein Hund legt eine Pfote auf meine Fußspitze, die ich schaukle. Kinder, Hühner, hie und da Erwachsene. Ein zeitweise auf der Pawlatsche heruntergebeugtes oder hinter einer Tür sich versteckendes Kindermädchen hat Lust auf mich. Ich weiß unter ihren Blicken nicht, was ich gerade bin, ob gleichgültig, verschämt, jung oder alt, frech oder anhänglich, Hände hinten oder vorn haltend, frierend oder heiß, Tierliebhaber oder Geschäftsmann, Freund des Herrn H. oder Bittsteller, den Versammlungsteilnehmern, die manchmal in einer ununterbrochenen Schleife aus dem Lokal ins Pissoir zurückgehn, überlegen oder infolge meines leichten Anzugs lächerlich, ob Jude oder Christ usw. Das Herumgehn, Naseabwischen, hie und da im »Pan« Lesen, furchtsam mit den Augen die Pawlatsche Meiden, um sie plötzlich als leer zu erkennen, dem Geflügel Zuschauen, sich von einem Mann Grüßenlassen, durch das Wirtshausfenster die flach und schief nebeneinandergestellten Gesichter der einem Redner zugewandten Männer Sehn, alles hilft dazu.[152]

Der Schlußsatz des langen Abschnitts: »alles hilft dazu«, bezieht sich auf den Anfang: »Ich weiß unter ihren Blicken nicht, was ich gerade bin.« Was immer er tut, es trägt bei zu dieser Verunsicherung. Worin aber besteht die seltsame Verfassung in ihrem Kern? Wird da einer, der allen Frauen gegenüber scheu ist, vor einem unverfrorenen Augenpaar erwartungsgemäß etwas nervös? Diese Deutung ist weder mit der Intensität noch mit dem wörtlichen Inhalt des Abschnitts vereinbar. Die Heftigkeit, mit der er reagiert, setzt voraus, daß das Mädchen oder der Frauentyp, den es verkörpert, ihn in ungewöhnlichem Maße anspricht, daß aber gleichzeitig Abwehrkräfte von nicht geringerer Stärke tätig werden. Das Interesse und die Abwehr stammen, so ist anzunehmen, aus je einem andern und entschieden gegensätzlichen Bereich seiner Existenz. Deshalb erfährt er die Situation, in der ein anderer höchstens etwas verlegen würde und vielleicht für einen Moment nicht wüßte, wo er mit seinen Händen hin solle, als einen Zustand des schockartigen Zweifels über seine ganze Person. Bezeichnenderweise pflanzt sich diese Erschütterung der Selbstgewißheit, des Selbstbesitzes, der Identität eben, rasch über den durch die Situation gegebenen Rahmen hinaus fort und beschränkt sich nicht mehr allein auf die Beziehung zum Mädchen. Auch den Versammlungsteilnehmern gegenüber findet er die Definition seiner selbst nicht mehr, die ihn mit jedermann ohne Schwierigkeiten verkehren ließe, ja er kommt schließlich zu der für ihn denn doch alles andere als harmlosen Feststellung, er wisse nicht einmal mehr, ob er ein Jude sei oder ein Christ.

Selbstgewinn im Schreiben: der magische Satz

Der Bericht über den Vorgang ist am Tag darauf begonnen worden. Der erste Anlauf zur Fortsetzung, wieder einen Tag später, bringt es nicht einmal auf einen ganzen Satz: »Weiter in Radotin: ich ging dann allein, frierend im Wiesengarten herum, erkannte dann im offenen Fenster das mit mir auf diese Seite des Hauses gewanderte Kindermädchen –« Erst am fünften Tag gelingt die schreibende Bewältigung der Begebenheit, und Gelingen heißt hier, daß die krisenhafte Erfahrung, die mit ihr verbunden war, durch die Aufzeichnung gebannt wird:

Weiter in Radotin: Lud sie ein, herunterzukommen. Die erste Antwort war ernst, obwohl sie bisher mit dem ihr anvertrauten Mädchen zu mir hinüber so gekichert und kokettiert hatte, wie sie es von dem Augenblick an, da wir bekannt waren, nie gewagt hätte. Wir lachten dann viel zusammen, obwohl ich unten und sie oben beim offenen Fenster fror. Sie drückte ihre Brüste an die gekreuzten Arme und alles mit offenbar gebeugten Knien an die Fensterbrüstung. Sie war siebzehn Jahr alt und hielt mich für fünfzehn- bis sechzehnjährig, wovon sie durch unser ganzes Gespräch nicht abgebracht wurde. Ihre kleine Nase ging ein wenig schief und warf daher einen ungewöhnlichen Schatten auf die Wange, der mir allerdings nicht helfen könnte, sie wiederzuerkennen. Sie war nicht aus Radotin, sondern aus Chuchle (die nächste Station gegen Prag), was sie nicht vergessen lassen wollte.[153]

Man darf den Bericht, die Wirklichkeit aus Sprache, nicht mit dem Geschehen selbst verwechseln. Vielmehr gilt es festzustellen, wie der Bericht mit dem Geschehen, von welchem er redet, endgültig zu Rande kommt. Daß es einer Anstrengung über fünf Tage hin bedurfte, bezeugt die Schwierigkeiten der Bewältigung und damit indirekt die Echtheit jenes krisenhaften Zustands im Hof. Wie er, aus diesem Hof hinaus gelangt, die lähmende Ambivalenz meistert, indem er den erotischen Interessen nachgibt, die Abwehrkräfte neutralisiert und mit dem Mädchen redet, davon *berichtet* der Text; wie er, umgekehrt, in den folgenden fünf Tagen, die erotischen Interessen wieder bannt, indem er schreibend sich mit den Abwehrkräften verbündet, davon *zeugt* der Text. Literarisch gipfelt er in der Beschreibung der Körperhaltung des Mädchens und ihres Gesichts, gipfelt darin so, daß nachher nichts mehr zu sagen bleibt. Mit dieser Deskription ist das Mädchen hereingeholt in jenen Raum, den sie als leibhaftige Frau plötzlich bedroht hat, ist verwandelt, als Partner nicht mehr existent und also keine Gefahr mehr, – spätestens von dem Augenblick an, wo die Beschreibung ihres Gesichtes spielerisch, leichthin, »prächtig, prächtig«, zur Lüge wird und ineins damit zu einem Partikel hoher Kunst. Der Satz in seiner unvergleichlich kühlen Absurdität, ein Kafka-Satz eben, für den es keinen literarischen Oberbegriff gibt (so wenig wie es für den Strich Paul Klees oder den Farbauftrag Cézannes einen übergreifenden ästhetischen Namen geben kann), der Satz stillt und beruhigt den Schreibenden, fünf Tage, nachdem das Augenpaar der Beschriebenen ihn aus aller Ruhe, aus allem Selbstbesitz aufgestört hat.

Die Gesichtsbeschreibungen Kafkas seien einzigartig, wurde oben gesagt, und dies trotz der pittoresken Galerie moderner Gesichter, die im vierten Teil vorgeführt worden ist. Einzigartig sind Kafkas Porträts selbst in diesem Jahrhundert und bis heute, weil sie als Ablauf ganz besonders strukturiert sind. Sie führen nicht nur vor, daß es schwierig sei, unter den gegebenen Umständen ein menschliches Gesicht verbindlich abzuschildern, und wie sehr es schwierig sei, ja daß sich das zuletzt gar nicht mehr machen lasse, sondern sie stellen überdies in ihrem Vollzug einen Prozeß dar, einen komplexen Akt gesellschaftlichen Verhaltens, der auf die tiefere Ursache jener Schwierigkeiten verweist, von denen auch die andern Autoren Zeugnis ablegen.

Im fest gegebenen, erkennbaren, benennbaren Gesicht vergewissere ich mich immer auch meiner eigenen Identität als des naturhaften Widerspiels zur entgegenkommenden andern. Daraus entspringt jene Sicherheit, die mit der Empfindung zusammenfällt, ich sei zu Hause. Wo nämlich das Gesicht feststeht, ist Heimat. Wer gereist ist oder im Leben voranrückt, weiß, daß die Bewohner der geographischen wie der lebensalterlichen Fremde, wo sie wirklich zur Fremde wird, physiognomisch ineinandergleiten, ein Kollektivgesicht bekommen. Damit ist man auch schon ausgesetzt, beginnt man sich verloren zu fühlen. Die Angst der Europäer vor den Asiaten, ein Phänomen von historischem Gewicht, hängt hiermit ebenso zusammen wie die zyklisch ausbrechende Aggressivität zwischen den Generationen. Sobald dem Älterwerdenden die Gesichter der Jüngeren zusammenfahren, dem Kollektivgesicht sich nähern, verliert er an Heimat. Es schwindet eine Geborgenheit, die garantiert schien. Das führt zum Gefühl des Bedrohtseins – und bald erkennt er Steine und Messer in den Händen der »Jungen«.

Umgekehrt formuliert aber heißt das: wo Heimat verkommt, wo Geborgenheit abnimmt, verschwimmt das Gesicht. Das Reden darüber gerät entsprechend in Not. Wer das begegnende Gesicht in Sprache faßt – sei es sicher, eindeutig, so daß der Teil das Ganze, das Ganze den Teil erhellt oder sei es ein Vorgang, in dem immerzu entflieht, was eingefangen werden möchte – er gibt im gleichen Zuge Rechenschaft über den Heimatcharakter seines Ortes und seiner Zeit.

In Kafkas Gesichtsbeschreibungen ereignet sich nun ein Doppeltes: der radikale Heimatverlust und die nahezu gewalttätige Eroberung einer zweiten Geborgenheit – aller Kälte dieser Welt in die Zähne. Diese zweite Geborgenheit ist das Glück des Schreibzustands, ein Glück, das hinter Barrikaden liegt, schwer zu erreichen ist und bitter bezahlt werden muß, dem er aber immerzu nachstellt wie ein Jäger dem Tier, wie ein Liebhaber der launischen Geliebten, wie ein Anachoret dem fernen Gott. Das verlautet in seinen Aufzeichnungen noch und noch, bald als Andeutung, bald als offenes Geständnis. »Ich verbrauche mich sinnlos, wäre glückselig, schreiben zu dürfen, schreibe nicht.«[154] – »Ich lasse nicht nach von meiner Forderung nach einem phantastischen, nur für meine Arbeit berechneten Leben …«[155] – »Nun stehen vor mir vier oder fünf Geschichten aufgerichtet, wie die Pferde vor dem Zirkusdirektor Schumann bei Beginn der Produktion.«[156] – »Ich schreibe seit ein paar Tagen, möchte es sich halten. So ganz geschützt und in die Arbeit eingekrochen, wie ich es vor zwei Jahren war, bin ich heute nicht, immerhin habe ich doch einen Sinn bekommen…«[157] – »Nichts anderes kann mich jemals zufrieden stellen.«[158] – »Nun ist aber meine Kraft für jene Darstellung ganz unberechenbar, vielleicht ist sie schon für immer verschwunden, vielleicht kommt sie doch noch einmal über mich, meine Lebensumstände sind ihr allerdings nicht günstig. So schwanke ich also, fliege unaufhörlich zur Spitze des Berges, kann mich aber kaum einen Augenblick oben erhalten.«[159] – »Aber schreiben werde ich trotz alledem, unbedingt, es ist mein Kampf um die Selbsterhaltung.«[160] – »Wie ein Eichhörnchen im Käfig. Glückseligkeit der Bewegung, Verzweiflung der Enge, Verrücktheit der Ausdauer, Elendgefühl vor der Ruhe des Außerhalb.«[161] – »Arbeit als Freude, unzugänglich den Psychologen.«[162] – »Kaum zehn Tage lang das Schreiben unterbrochen und schon ausgeworfen. Wieder stehen die großen Anstrengungen bevor. Es ist notwendig, förmlich unterzutauchen und schneller zu sinken als das vor einem Versinkende.«[163] Das sind willkürlich herausgegriffene, willkürlich aufgereihte Aussagen. Sie beziehen sich alle aufs Schreiben, aufs Schreibenkönnen und Zum-Schreiben-Gelangen. Der Zustand des Schreibens ist unverkennbar und unbestritten der Gegensatz zu allen jammervollen Verfassungen, durch die Kafka in seinem Alltag geht. Schreiben, das ist seine Hohe Zeit, und es ist Hochzeit auch im engeren Sinne, als solche erkenntlich schon daran, daß es die bürgerliche Trauung, die Ehe mit Felice, so eifersüchtig wie ein mittelalterliches Gelübde verbietet.

Die Gesichtsbeschreibungen in Kafkas Tagebüchern, dort wo sie die erwähnte Einzigartigkeit gewinnen, geben diesen Vorgang der Abkehr vom gesellschaftlichen Ort und der Annäherung an die Hohe Zeit als winzige, aber gestochen scharfe Kurve wieder. Kafka greift in die Gesichter, die ihm in der Tageswelt begegnen, hinein, skrupellos, macht sie im einzelnen so materiell, wie sie es einem gewöhnlichen Blick nie sein könnten – »Fester als bei dieser Nase kann man ein Gesicht nicht fassen« –, und dreht sich dann auf diesem Fixpunkt von den betreffenden Menschen und von der ganzen Welt ab, in einer Schraubenbewegung von langsamer Vollkommenheit, die an die vielen Zirkusszenen in seiner Erzählarbeit denken läßt. Dieser Akt ist als solcher Mitteilung. Er sagt, daß alle Geborgenheit im Zusammenleben verloren gegangen sei.

Wer sich des begegnenden Gesichts vergewissern kann, ohne es um seine Eigenständigkeit bringen zu müssen – und die treue Beschreibung ist je das bleibende Zeugnis solcher Vergewisserung –, gewinnt ein Moment von Heimatlichkeit. Den Partner lokalisierend, siedelt der Schreiber sich selber an. Die Art und Weise, wie einer sich schreibend um das menschliche Gesicht bemüht, verweist auf die Wege, über die er auch sonst zu einem beschirmten Platz und in eine vertraute Gegend gelangen möchte.

Das Gesicht als fleischgewordenes Normengefüge im bürgerlichen Jahrhundert zeigt unter anderem die massiven Schutzfunktionen auf, die ein breit abgestütztes Moralsystem, wie hart es Trieb und Wünsche auch immer unterdrücken mag, auszuüben imstande ist.

Goethes Verfahren, ein Element des Gesichts als unerklärtes Phänomen, als Konkretum, das von keiner Deutung je ganz einzuholen wäre, bestehen zu lassen, ist ein Spiegel seines grundsätzlichen Verhaltens der Welt und der Gesellschaft gegenüber. Seine Lehre vom »Phänomen«, das aller Ordnung und allem Ordnen vorangeht und diese zuletzt auch wieder übersteigt, ermöglicht ihm die lebensrettende Einfügung in rigide Strukturen der Gesellschaft und der Natur, indem sie hartnäckig auf einen Punkt der Offenheit, der Freiheit, des andauernd Beweglichen verweist.

Wenn Heinrich Mann es sich versagt, das Gesicht des nationalsozialistischen Führers so zu beschreiben, wie die Nationalsozialisten selbst die Gesichter ihrer Gegner zu beschreiben pflegten, dann hängt das zusammen mit jener falschen, tückisch vorgespiegelten Geborgenheit, die das System seinen Mitgliedern vermittelte, durch eine tückisch einfache Sprache, die vom Schriftsteller als erstes entlarvt, denunziert, destruiert werden mußte, wenn es je eine Heilung wieder geben sollte.

Von hier aus aber, von solchen nur skizzierten Beziehungen zwischen Gesicht und Geborgenheit, beschriebenem Gesicht und erfahrener, vermittelter Heimatlichkeit, ergibt sich nun eine zusätzliche Antwort auf die Frage, warum denn die Erzähler, die Geschichtenerfinder und -schreiber, Kafka inbegriffen, kaum Probleme haben mit den Gesichtern ihrer Figuren, während doch die gleichen Autoren als Berichterstatter, als literarisch-künstlerisch gleich geforderte, gleich ehrgeizige Berichterstatter, sich damit auf so unheimliche Weise schwer tun; warum selbst Thomas Mann das in lebenslanger Hingebung erforschte Gesicht Goethes nur als Romancier beschreiben kann (dort allerdings dann so, daß die Erzählerrolle mächtig strapaziert wird).

Ein Beispiel. Wie behaglich, wie aus dem tiefen Nabel heraus behaglich erzählt Günter Grass vom Aussehen seiner Amanda Woyke, der siebten Köchin im »Butt«, jener Grass, der doch zu Egon Bahrs Gesicht geradezu literarische Pirouetten drehte.

...doch leicht fällt es mir, Amandas Aussehen ins Bild zu bringen: sie hatte ein Kartoffelgesicht. Genauer: die Schönheit der Kartoffel feierte in ihrem Gesicht Alltag. Nicht nur das Knollige an Amanda, auch ihre Haut insgesamt hatte jenen erdigen Glanz und Schimmer von greifbarem Glück, der matt auf gelagerten Kartoffeln liegt. Und weil die Kartoffel zuallererst große umlaufende Form ist, verhielten sich ihre Augen klein und lagen ohne von starken Brauen betont zu sein, ringsum schwellend gebettet. Und auch ihr Mund, den kein fleischiges Lippenrot, sondern kaschubischer Sandboden tönte, war gute Laune der Natur: zwei Wülste, immer bereit, Wörter wie Bulwe, Wruke und Runkel zu bilden.[164]

Die mehreren Funktionen, denen dieser Text im Roman als einem großen bewegten Gefüge genügt, brauchen hier weder untersucht noch nachgewiesen zu werden. Solches ist im V. Teil exemplarisch geschehen. Was hier zur Diskussion steht, ist zunächst das Leservergnügen, das sich solchen Passagen gegenüber einstellt. Dieses hängt nämlich nicht nur von den spezifischen Sympathieregungen ab, die der Einzelfall in höherem oder geringerem Maße weckt. Vielmehr geht es hier um ein Moment jener Dynamik, die im Leseakt zwischen den vier unabdingbar gegebenen Größen spielt: Autor, Text, Leser und Mitleser. Daß es sich um ein eigentliches Vierersystem handelt und nicht nur ein zweipoliges (Text – Leser) oder dreipoliges (Autor – Text – Leser), hat die Rezeptionsforschung meist übersehen. In Wahrheit ist für den Lesenden nicht nur der Autor des Textes imaginär immerzu anwesend, sondern auch das Kollektiv der Mitleser. Daß man das von vielen gelesene Buch ebenfalls lesen will, hängt nicht in erster Linie mit dem Bedürfnis zusammen, in literarischen Kreisen mitreden zu können. Es ist das Bewußtsein, Teil einer größeren gesellschaftlichen Gruppe zu sein, das ich im Leseakt unter anderem suche und das mir diesen spezifisch produktiv macht. Der Leser, der seine Bücher nach der Bestenliste wählt, verhält sich hier grundsätzlich gleich wie sein scheinbar äußerster Gegensatz, der Liebhaber des Abseitigen, der Connaisseur irgendwelcher schwer aufzutreibender Literatur aus verstrichenen Zeiten. Dieser weiß und fühlt sich beim Lesen den seltenen Wenigen verschwistert wie jener den Vielen. Der zahlenmäßige Unterschied der Gruppen ist belanglos angesichts der Grundtatsache einer dem Leseakt spezifischen Erfahrung von gesellschaftlicher Integration und Gruppengemeinschaft. Die Beziehung zum Autor läuft dazu parallel, muß aber doch grundsätzlich davon unterschieden werden. Während die Gruppenerfahrung, die der Leseakt vermittelt, wenig bewußt und kaum reflektiert ist, bildet die Autorbeziehung, die der Leser aufbaut, ein sehr auffälliges Phänomen. Das läßt sich rein äußerlich schon an der Werbetätigkeit der Verlage und Buchhandlungen ablesen, die oft genug mit der Person des Verfassers intensiver arbeiten als mit seinem Produkt.

In der erzählenden Literatur baut sich vor dem Leser langsam, aber als ganz zentrales Geschehen die erzählte Figur auf. Sie wird für ihn zu einer begegnenden Gestalt und erhält ein Gesicht. Sie kann dieses, wie gezeigt wurde, über zwei Worte ebenso endgültig gewinnen wie über einen seitenlangen Bericht. Die kreativen Leistungen von Autor und Leser greifen in den beiden Fällen nur je anders ineinander. Don Quijote und Amanda Woyke ziehen gleich in der pittoresken Pracht ihrer Physiognomien; die Entstehung ihrer Gesichter vor dem Leser aber beruht auf unterschiedlichen Verfahren. Die Wahl solcher Verfahren steht dem Autor frei – der Leser registriert die Differenz im Vorgehen über der Ähnlichkeit der Resultate ja meist ohnehin nicht. Für ihn hat sich in einem bestimmten Moment der Lektüre das Gesicht der Figur ausgeformt – was soll es ihn kümmern, zu welchen Teilen er daran selbst beteiligt war? Der Genuß des Lesens, das lebensstärkende, lebenserhaltende Behagen im Vollzug der Lektüre – ohne welches die Dichter längst ausgestorben wären – ist ja an sich schon zu großen Teilen davon abhängig, daß ich nicht weiß, wie es im Augenblick zustande kommt.

Wenn dem aber so ist, daß – als essentielles Element des Leseprozesses – in einem bestimmten Moment der Lektüre das Gesicht der Figur für den Leser feststeht, dann wird hier jener Satz wieder aktuell, der oben, im Zusammenhang mit Kafka, gefallen ist: wo das Gesicht feststehe, sei Heimat. Die Geborgenheitserfahrung, die zum Lesen gehört, zum frühen Lesen nicht minder als zum erwachsenen, leitet sich in fundamentaler Weise von da her. Sie ist aber nicht einfach diffuses Gefühl. Sie läßt sich analysieren. Wenn die Erkennbarkeit und Dauerhaftigkeit des andern Gesichts meine eigene Identität begründet und befestigt; wenn ich meiner Identität gewiß werde über die mir begegnende andere; wenn ich den eigenen Namen erst gewinne über das Benennen, das Benennenkönnen eines Gegenübers: dann wiederholt der Prozeß entstehender und sich vollendender Identität vor den Augen des Lesers immer neu den Vorgang eigener Selbstwerdung und Selbsterhaltung. Nicht einem Schauspiel wohnt der Leser da bei, sondern er selbst ist personal und rundum in dieses Spiel einbezogen.

Das sichere Wissen um die Mitlesenden, die *zustimmenden* Mitlesenden – und wenn es nur drei oder vier wären –, verwandelt die Identitätsfindung des Lesers in der Begegnung mit dem erzählten Gesicht von einem Traumspiel in gesellschaftliche Wirklichkeit. Daß ich lesend dieser Gruppe zugehörig bin, ist eine empirische Tatsache. Die Auflagenzahl, auf der Rückseite des Titelblatts winzig gedruckt, diskret, ein intimes Signal, rückt sie mir gegenständlich vor Augen und beweist mir solche Nachbarschaft.

Das Verhältnis, in welchem der Leser und mit ihm, in seiner Erfahrung, auch die Mitlesenden wiederum zur vierten Größe des Systems, zum Autor, stehen, wirkt zusätzlich steigernd auf den Vorgang dieser Verwandlung einer phantastischen Identitätsfindung in eine leibhaftige ein. Nicht zufällig lieben wir es, das Gesicht des Autors im Buch selber abgebildet zu finden. Nicht zufällig kreisen die Autorengesichter, wenn man so über die Bücher hinschaut, förmlich um die Texte herum, können sie überall in der feingegliederten Randzone der gedruckten Werke auftauchen: auf dem Umschlag vorn, auf dem Umschlag hinten, auf dieser Klappe oder auf der andern, auf dem Vorblatt auch oder auf einem eingelegten Waschzettel. Nur in den Text eingeschlossen zeigt der Poet sich nicht. Das scheint tabu zu sein. Der Autor als Wesen aus Fleisch und Blut, einer der seine Tage lebt oder gelebt hat wie ich, und der mir entgegenschaut aus seinem kleinen Geviert in der erwähnten kuriosen Randzone, wo die Bücher über sich selber reden, der mir entgegenschaut, meist etwas markanter, als er in Wirklichkeit ist, und noch immer nicht ungern mit einem Stich ins Schmerzliche – »wie der gelitten haben muß!« –, dieser Autor gewährleistet mir durch seine sichtbare Anwesenheit indirekt auch die leibhaftige Wirklichkeit der Mitlesenden. Sein Bild ist das kleine gemeinschaftstiftende Totem für jene Schar, deren

Gruppenidentität meine Geborgenheitserfahrung im Lesevorgang erst absegnet und legitimiert. Daß nämlich diese Gruppenidentität zuletzt ebensosehr durch die emotionale Beziehung zur Person des Autors zustande kommt wie durch die gemeinsame ästhetische Erfahrung, braucht kaum eigens hervorgehoben zu werden.

Das tönt wohl auch etwas verdächtig. Lesen als Gewinn einer Geborgenheitserfahrung, die sonst tief gestört ist derzeit: wird da nicht das Buch zum Tranquillizer? Wird die verbindliche literarische Arbeit, die doch in ihrem wichtigsten Wesen immer auch Analyse ihrer und meiner Gegenwart ist; die bei aller Verschlüsselung noch rauh genug vollzogene Bestandsaufnahme dessen darstellt, was schlecht ist in diesen Tagen, verbunden mit dem Nachweis, zu welchem Teil ich selbst daran schuld bin und also Schlechtigkeit ebenfalls verkörpere; wird die verbindliche literarische Arbeit, die verbindlich nur unter diesen Bedingungen ist, so nicht um das gebracht, was sie ausmacht, und gleichgesetzt mit all jenen Produkten, die dem Leser keine Augen öffnen, ihm vielmehr die Augen mit sanftem Druck geschlossen halten wollen? Man wird den Verdacht fürs erste bestehen lassen müssen. Die Qualität der Lektüre ist ja tatsächlich nicht nur von der Qualität des Textes abhängig. Man kann das »Wunschlose Unglück« eskapistisch lesen und an einem Arztroman Einsichten von lang anhaltender Bitterkeit gewinnen. Es gibt ein triviales Lesen, das nicht aus der Trivialität des Textes entspringt – und wer wollte behaupten, es sei ihm völlig fremd?

Die Frage, ob mit dem eingeführten Begriff der Geborgenheit als Element der Leseerfahrung das Buch, die Literatur nicht zum billigen Sedativ erniedrigt werde, ist aber doch aus anderen Zusammenhängen zu beantworten. Ein Kranker wird nicht durch die Diagnose geheilt. Die Schlechtigkeiten, an denen wir teilhaben, werden nicht dadurch ausgetrieben, daß wir uns öffentlich denunziert sehen, – von Autoren übrigens, welche als grundsätzlich bessere Wesen zu betrachten nicht der geringste Grund besteht. Die Vermutung, daß einer partienweise ein schreckliches Wesen sein müsse, wenn es ihm zu literarischer Größe reichen solle, ist bis heute nicht widerlegt. »Ihr guten Menschen und schlechten Musikanten!« Der Spruch, von Brentano stammend und vielzitiert von E. T. A. Hoffmann, stellt, zusammen mit der umgekehrten Formulierung, eine Theorie der Dichter dar, die zwar knapp, verdichtet, kieselhart komprimiert ist, aber eben deshalb jedem Versuch einer Widerlegung bis heute widerstanden hat.

Ein Kranker wird nicht durch die Diagnose geheilt. Die Diagnose, das wäre hier der analytische Gehalt des literarischen Werks als isolierte Information. Und glücklicherweise, darf man beifügen, hängt die Genesung auch nicht von der Gesundheit des Arztes ab. Die Gesundheit des Arztes, das wäre hier die persönliche Vorbildlichkeit des Schriftstellers.

Was hingegen zu beachten ist, so scharf in Blick zu fassen, wie es bisher nicht geschah, das ist *die Funktion,* die der Geborgenheitserfahrung als einem Element der Lesetätigkeit zukommt, zukommt innerhalb der Gesamtheit dieses stummen Treibens, das ja, wiewohl bald fröhlich und bald schwermütig, immerzu eine durchaus ernsthafte und produktive Arbeit ist. Mit der Frage nach der Funktion erledigt sich der Verdacht der Trivialisierung von selbst. Wenn nämlich Lesen essentiell eine Erfahrung von Geborgenheit vermittelt, Geborgenheit als zeitweiliges Zustandekommen unbeschädigter Identität in der phantastischen Verständigung mit der literarischen Figur, in der beruhigten Vergewisserung des eigenen Gesichts über der Begegnung mit dem poetisch erzählten, dann ist solche Geborgenheit noch nicht als das zu betrachten, worin sich Literatur erschöpft, wohl aber muß sie als die *große Vorgabe* gesehen werden, die den Leser erst einmal soweit herstellt, daß er die vom Text transportierte Erkenntnis im Bittern wie im Angenehmen überhaupt aufnehmen kann. Dauernd bedroht in seiner »zwanglosen Identität« (Habermas), nicht wissend, was er ist – wie Kafka in jenem Hofraum – unter den Augen einer Gesellschaft, die Namen und Gesicht abhängig macht vom Erfolg, ohne daß sie sagen könnte, was der Sinn solchen Erfolgs denn eigentlich sei, gewinnt er im Akt des Lesens ein Gegenüber, das ihn nach anderen Normen bestätigt und gelten läßt. Da wird er tatsächlich »zwanglos« er selbst, fühlt er sich in Würde und Freiheit für voll genommen. Und jetzt kann er auch vernehmen, verstehen, ertragen, was ihm im einzelnen mitgeteilt wird an Analyse und Auskunft über ihn selbst und seine Gegenwart. Jetzt führt die Diagnose nicht zu einer zusätzlichen Verstörung des Leidenden. Vielmehr trifft sie auf einen, der gesammelt zu hören, zu denken, zu urteilen vermag, weil er sich zu Hause weiß in dem phantastischwirklichen Gefüge, das er zusammen mit der literarischen Figur, dem Autor und den Mitlesenden bildet.

So wird das fröhliche Gesicht der Amanda Woyke, das als letztes von vielen Porträts am Ende dieser Studie steht, schließlich beispielhaft. Der »erdige Glanz und Schimmer von greifbarem Glück«, der auf ihren runden Zügen liegt, weist auf etwas, was verbindliche Literatur stets im Auge hat, und wenn sie noch so Schreckliches, so ganz und gar Elendes berichtet. Sie redet einem ja das Elend nicht aus. Sie redet zu einem vom Elend nur so, wie ein freigelassener Mensch mit dem andern spricht, jeder arglos und jeder seiner selbst in Ruhe versichert.

Anmerkungen

1 Franz Kafka, Beschreibung eines Kampfes. Textedition von Ludwig Dietz, Frankfurt a. M. 1969, S. 44
2 Franz Kafka, Der Kübelreiter, in: Beschreibung eines Kampfes. Gesammelte Schriften (5), Prag 1936, S. 124
3 Franz Kafka, Die Verwandlung, in: Erzählungen und kleine Prosa. Gesammelte Schriften I, Berlin 1935, S. 101
4 ebd. S. 103
5 Franz Kafka, Der Bau, in: Beschreibung eines Kampfes, a.a.O., S. 198
6 Franz Kafka, Tagebücher, hrsg. von Max Brod, Frankfurt a. M. 1967, S. 67
7 ebd. S. 441
8 ebd. S. 93
9 ebd. S. 106
10 ebd. S. 450
11 ebd. S. 74
12 ebd. S. 7
13 ebd. S. 8
14 ebd. S. 223
15 ebd. S. 67
16 ebd.
17 ebd. S. 107
18 ebd. S. 95
19 ebd. S. 58
20 ebd. S. 462
21 ebd. S. 79
22 in: Erzählungen und kleine Prosa, a.a.O., S. 145
23 Tagebücher, a.a.O., S. 78
24 ebd. S. 127
25 ebd. S. 79
26 ebd. S. 80
27 ebd. S. 103
28 ebd. S. 131
29 ebd. S. 153
30 ebd. S. 168
31 ebd.
32 ebd. S. 167
33 ebd. S. 442
34 ebd. S. 52
35 ebd. S. 174
36 ebd. S. 51f.
37 ebd. S. 19
38 ebd. S. 58

39 ebd. S. 135
40 ebd. S. 470
41 ebd. S. 245
42 Franz Kafka, Briefe an Felice, hrsg. von Erich Heller und Jürgen Born, Frankfurt a. M. 1967, S. 94
43 Franz Kafka, Das Schloß, hrsg. von Malcolm Pasley (Kritische Ausgabe), Frankfurt a. M. 1982, S. 60f.
44 Tagebücher, a.a.O., S. 204
45 ebd. S. 251
46 Franz Kafka, Sämtliche Erzählungen, hrsg. von Paul Raabe, Frankfurt a. M. 1970, S. 389f.
47 ebd. S. 389
48 Tagebücher, a.a.O., S. 249
49 J. W. Goethe, Aus meinem Leben. Dichtung und Wahrheit. – Goethes Werke. Hamburger Ausgabe, Band IX, Hamburg (4. Auflage) 1961, S. 542
50 ebd. S. 125
51 ebd. S. 161
52 ebd. S. 247
53 ebd. S. 266f.
54 ebd. S. 358
55 a.a.O., Band X (2. Auflage) 1960, S. 155
56 ebd. S. 155
57 ebd.
58 ebd.
59 a.a.O., Band XII (4. Auflage) 1960, S. 433
60 ebd. S. 434
61 a.a.O., Band IX, S. 402f.
62 a.a.O., Band X, S. 12
63 a.a.O., Band IX, S. 475
64 ebd. S. 544
65 a.a.O., Band X, S. 15
66 a.a.O., Band IX, S. 268
67 ebd. S. 495
68 a.a.O., Band X, S. 10
69 ebd. S. 10
70 ebd. S. 19
71 ebd. S. 20
72 ebd. S. 24
73 a.a.O., Band X, S. 133
74 a.a.O., Band IX, S. 228
75 ebd.
76 a.a.O., Band X, S. 132
77 ebd. S. 133f.

78 a.a.O., Band IX, S. 229
79 ebd. S. 231
80 ebd. S. 553
81 a.a.O., Band X, S. 7
82 a.a.O., Band IX, S. 229
83 a.a.O., Band X, S. 131
84 Goethes Werke, Sophien-Ausgabe, 27. Band, Weimar 1889, S. 380
85 Hamburger Ausgabe, Band IX, S. 230
86 ebd. S. 228
87 ebd. S. 338
88 ebd. S. 552
89 a.a.O., Band X, S. 132
90 a.a.O., Band IX, S. 229
91 a.a.O., Band X, S. 131f.
92 a.a.O., Band IX, S. 433
93 Georg Christoph Lichtenberg, Schriften und Briefe, hrsg. von Wolfgang Promies. Zweiter Band. München 1971, S. 556
94 ebd. S. 554
95 Wilhelm von Humboldt, Gesammelte Schriften, hrsg. von der königlich preußischen Akademie der Wissenschaften, Band IV, Tagebücher 1788-1798, hrsg. von Albert Leitzmann, Berlin 1916, S. 156ff.
96 Lichtenberg, Schriften. Zweiter Band, a.a.O., S. 617
97 Gotthold Ephraim Lessing, Werke, hrsg. von G. Göpfert u. a., Sechster Band, München 1974, S. 129
98 Karl Immermann, Werke in fünf Bänden, hrsg. von Benno von Wiese, 4. Band, Frankfurt a. M. 1973, S. 661
99 Marie von Ebner-Eschenbach, Meine Erinnerungen an Grillparzer. Berlin 1916, S. 30f.
100 ebd. S. 31f.
101 Friedrich Theodor Vischer, Kritische Gänge. 2. Band, Leipzig 1914
102 Ludwig Speidels Schriften, Band 2, Berlin 1910, S. 110f.
103 Heinrich Heine, Sämtliche Schriften, hrsg. von Klaus Briegleb, Dritter Band, München 1971, S. 141ff.
104 a.a.O., Fünfter Band, 1974, S. 135
105 ebd. S. 262f.
106 Gottfried Keller, Gesammelte Briefe, hrsg. von Carl Helbling, Erster Band, Bern 1950, S. 262
107 Franz Grillparzer, Sämtliche Werke, hrsg. von August Sauer. 2. Abteilung, 10. Band. Wien (o. J.), S. 44f.
108 Johann Caspar Lavater's Physiognomik. Zur Beförderung der Menschenkenntnis und Menschenliebe. Wien 1829, 3. Band, S. 114f.
109 a.a.O., 4. Band, S. 163
110 ebd. S. 159
111 ebd. S. 154

112 Robert Musil, Gesammelte Werke, hrsg. von Adolf Frisé. Band 1, Der Mann ohne Eigenschaften. Hamburg 1978, S. 67f.
113 Rainer Maria Rilke, Sämtliche Werke. Insel Werkausgabe, Frankfurt a. M. 1975, Band 9, S. 223f.
114 ebd. S. 255
115 Robert Musil, Der Mann ohne Eigenschaften, a.a.O., S. 645
116 Robert Musil. Tagebücher, Aphorismen, Essays und Reden, hrsg. von Adolf Frisé. Hamburg 1955, S. 166
117 ebd. S. 444
118 ebd. S. 473
119 Heinrich Mann, Mut. Paris 1939, S. 113
120 Heinrich Mann, Essays. Hamburg 1960, S. 94f.
121 Bertolt Brecht, Tagebücher 1920-1922, hrsg. von Herta Ramthus. Frankfurt a. M. 1975, S. 138
122 Else Lasker-Schüler, Gesammelte Werke, 2. Band, München 1962, S. 238
123 Else Lasker-Schüler, Sämtliche Gedichte, hrsg. von Friedhelm Kemp. München 1966, S. 328
124 ebd. S. 126
125 Hugo von Hofmannsthal, Gesammelte Werke in Einzelausgaben. Prosa IV, hrsg. von Herbert Steiner. Frankfurt a. M. 1955, S. 11
126 ebd. S. 13
127 ebd.
128 ebd. S. 59
129 ebd. S. 58
130 Stefan Zweig, Drei Meister. Leipzig 1920, S. 95f.
131 Friedrich Gundolf, Stefan George. Berlin 1920, S. 28
132 ebd. S. 30
133 ebd.
134 Günter Grass, Aus dem Tagebuch einer Schnecke. Neuwied 1972, S. 213
135 Lichtenberg, Schriften und Briefe, a.a.O., Vierter Band, S. 120f.
136 Gustav René Hocke, Manierismus in der Literatur. Hamburg 1959, S. 12
137 Max Frisch, Tagebuch 1966-1971. Frankfurt a. M. 1972, S. 33f.
138 E. T. A. Hoffmann, Späte Werke. München 1965, S. 690
139 Gottfried Keller, Werke, hrsg. von Clemens Heselhaus. Band II, München (o. J.), S. 185
140 Conrad Ferdinand Meyer. Sämtliche Werke, hrsg. von Hans Zeller und Alfred Zäch. Zwölfter Band, Bern 1961, S. 176
141 ebd. S. 179
142 Thomas Mann, Die Erzählungen. 1. Band. Frankfurt a. M. 1975, S. 347ff.
143 Hans Jakob Christoph von Grimmelshausen, Der abenteuerliche

Simplicius Simplicissimus, hrsg. von Emil Ermatinger. Zürich 1945, S. 31

144 E. T. A. Hoffmann, Fantasie- und Nachtstücke. München 1964, S. 334f.

145 Max Frisch, Mein Name sei Gantenbein. Frankfurt a. M. 1964, S. 363ff.

146 Theodor Fontane, Schach von Wuthenow. – Sämtliche Werke. Romane, Erster Band. München 1962, S. 664

147 Thomas Mann, Unordnung und frühes Leid. – Die Erzählungen, zweiter Band. Frankfurt a. M. 1967, S. 481

148 Peter Handke, Das Gewicht der Welt. Ein Journal. Salzburg 1977, S. 112

149 ebd. S. 68

150 Franz Kafka, Tagebücher, a.a.O., S. 77

151 ebd.

152 ebd. S. 73

153 ebd. S. 76f.

154 ebd. S. 349f.

155 ebd. S. 328f.

156 ebd. S. 326

157 ebd. S. 302

158 ebd. S. 300

159 ebd.

160 ebd. S. 299

161 Franz Kafka, Hochzeitsvorbereitungen auf dem Lande und andere Prosa aus dem Nachlaß, hrsg. von Max Brod. Frankfurt a. M. 1953, S. 71

162 ebd. S. 153

163 Tagebücher, a.a.O., S. 330

164 Günter Grass, Der Butt. Darmstadt und Neuwied 1977, S. 23

Psychoanalyse, Psychologie, Sozialpsychologie in der edition suhrkamp

Analytische Sozialpsychologie. Herausgegeben von Helmut Dahmer. 2 Bde. es 953

Jean-Paul Aron/Roger Kempf: Der sittliche Verfall. Bourgeoisie und Sexualität in Frankreich. Aus dem Französischen von Agnes Bucaille-Euler, Birgit Spielmann und Gerhard Mahlberg. es 1116

Roberto Calasso: Die geheime Geschichte des Senatspräsidenten Dr. Daniel Paul Schreber. Aus dem Italienischen von Reimar Klein. es 1024

Der eingekreiste Wahnsinn. Mit Beiträgen von David Cooper, Jean Pierre Faye, Marie-Odile Faye, Michel Foucault, Marquis de Sade, Marine Zecca. Aus dem Französischen von Elke Wehr. es 965

Michel Foucault: Psychologie und Geisteskrankheit. Übersetzt von Anneliese Botond. es 272

Erich Fromm: Analytische Sozialpsychologie und Gesellschaftstheorie. es 425

Bernard Görlich/Alfred Lorenzer/Alfred Schmidt: Der Stachel Freud. Beiträge und Dokumente zur Kulturismus-Kritik. Mit Texten von Otto Fenichel, Th.W. Adorno, Max Horkheimer und Herbert Marcuse. Herausgegeben von Bernard Görlich. es 961

Erving Goffman: Asyle. Über die soziale Situation psychiatrischer Patienten und anderer Insassen. Aus dem Amerikanischen von Nils Lindquist. es 678

Félix Guattari: Psychotherapie, Politik und die Aufgaben der institutionellen Analyse. Vorwort von Gilles Deleuze. Aus dem Französischen übersetzt von Grete Osterwald. es 768

Ernst Kris: Die ästhetische Illusion. Phänomene der Kunst in der Sicht der Psychoanalyse. Aus dem Amerikanischen übersetzt von Peter Schütze. es 867

Ronald D. Laing: Phänomenologie der Erfahrung. Aus dem Englischen übersetzt von Klaus Figge und Waltraud Stein. es 314

Logik des Herzens. Die soziale Dimension der Gefühle. Herausgegeben von Gerd Kahle. es 1042

Peter Mahony: Der Schriftsteller Sigmund Freud. Aus dem Englischen von Helmut Junker. es 1484

Alexander Mitscherlich: Freiheit und Unfreiheit in der Krankheit. Studien zur psychosomatischen Medizin 3. es 505

– Krankheit als Konflikt. Studien zur psychosomatischen Medizin 2. es 237

– Die Unwirtlichkeit unserer Städte. Anstiftung zum Unfrieden. es 123

Tilmann Moser: Eine fast normale Familie. Über Theater und Gruppentherapie. es 1223

313/1/4.89

Psychoanalyse, Psychologie, Sozialpsychologie in der edition suhrkamp

Tilmann Moser: Der Psychoanalytiker als sprechende Attrappe. Eine Streitschrift. es 1404
– Repressive Kriminalpsychiatrie. Vom Elend einer Wissenschaft. Eine Streitschrift. es 419
– Romane als Krankengeschichten. Über Handke, Meckel und Martin Walser. es 1304
– Verstehen, Urteilen, Verurteilen. Psychoanalytische Gruppendynamik mit Jurastudenten. es 880
Tilmann Moser/Eberhard Künzel: Gespräche mit Eingeschlossenen. Gruppenprotokolle aus einer Jugendstrafanstalt. Tiefenpsychologische Analyse des Gruppenprozesses. es 375
Die Museen des Wahnsinns und die Zukunft der Psychiatrie. Herausgegeben von Manfred Max Wambach, Gert Hellerich und Wolfgang Reichel. Übersetzungen aus dem Französischen und Italienischen von Christa Schulz. es 1032
Tobie Nathan: Ideologie, Sexualität und Neurose. Eine Abhandlung zur ethno-psychoanalytischen Klinik. Vorwort von Georges Devereux. Aus dem Französischen übersetzt von Max Looser. es 975
William G. Niederland: Folgen der Verfolgung: Das Überlebenden-Syndrom Seelenmord. es 1015
Psychoanalyse der weiblichen Sexualität. Herausgegeben von Janine Chasseguet-Smirgel. Aus dem Französischen übersetzt von Grete Osterwald. es 697
Psychoanalyse im Wandel. Beiträge von Wolfgang Loch, Ursula Pohlmann, Otto F. Kernberg, Helm Stierlin, Paul Parin, Horst-Eberhard Richter, Peter Fürstenau. Herausgegeben und eingeleitet von Peter Kutter. es 881
Ginette Raimbault: Kinder sprechen vom Tod. Klinische Probleme der Trauer. Aus dem Französischen übersetzt von Rainer Harnisch. es 993
Marguerite Sechehaye: Tagebuch einer Schizophrenen. Selbstbeobachtungen einer Schizophrenen während der psychotherapeutischen Behandlung. Aus dem Französischen übersetzt von Eva Moldenhauer. es 613
Was ist Psychiatrie? Herausgegeben von Franco Basaglia. Aus dem Italienischen von Anneheide Ascheri-Osterlow. es 708

313/2/4.89